高等职业教育"十四五"规划旅游大类精品教材
研学旅行管理与服务专业系列专家指导委员会、编委会

高等职业教育"十四五"规划旅游大类精品教材

研学旅行管理与服务专业系列

总顾问 ◎ 王昆欣　　　总主编 ◎ 魏 凯

HUWAI YANXUE HUODONG CEHUA YU ZUZHI

户外研学活动策划与组织

主　编：丁　洁　陶潇男

副主编：田　畅　范黎丽　马雨筠

参　编：潘　鑫　彭　鹏　李　荣　杜银娟

华中科技大学出版社

http://press.hust.edu.cn

中国·武汉

内 容 简 介

本教材以近年来国内迅速发展的研学旅游产业为契机,着眼于研学旅游产品内容本身,以户外活动作为核心内容,立足于户外研学活动的认知、策划与组织编写。本教材共分为五个模块。模块一为户外研学活动导论,主要对户外研学活动进行基础认知教学,内容包括掌握户外研学活动的概念、内涵、类型与特点等;同时,学习户外研学活动策划与组织的一般流程,为后续知识与技能的学习打好基础。模块二至模块五分别列举户外研学活动中的不同主题,主要有自然教育、户外营(基)地教育、户外拓展、户外运动,并对相关户外研学活动的策划与实施展开学习。通过本教材的学习,学生能够具备在户外研学相关领域策划与实施研学课程活动的基本能力。

图书在版编目(CIP)数据

户外研学活动策划与组织 / 丁洁,陶潇男主编 . -- 武汉 : 华中科技大学出版社,2025.6. -- ISBN 978-7-5772-1893-9

Ⅰ. F590.75

中国国家版本馆 CIP 数据核字第 2025RR6763 号

户外研学活动策划与组织
Huwai Yanxue Huodong Cehua yu Zuzhi

丁　洁　陶潇男　主编

总 策 划:李　欢

策划编辑:王雅琪　王　乾

责任编辑:张　琳

封面设计:原色设计

责任校对:张会军

责任监印:曾　婷

出版发行:华中科技大学出版社(中国·武汉)　　　电话:(027)81321913
　　　　　武汉市东湖新技术开发区华工科技园　　　邮编:430223

录　　排:孙雅丽

印　　刷:武汉科源印刷设计有限公司

开　　本:787mm×1092mm　1/16

印　　张:18.25

字　　数:397千字

版　　次:2025年6月第1版第1次印刷

定　　价:49.80元

序一
XUYI

党的二十大报告指出,要"统筹职业教育、高等教育、继续教育协同创新,推进职普融通、产教融合、科教融汇,优化职业教育类型定位","实施科教兴国战略,强化现代化建设人才支撑","要坚持教育优先发展、科技自立自强、人才引领驱动","开辟发展新领域新赛道,不断塑造发展新动能新优势","坚持以文塑旅、以旅彰文,推进文化和旅游深度融合发展",这为职业教育发展提供了根本指引,也有力地提振了旅游职业教育发展的信心。

2021年,教育部立足增强职业教育适应性,体现职业教育人才培养定位,发布了新版《职业教育专业目录(2021年)》,2022年,又发布了新版《职业教育专业简介》,全面更新了职业面向、拓展了能力要求、优化了课程体系。因此,出版一套以旅游职业教育立德树人为导向、融入党的二十大精神、匹配核心课程和职业能力进阶要求的高水准教材成为我国旅游职业教育和人才培养的迫切需要。

基于此,在全国有关旅游职业院校的大力支持和指导下,教育部直属的全国重点大学出版社——华中科技大学出版社,在党的二十大精神的指引下,主动创新出版理念、改进方式方法,汇集一大批国内高水平旅游院校的国家教学名师、全国旅游职业教育教学指导委员会委员、全国餐饮职业教育教学指导委员会委员、资深教授及中青年旅游学科带头人,编撰出版"高等职业教育'十四五'规划旅游大类精品教材"。本套教材具有以下特点。

一、全面融入党的二十大精神,落实立德树人根本任务

党的二十大报告强调:"坚持和加强党的全面领导。"党的领导是我国职业教育最鲜明的特征,是新时代中国特色社会主义教育事业高质量发展的根本保证。因此,本套教材在编写过程中注重提高政治站位,全面贯彻党的教育方针,"润物细无声"地融入中华优秀传统文化和现代化发展新成就,将正确的政治方向和价值导向作为本套教材的顶层设计并贯彻到具体项目任务和教学资源中,不仅培养学生的专业素养,还注重引导学生坚定理想信念、厚植爱国情怀、加强品德修养,以期落实"立德树人"这一教育的根本任务。

二、基于新版专业简介和专业标准编写,兼具权威性与时代适应性

教育部2022年发布新版《职业教育专业简介》后,华中科技大学出版社特邀我担任总顾问,同时邀请了全国近百所旅游职业院校知名教授、学科带头人和一线骨干教师,以及旅游行业专家成立编委会,对标新版专业简介,面向专业数字化转型要求,对教材书目进行科学全面的梳理。例如,邀请职业教育国家级专业教学资源库建设单位课程负责人担任主编,编写《景区服务与管理》《中国传统建筑文化》及《旅游商品创意》(活页式)等教材;《旅游概论》《旅游规划实务》等教材成为教育部授予的职业教育国家在线精品课程的配套教材;《旅游大数据分析与应用》等教材获批省级规划教材。经过各位编委的努力,最终形成"高等职业教育'十四五'规划旅游大类精品教材"。

三、完整的配套教学资源,打造立体化互动教材

华中科技大学出版社为本套教材建设了内容全面的线上教材课程资源服务平台:在横向资源配套上,提供全系列教学计划书、教学课件、习题库、案例库、参考答案、教学视频等配套教学资源;在纵向资源开发上,构建了覆盖课程开发、习题管理、学生评论、班级管理等集开发、使用、管理、评价于一体的教学生态链,打造了线上线下、课内课外的新形态立体化互动教材。

本套教材既可以作为职业教育旅游大类相关专业教学用书,也可以作为职业本科旅游类专业教育的参考用书,同时,可以作为工具书供从事旅游类相关工作的企事业单位人员借鉴与参考。

在旅游职业教育发展的新时代,主编出版一套高质量的规划教材是一项重要的教学质量工程,更是一份重要的责任。本套教材在组织策划及编写出版过程中,得到了全国广大院校旅游教育教学专家教授、企业精英,以及华中科技大学出版社的大力支持,在此一并致谢!

衷心希望本套教材能够为全国职业院校的旅游学界、业界和对旅游知识充满渴望的社会大众带来真正的精神和知识营养,为我国旅游教育教材建设贡献力量。我们也希望并诚挚邀请更多旅游院校的学者加入我们的编者和读者队伍,为进一步促进旅游职业教育发展贡献力量。

王昆欣

世界旅游联盟(WTA)研究院首席研究员

高等职业教育"十四五"规划旅游大类精品教材总顾问

序二

XU ER

2024年5月17日,全国旅游发展大会在北京召开。在本次会议上,习近平总书记对旅游工作作出重要指示,强调"新时代新征程,旅游发展面临新机遇新挑战",要"坚持守正创新、提质增效、融合发展"。党的十八大以来,我国旅游业日益成为新兴的战略性支柱产业和具有显著时代特征的民生产业、幸福产业,成功走出了一条独具特色的中国旅游发展之路。当下,我国旅游业正大力发展新质生产力,推动全行业高质量发展,加速构建旅游强国。

在这个知识经济蓬勃发展的时代,教育的形式正经历着前所未有的变革。随着素质教育理念的深入人心与国家政策的积极引导,研学旅行作为教育创新的重要实践,已成为连接学校教育与社会实际、理论学习与实践探索的桥梁。"读万卷书,行万里路",研学旅行不仅丰富了青少年的学习体验,更是培养其综合素质、创新意识、民族使命感、社会责任感的有效途径。自2016年11月30日教育部等11部门联合出台《关于推进中小学生研学旅行的意见》以来,研学旅行作为教育新形式、旅游新业态在国内蓬勃发展,成为教育和文旅行业的新增长点。2019年10月,"研学旅行管理与服务"专业正式列入《普通高等学校高等职业教育(专科)专业目录》,研学旅行专业人才培养正式提上日程。但是行业的快速发展也暴露了研学旅行专业人才短缺、相关理论体系不完善、专业教材匮乏、管理与服务标准不一等问题。为了有效应对这些挑战,在此背景下,我们联合全国旅游院校的多位优秀教师与行业精英,经过深入调研与精心策划,推出研学旅行管理与服务专业的系列教材,旨在为这一新兴领域提供一套专业性、系统性、实用性兼备的教学资源,助力行业人才培养。

习近平总书记指出,要抓好教材体系建设。从根本上讲,建设什么样的教材体系,核心教材传授什么内容、倡导什么价值,体现的是国家意志,是国家事权。教材建设是育人育才的重要依托,是解决培养什么人、怎样培养人以及为谁培养人这一根本问题的重要载体,是教学的基本依据。教材建设要紧密围绕党和国家事业发展对人才的要求,扎根中国大地,拓宽国际视野,以全面提高质量为目标,以提升思想性、科学性、民族性、时代性、系统性为重点,形成适应中国特色社会主义发展要求、立足国际学术前沿、门类齐全、学段衔接的教材体系,为培养担当民族复兴大任的时代新人提供有力支撑。新形态研学旅行管理与服务专业教材的编写既是一项迫切的现实任务,也是一项重要的研究课题。本系列教材根据专业人才培养目标准确进行教材定位,按照应用导向、能力导向要求,优化教材内容结构设计,融入丰富的典型案例、延伸材料等多元化内容,全线贯穿课程思政理念,体现对工匠精神、红色精神、团队精神、文化传承、文化创新、文明旅游、生态文明和社会主义核心价值观的弘扬和引导,提升教材的人文精神。同时广泛调查和研究应用型本科高等职业教育学情特点和认知特点,精准对标研学旅行相关岗位的职业特点及人才培养的业务规格,突破传统教材的局限,打造一套能够积极响应旅游强国战略,适应新时代职业教育理念的高质量专业教材。本系列教材共包含十二本,每一本都是对研学旅行或其中某一关键环节的深度剖析与实践指导,形成了从理论到实践、从课程设计到运营管理的全方位覆盖。这套教材不仅是一套知识体系的构建,更是一个促进教育与旅游深度融合,推动行业标准化、专业化发展的积极尝试。它为相关专业学生、教师、行业从业人员提供权威、全面的学习资料,助力培养一批具备教育情怀、专业技能与创新能力的研学旅行管理与服务人才,进一步推动我国研学旅行事业向更高水平迈进。

研学旅行管理与服务专业教材的编写对于专业建设、人才培养意义重大,影响深远。华中科技大学出版社与山东旅游职业学院、浙江旅游职业学院等高校,以及北京中凯国际研学旅行股份有限公司深度合作,以科学、严谨的态度,在全国范围内凝聚院校和行业优秀人才,精心组建编写团队,数次召开研学旅行管理与服务专业系列教材编写研讨会,深入一线对行业、院校进行调研,广泛听取各界专家意见,为教材的高质量编写和出版奠定了扎实的基础。在此向学界、业界携手共建教材体系的各位同仁表示衷心的感谢!

我们相信,这套教材的出版与应用能够为研学旅行的发展注入新的活力,促进理论与实践的有机结合,为研学旅行专业人才的培养赋能,也为教育创新和旅游业的转型升级、提质增效贡献力量。同时,我们也期待读者朋友们能为本系列教材提出宝贵的意见和建议,以便我们不断改进和完善教材内容。

魏凯

山东旅游职业学院副校长,教授

山东省旅游职业教育教学指导委员会秘书长

山东省旅游行业协会导游分会会长

前言

QIAN YAN

　　研学旅游传承了中国传统文化中"读万卷书,行万里路"的精神,又与"生活即教育,社会即学校"的理念相契合。党的二十大报告明确提出"以中国式现代化全面推进中华民族伟大复兴""促进人与自然和谐共生,推动构建人类命运共同体"等内容,为自然教育、营地教育等主题研学活动指明了方向。

　　研学旅游活动是一种校外教育方式,提倡与学校教育相结合,成为学校教育的有效补充。近年来,中小学生在成长过程中普遍面临注意力不集中、抗压能力差、社交技能欠缺、自我中心倾向显著等问题,不论是教育工作者还是学生家长,都逐渐意识到素质教育和促进学生全面发展的重要性。研学旅游活动的本质属性是教育,立德树人,润物无声。在学生"行万里路"的研学过程中,必然会接触到大自然。在户外环境中,设计融教育性、实践性、趣味性于一体的研学课程活动,不仅可以有效提升学生的运动能力、抗压能力、社交能力,还能培养他们的责任心,帮助他们理解并形成科学的生态观、价值观。

　　作为近年来旅游新业态发展中的热点,研学旅游对于激发旅游产业新的增长点和教育形态新的落脚点具有重要的时代价值与深远意义。研学旅游事业的不断发展壮大,对研学旅游领域不同主题的专业人才的需求愈加迫切,因此,"户外研学活动策划与组织"课程应运而生。本课程旨在使学生习得户外知识与技能,进而提升户外研学活动的策划组织能力,并实现个人综合素养的提升。课程教学内容围绕户外研学活动策划与组织的工作流程和典型工作任务展开。本教材设计了五大模块十一个项目,让学生充分认知户外研学活动的类型及内涵,并在此基础上根据实际工作需要策划与组织相应的研学活动。本教材在编写过程中,注重与时俱进和守正创新,主要体现在以下三个方面。

一、立足职教类型定位,全人教育,协同创新

　　本教材紧密贴合时代发展趋势和研学旅游相关行业需求,合理规划内容布局,整合理论知识,强化思路、方法和技能训练,注重实践应用,具有典型的类型教育特征。本教材学习任务系统性强、涉及面广、形式多样,通过理实结合、任务驱动、项目教学,强化"教中做、做中学"的教学做一体化模式,在学生户外研学活动课程开发能力生成

性培养的同时,注重学生的整体性教育和创新性教育,有助于提升学生的综合能力和素养。

二、立足职业技能需求,育训并举,产教融合

本教材基于户外研学旅行课程活动设计与实施的需求,以典型工作任务为依托设置学习任务。教材按照"理论知识—任务实施—任务评价"的教学流程,引导学生完成实训,培养学生解决实际问题的能力,并同步建设数字化课程资源,坚持育训并举、德技并修,实现教学内容与产业发展需求的紧密结合。

三、着眼行业发展热点,选题新颖,主题明确

当前,随着人们对自然教育和实践体验的重视,户外研学活动已成为教育和旅游领域的热门话题。本教材紧扣这一趋势,提供了丰富的策划与组织经验,涵盖自然观察、生存技能、户外运动等多种活动类型,满足了市场对专业户外研学产品设计与实施的需求。同时,本教材主题明确,专注于户外研学活动的策划与组织,深入探讨了如何有效结合教育目标与户外实践,确保活动的安全性、教育性和趣味性。

本教材由南京旅游职业学院丁洁、陶潇男负责总体设计、框架构建和内容遴选,并担任主编;南京旅游职业学院范黎丽、田畅担任副主编;南京旅游职业学院马雨筠、潘鑫,江苏海事职业技术学院彭鹏,安庆职业技术学院李荣,南通市旅游中等专业学校杜银娟参编。具体编写分工如下:丁洁、陶潇男编写模块一;田畅、李荣编写模块二;陶潇男编写模块三;范黎丽、杜银娟编写模块四;马雨筠、潘鑫、彭鹏编写模块五。全书由丁洁、陶潇男统稿,范黎丽、田畅参与统稿。

在本教材设计和编写过程中,编者参考了部分国内外研究成果,听取了行业内部分专家的中肯意见,得到了野趣国际营地、江苏熊猫国际旅游发展有限公司等单位的帮助。同时,编者结合自己多年的课堂教学经验、行业工作经验和校企合作双元育人成果,力求实现前瞻性与适用性、应用性与技能性相结合。希望本教材能够成为职业教育学生心目中的优质专业课程教材,以及研学旅行管理与服务专业、休闲服务与管理专业、休闲体育等专业的课程指导用书。本教材致力于为教育工作者、旅游从业者、户外活动爱好者提供实用的指导和启发,引导大家更多地关注户外研学活动。

研学旅游、户外旅游、营地教育、拓展训练等行业的理论体系与实践内容极为庞大复杂,全体编写人员虽勤勉努力,但限于知识水平和实践经验,书中难免存在不足之处,恳请读者批评指正,以便我们进一步完善。

编者

2025 年 3 月

目录
MULU

模块一

户外研学活动导论

项目一
认知户外研学活动

项目概述

户外研学活动具有重要的意义和价值,它不仅能让学生亲近自然、体验生活、增强身体素质,还能在实践中学习新知,提升观察能力和思考能力。通过团队合作完成不同的户外体验任务,如户外生存、户外急救、自然教育、户外运动、拓展培训等,提高学生的沟通协作能力,增强集体荣誉感。对于成年研学者,户外研学活动是一次磨炼意志、挑战自我的机会;对于未成年研学者,有助于培养他们坚韧不拔的精神,是实现素质教育的重要途径,在促进学生全面发展方面具有不可替代的作用。

项目目标

知识目标

1. 掌握户外研学活动的概念和内涵。

2. 掌握户外研学活动的类型和特点。

3. 理解户外研学活动的意义和价值。

能力目标

1. 能够正确认识户外研学活动的概念和内涵。

2. 能够正确理解户外研学活动的类型和特点。

3. 能够初步具备开展户外研学活动策划与组织的能力。

素养目标

1. 培养学生热爱大自然的意识。

2. 培养学生科学的生态观。

3. 培养学生精益求精的工匠精神。

任务一　认知户外研学活动的概念和内涵

任务描述

　　户外研学活动是一种以户外体验、户外环境为核心载体的研学模式,它巧妙地将学习与自然、社会及文化紧密结合。其内涵是通过实地考察、亲身体验和互动交流等方式,让研学主体在轻松愉快的氛围中开阔视野、增长知识、提升实践能力。户外研学活动不仅注重知识的获取,更强调研学主体的主动性、实践性和创新性,旨在培养研学主体的综合素质和创新能力,为其全面发展奠定坚实基础。

任务目标

知识目标

1.认知户外研学活动的概念。

2.理解户外研学活动的内涵。

能力目标

1.能够正确理解户外研学活动的概念。

2.能够正确理解户外研学活动的内涵。

素质目标

1.培养学生的创新实践能力。

2.培养学生的科学思维。

一、户外研学活动的概念

要明确户外研学活动的概念,首先需要了解与户外和研学相关的概念。

(一)户外及户外活动的概念

　　户外指的是在自然环境或开放空间中进行的各种活动和体验。它涵盖了从简单的休闲活动到复杂的探险活动,旨在让人们亲近自然、锻炼身体、放松心情、提升技能,以及培养团队合作精神。户外活动的范围非常广泛,可以根据活动的目的、地点和参与者的兴趣进行分类。户外活动主要包括以下几个要素。

1.自然环境

　　户外活动通常在自然环境中进行。自然环境包括森林、山脉、河流、湖泊、草原、沙漠等,这些环境提供了丰富的自然景观和生态资源,让人们能够亲近自然,感受自然之美。

Note

2. 开放空间

户外活动可以在城市或乡村的开放空间进行,如公园、广场、郊外等。这些场所虽然不如自然环境那样原始、天然,但同样为户外活动提供了空间。

3. 运动体验

户外活动包括但不限于徒步、登山、露营、骑行、皮划艇、攀岩、自然观察、野外生存等项目,这些活动可以根据参与者的兴趣和能力进行选择和组合。

(二)研学相关的概念

1. 研学旅行

2016年11月,教育部、国家发展改革委等11部门印发《关于推进中小学生研学旅行的意见》,其中明确提出了中小学生研学旅行的概念。

研学旅行是一种将研究性学习与旅行体验相结合的校外教育活动,由教育部门和学校有计划地组织安排。通过集体旅行、集中食宿的方式,学生走出传统教室,走进自然环境、社会场景、历史遗迹、科技馆、博物馆等场所,进行实地考察、体验学习。研学旅行不是简单的旅游,而是一种深层次、多维度的教育体验,它旨在促进学生知识、能力与情感态度的全面发展。

研学旅行紧跟时代发展,丰富了活动形式,让学生在研学旅行中多样化、多渠道、多方面地汲取知识,弥补了书本学习的不足。研学旅行突破了教材、课堂和学校的边界,向社会、自然和生活领域延伸,将知识与实践相结合,融入学生生活,帮助学生形成适应未来社会发展所必备的能力。同时,研学旅行使课本知识与现实连接,让历史人物更具"烟火气",变得可以触摸、可以感知。通过研学旅行,学生可以接触不同的地域文化、风土人情,了解历史背景,极大地拓宽了视野,加强了对多元文化的理解和尊重。研学旅行是中小学生有组织的集体性、探究性、实践性、综合性活动,是对中小学生开展集体主义教育、生活教育并培养其良好行为习惯的重要方式。

2. 研学旅游

研学旅游是一种将学习与旅游相结合的教育活动,旨在通过实地考察和亲身体验,让参与者在旅行中学习知识、培养技能,并促进其全面发展。研学旅游不是简单的旅游,而是一种深层次、多维度的教育体验。研学旅游与研学旅行的区别在于:研学旅行是由教育部门主导的,主要针对中小学生开展的校外教育活动;研学旅游则是面向全体社会群体开展的,是一项融合旅游与教育体验的活动。

(三)其他相关概念

1. 营地教育

营地教育是一种基于营地的创新教育形式,旨在通过体验式学习和团队生活,帮助青少年实现个人成长和综合素质的提升。营地教育起源于美国,距今已有一百多年的历史。营地教育被认为是"没有围墙的学习",是学校教育和家庭教育的重要补充。

营地教育的核心是体验式学习,通过富有创造性的活动,让青少年"有目的地玩"和"深度探索自己"。营地教育以团队生活为基础,通过共同生活和活动,培养青少年的社交技能和团队合作能力。营地教育的目标是促进青少年在生理、心理、社交能力等方面的全面发展。

营地教育与户外研学活动在概念上最为接近,两者都是在户外开展,强调户外体验及对青少年综合素养的培育,但营地教育主要面向青少年,户外研学活动则侧重全年龄段的社会群体,且活动环境更加开放,不局限于传统意义上的户外营地的范畴。

2. 自然教育

自然教育是一种以自然环境为背景,通过引导和培养,使人们接触、了解、尊重并融入自然的教育方式。它强调在自然环境中进行学习和成长,旨在建立人与自然的连接,促进人的身心健康和人与自然的和谐共生。

自然教育强调真实的体验,通过亲近自然获得启发。教育内容是关于自然界中的事物、现象及过程的学习,以自然界中的实物为教学素材,帮助学习者认识自然、了解自然,与自然为友,培养他们对生命的敬畏感和对自然的尊重。自然教育具有情境性、行动性、反思性、感悟性、主体性等特点,是一种体验式学习,鼓励学习者在自然环境中主动探索和学习。

自然教育与营地教育有所差异,营地教育的范畴更加广泛,而自然教育更重视人与自然和谐共生的理念,更多地以认知自然、学习自然为教育活动开展的核心,这也是户外研学活动的重要组成部分。

3. 拓展培训

拓展培训,也称为拓展训练,是一种通过体验式学习和团队合作,帮助个人和团队提升心理素质、增强团队凝聚力和合作能力的教育活动。拓展培训起源于第二次世界大战时期的英国,最初用于训练海员在海上生存和应对紧急情况的能力。

拓展培训的项目通常具有一定的难度,主要表现在心理素质的考验上。学员需要突破自己的能力边界,跨越"心理极限"。拓展培训适用于社会各界,无论是高级官员、管理人员、专业技术岗位从业者,还是在校学生,都有相应的课程满足其需要。拓展培训的课程可以根据受训对象的具体需求进行开发、设计和组合,以实现训练目的。拓展培训实行分组活动,强调集体合作,学员不仅为集体争取荣誉,还能从集体中获得力量和信心,同时在集体中展示个性。在克服困难、顺利完成课程要求后,学员能够体会发自内心的胜利感和自豪感,获得具有人生意义的高峰体验。拓展培训通过体能训练激发潜能,同时促进认知提升、情感交流、意志磨炼和团队协作,学员需要全身心地投入。

拓展培训广泛应用于企业团队建设,通过拓展培训,增强团队凝聚力和合作能力,提升员工的心理素质和应对压力的能力。拓展培训也用于学生素质教育,旨在提升其综合素质,培养其团队合作精神和领导能力。拓展培训能够全面提升个人的发散性思维能力、心理承受能力、应变能力、决策能力、判断能力和身体素质。拓展培训通过团队合作项目,帮助团队成员建立良好的沟通和协作机制,增强团队的凝聚力和创造力。

拓展培训通过设置具有挑战性的项目,帮助学员学会控制情绪,增强心理适应能力,实现自我超越。

拓展培训超出了户外活动的范畴,但其教育意义与自然教育、营地教育相似,且面向的对象更加广泛,拓展培训中的户外军事素养拓展训练等,也是户外研学活动的重要组成部分。

(四)户外研学活动的概念

综上所述,编者认为户外研学活动是一种结合教育与自然体验的实践活动,旨在通过亲身体验,让学生在自然环境中学习知识、提升技能、培养兴趣和锻炼能力。户外研学活动通常包括自然探索、拓展培训、野外生存技能教学、急救技能训练、户外运动实践等多种形式,不仅有助于学生开阔视野,提高解决问题的能力,还能增强团队合作意识。户外研学活动强调实践性与教育性的结合,学生通过与自然的亲密接触,实现身心健康发展,增强了对自然和文化的敬畏,提升了社会责任感。

二、户外研学活动的内涵

户外研学活动结合了旅游和教育体验,让研学主体在户外环境中通过参与各项体验式学习活动,理解户外教育的本质,感受自然,亲近自然。这种活动不仅是一种教育形式,更是一种促进个体全面发展的体验活动。户外研学活动可以在不同的地域开展,这使研学主体在获得丰富的教育体验的同时也获得独特的旅游体验。

(一)教育性

户外研学活动的教育性主要体现在知识学习、技能培养和价值观塑造三个方面。第一,通过实地考察,学生可以学习植物分类、动物行为、地质构造、气象变化等自然科学知识。例如,在森林中观察不同植物的生长环境和特征,了解生态系统的多样性。通过参与环保活动,学生可以了解环境保护的重要性,学习垃圾分类、资源回收等知识。例如,在海滩清洁活动中,了解海洋垃圾对生态环境的影响。第二,通过急救技能研学活动,学生可以掌握基本的急救技能(如心肺复苏等)。通过野外生存训练,学生可以学习搭建帐篷、野外生火、野外寻找食物和水源等技能。例如,在露营活动中,学生可以学习搭建简易庇护所的方法。第三,通过亲身体验,培养学生对自然的敬畏和尊重,增强环保意识和社会责任感。例如,在自然观察活动中,学生可以学习如何保护自然环境;在植树活动中,学生可以了解植树造林对改善生态环境的意义。

(二)实践性

第一,学生通过亲自动手操作,将理论知识与实际操作相结合。例如,在自然探索活动中,学生可以亲手采集植物样本,进行简单的分类和记录。第二,学生通过实地考察,了解自然环境和社会现象。例如,在历史文化考察活动中,学生可以实地参观博物馆、历史遗迹,了解地方文化。第三,在户外环境中,学生需要面对各种实际问题,培养解决问题的能力。例如,在野外生存活动中,学生需要解决如何找到水源、如何搭建避难所等问题。第四,通过应对突发情况,学生可以增强应变能力。例如,遇到恶劣天气时,学生需要迅速调整计划,确保安全。

(三)自然体验

第一,户外研学活动在自然环境(如森林、山脉、河流、湖泊等)中进行,学生可以亲近自然,感受自然之美。例如,在徒步旅行中,学生可以欣赏自然风光,感受大自然。第二,学生通过观察自然生态,了解生态系统和环境保护的重要性。例如,在观鸟活动中,学生可以了解鸟的种类和习性,学习生态保护知识。

(四)旅游体验

户外研学活动也是一种研学旅游活动,通常在学生非惯常居住的环境中开展,具备异地性、暂时性等特征。学生在不同地域既能体验户外自然环境与地域文化,又能开展体验式学习活动,这与一般的旅游观光体验存在本质区别。

(五)综合素养提升

学生通常以小组形式参与活动,培养了团队协作能力和沟通能力。例如,在团队建设活动中,学生需要共同完成任务,在野外生存活动中,团队成员需要相互支持、共同应对挑战。户外实践不仅能让学生学习知识,还能提升其动手能力、问题解决能力及团队合作能力。野外生存活动可锻炼学生的应变能力,激发他们对自然科学、历史文化等领域的兴趣,培养探索精神与创新思维。同时,亲近自然有助于缓解学生的学习压力,促进身心健康,如徒步旅行、露营等活动,学生既能放松身心,又能增强体质。此外,积极参与实践活动还能增强学生的社会责任感,培养公民意识。

任务二　认知户外研学活动的类型与特点

任务描述

户外活动丰富多彩,通过对活动内容进行拆解和整合,可以将其转化为适合不同年龄段、不同职业群体的研学活动。与传统研学活动相比,这类研学活动涵盖范围更广,学科关联性更强,活动的体验性和专业性也进一步提升。因此,在策划与实施户外研学活动前,需先明确其类型与特点,从而为活动的设计与开展提供便利。

任务目标

知识目标

1.了解户外研学活动的类型。

2. 掌握户外研学活动的特点。

能力目标

1. 能够明确每一类户外研学活动的主要内容。

2. 能够正确认识户外研学活动的特点。

素质目标

1. 培养学生创新和实践的能力。

2. 培养学生的科学思维。

一、户外研学活动的类型

(一)自然教育项目研学活动

自然教育项目研学活动是一种以自然环境为背景,通过体验式学习和实践活动,帮助学生亲近自然、了解自然、尊重自然的教育方式。它强调通过亲身体验和互动,培养学生的观察能力、创造能力、环保意识和团队合作能力。这一类型研学活动主要分为生物观察认知类研学活动、地理观察认知类研学活动、农事体验类研学活动、环保教育研学活动等。

(二)户外营(基)地教育项目研学活动

户外营(基)地教育项目研学活动,主要是指依托营地教育产业开展的一些泛营地教育类户外研学活动。这一类型研学活动主要分为户外生存技能类研学活动及户外急救技能类研学活动。需要说明的是,此类研学活动的设计与开展,旨在培养学生对大自然的敬畏与热爱,让学生认识到人与自然和谐共生的重要性,进而促进青少年的心灵成长。同时,此类研学活动具有一定的挑战性,可以培养学生的抗压能力和自我挑战精神。此类研学活动在欧美国家营地教育行业开展得较为成熟,目前在我国正处于上升发展阶段。

(三)户外拓展项目研学活动

户外拓展又称为体验式培训,英文为"Outward Bound",意为一艘小船驶离平静的港湾,义无反顾地踏上未知的旅程,去迎接一次次挑战,并战胜一个个困难。户外拓展项目研学活动是依托自然环境场地开展的、带有探险或体验探险性质的体育活动项目集合。其训练对象既可以是成年人,也可以是未成年人。其训练目标丰富多样,从单纯的体能训练、生存训练,到心理训练、人格训练以及管理训练等。此类研学活动通过再次设计与开发,也可以成为户外研学活动的重要课程内容。

(四)户外运动项目研学活动

户外运动项目研学活动是一种结合教育与户外运动的综合性体验式学习活动。它以户外运动为载体,通过在自然环境中开展各种体育活动、探险体验和团队协作项目,引导参与者学习相关知识、技能,培养他们的综合素质,同时加深他们对自然环境的了解,增强保护意识。这种活动不仅注重身体锻炼,更强调在实践中培养团队合作能力、问题解决能力,是一种寓教于乐的学习方式。

户外运动项目研学活动可以根据不同的目标和场景进行分类,比较常见的包括徒步类、登山类,以及水上运动类。徒步类包括休闲徒步和长距离徒步,能锻炼参与者的体力和耐力,适合团队建设。登山类包括低海拔登山和高海拔登山,能培养团队的协作能力,激发挑战精神。水上运动类包括皮划艇项目、帆船项目等,能锻炼团队协作能力并培养学生方向感,是团队建设的理想选择。其中,帆船项目尤其注重培养团队协作和应变能力,对提升领导力也有显著效果。

二、户外研学活动的特点

(一)体验性

体验性是户外研学活动的核心特征,参与者通过亲身参与和实践来获取知识和技能,而不是仅仅通过理论学习。参与者可以直接参与具体活动,如徒步、攀岩、皮划艇、野外生存等,通过实际操作来学习技能。户外研学活动将学习内容与实际情境紧密结合,在徒步旅行中学习地理知识,在攀岩中锻炼勇气和毅力,在野外生存中掌握生存技能。参与者之间以及参与者与教练之间有充分的互动,通过讨论、合作和反馈来增强学习效果。通过实践,参与者能够更深刻地理解并记忆知识,增强学习的趣味性和效果。户外研学活动能够让参与者在真实情境中体验和解决问题,增强学习的深度和持久性。

(二)户外性

户外性也是户外研学活动的核心特征,此类研学活动主要在自然环境中进行,依托自然资源进行学习,活动场地通常包括森林、山脉、河流、湖泊、海洋等。通过观察自然现象、学习生态系统知识,培养参与者对自然环境的敬畏和保护意识。自然环境的复杂性和不确定性增加了活动的挑战性,有助于提升参与者的应变能力和解决问题的能力。自然环境能够帮助参与者放松身心、减轻压力,进而提高学习的积极性。自然环境不仅提供了丰富的学习资源,还能培养参与者的环保意识和对自然的敬畏之情。

(三)成长性

户外研学活动不仅仅注重知识和技能的学习,更强调综合素质的提升,关注个体的成长。通过户外活动,参与者的体能、耐力、协调性和平衡能力得到提升;通过挑战性项目,如高空断桥、攀岩、速降等,参与者能克服心理障碍,增强自信心和心理承受能力;通过开展团队项目和合作任务,可以提升团队成员之间的沟通能力与协作能力;在复杂的自然环境中开展活动,能锻炼参与者的应变能力和解决问题的能力;通过团队管理和角色扮演活动,培养参与者的领导力和决策能力。这种全面的培养方式能够帮助参与者在多个方面获得成长,提升综合能力。

（四）趣味性

户外研学活动强调在活动中融入教育内容，同时保持活动的趣味性和吸引力。具体而言，采用游戏化、竞赛化等形式来设计活动，增加活动的趣味性和吸引力。此外，借助互动式学习，如小组讨论、角色扮演、情境模拟等，让参与者在轻松愉快的氛围中学习。这种结合方式能够让参与者在享受乐趣的同时学习知识，避免学习过程的枯燥，进而提高参与者的学习积极性和学习效果。

（五）专业性

户外研学活动需要在专业研学旅游指导师或专业向导、教练的指导下进行，确保参与者的安全。课程活动由经过专业培训、具有丰富经验的教练团队负责指导，确保活动的安全性和科学性。在活动开始前，参与者应进行安全知识培训，培训内容包括急救技能、风险防范等。活动期间，给参与者提供专业的安全装备，如头盔、救生衣、安全绳等，进一步确保参与者的安全。户外研学活动策划者还需要制定完善的应急预案，确保在突发情况下能够迅速、有效地应对，同时严格遵守安全管理制度，确保活动的每个环节都符合安全标准。安全是户外研学活动的基础，专业的保障能够确保活动顺利进行，使参与者可以安心地参与活动。

（六）跨学科融合性

户外研学活动融合多个学科领域的知识，实现跨学科的学习。活动中融入地理、生物、历史、文化、科学等多学科知识，参与者能在实践中学习综合知识。通过实际情境，参与者可以综合应用不同学科的知识解决实际问题。通过跨学科的学习，参与者能够建立更全面的知识体系，提升综合素养。通过跨学科的视角，参与者能够更深入地了解知识，培养批判性思维和创新能力。跨学科的学习方式能够帮助参与者在多个领域获得知识和技能，提升综合素养和解决问题的能力。这些特征彰显了户外研学活动的独特魅力，使其成为一种富有教育意义和体验价值的学习方式。

任务三　认知户外研学活动的意义与价值

任务描述

户外研学活动与一般研学旅游活动相比，在活动场地、活动内容、开展方式等方面具有独特性，这也使得户外研学活动可以作为独立主题进行研学产品的设计与开发。要做好户外研学产品的开发及课程设计工作，首先要明确户外研学活动的意义和价值，尤其要明确其价值的独特性，这也是后期开展户外研学活动设计、实施户外研学活动的重要基础。

任务目标

知识目标

1.掌握户外研学活动的功能和意义。

2.掌握户外研学活动的独特性价值。

能力目标

1.能够正确理解户外研学活动的功能和意义。

2.能够在活动设计和实施中体现户外研学活动的意义和价值。

素质目标

1.培养学生创新实践的能力。

2.培养学生的科学思维。

一、户外研学活动的功能和意义

（一）成为学校教育的有效补充

学校教育往往侧重知识传授和道德教育,而营地教育则更注重实践与体验式学习。营地教育通过团队生活、户外活动等形式,培养学生的社交能力、情绪管理能力、批判性思维等。营地教育的课程设计多样,涵盖艺术、手工、自然科学等多个领域,帮助学生全面发展。这种教育补充方式能够更好地满足素质教育的要求,让学生在实践中巩固学校课堂所学的知识。

（二）培养研学主体的实践动手能力

户外研学活动强调将理论知识与实践活动紧密结合,让学生在亲身体验中深化对理论知识的理解和应用。在传统的课堂教学中,学生往往被动地接受知识,缺乏实践操作的机会,导致学生对知识的理解不够深入,难以形成系统的知识体系;户外研学活动通过实地考察、实践活动等方式,让学生亲身感受知识在实际场景中的应用,从而加深对知识的理解和记忆。同时,通过实践活动,学生还能将所学知识应用于实际情境中,如进行地理、生物等学科知识的分析工作,撰写相关报告等,从而进一步提升学习能力和综合素质。

（三）提升研学主体的综合素养

户外研学活动在培养学生综合素质和能力方面发挥着重要作用。在户外活动的具体实践中,学生需要动手操作、亲自体验,这有助于培养他们的动手能力和解决实际问题的能力。例如,在科学实验活动中,学生需要设计实验方案、进行实验操作、记录实验数据并分析实验结果,这一过程能有效锻炼他们的实践能力。同时,户外研学活动能够培养学生的团队协作能力。在研学过程中,学生需要与团队成员共同完成任务,这要求他们学会沟通、协调与合作。通过团队合作,团队成员能够更好地发挥各自的优势,共同解决问题,进而培养团队协作精神。此外,户外研学活动还能培养学生的自主学习能力等,这些素质都是学生未来学习和工作中不可或缺的。

二、户外研学活动的独特价值

(一)提供自然教育的最佳场所

户外研学活动将研学的场地从传统的景点景区、文博场馆扩展到广阔的自然环境中,让参与者,尤其是青少年在大自然的怀抱中学习和成长。在活动过程中,参与者可以亲身参与各种户外活动,如徒步探索自然、观察动植物、进行野外生存挑战、学习天文知识等。这些活动不仅充实了参与者的知识储备,还增强了他们对大自然的敬畏和保护意识。例如,在徒步旅行中,参与者可以学习地理知识,了解地形地貌;在野外生存课程中,参与者可以掌握基本的生存技能,如搭建帐篷、生火做饭、寻找水源等。通过这些亲身体验,参与者能够更深刻地理解自然与人类的关系,进而培养环保意识和责任感。户外研学活动借助自然环境的沉浸式学习模式,为参与者提供了一个生动、真实的学习平台,帮助他们在实践中不断探索、发现和成长。

(二)促进研学主体的身心成长

在户外研学活动中,尤其是在营地开展的户外研学活动中,参与者需要独立完成许多事情,如整理床铺、清洗衣物、规划活动等。这种独立生活的经历能够让参与者学会自我管理,明白自己的事情自己做。此外,户外研学活动通过设置各种挑战性任务,鼓励参与者独立解决问题。在集体生活中,参与者通过完成任务、获得同伴的认可,逐渐克服自卑心理,增强自信心。例如,通过攀岩、速降等项目,参与者在克服困难的过程中,不仅锻炼了体能,也增强了心理素质。这种经历有助于参与者的社交能力、语言表达能力和领导能力等方面的提升。

户外研学活动包含许多体能活动,如攀岩、徒步、运动游戏等。这些活动不仅能够增强参与者的体质,还能塑造其坚韧的品格。例如,青少年参与户外运动和团队游戏,有助于提高他们的耐力、协调性和平衡能力。这些活动促使参与者形成健康的生活方式,提升身体素质。

(三)激发研学主体的求知欲和创造力

在户外研学活动中,青少年置身于一个充满新奇和挑战的环境中,这种环境会激发他们的好奇心和求知欲。与传统的课堂教学相比,户外研学活动更注重实践性和体验性,鼓励参与者通过亲身参与和动手实践来获取知识。户外研学活动这种学习方式不仅可以加深参与者对知识的理解,还可以让他们在实践中发现了学习的乐趣。

在户外研学活动中,参与者会接触到各种各样的主题和项目,这些主题和项目往往与他们的日常生活和兴趣点紧密相关。例如,在自然科学探索活动中,参与者可以近距离观察动植物的生长过程,了解生态系统的运作原理。在团队拓展活动或集体游戏中,参与者需要面对各种复杂的情况和挑战,他们需要通过讨论、协商和合作来找到解决问题的方法。这不仅锻炼了参与者的团队协作能力,还培养了他们的批判性思维和解决问题的能力。

任务四　认知全球户外研学活动的发展历程

任务描述

户外研学活动在国内正处于稳步上升的发展阶段,发展过程中借鉴了全球不同国家发展相关行业所积累的历史经验,同时,逐步形成自身的优势和特色。在发展过程中,我们需要对全球户外研学活动的发展历程进行了解,这有助于我们更好地开发户外研学产品。在本任务中,我们将通过了解营地教育、拓展训练、自然教育、户外运动等行业的发展历程,来感受户外研学活动的魅力。

任务目标

知识目标

1.了解营地教育、自然教育的发展历程。

2.了解拓展训练、户外运动的发展历程。

能力目标

1.能够正确理解营地教育等行业与户外研学行业的区别与联系。

2.能够正确运用营地教育等行业的特色优势,开展户外研学活动。

素质目标

1.培养学生创新实践的能力。

2.培养学生的科学思维。

一、营地教育的发展历程

(一)营地教育的概念

营地最早源于军队扎营在某个固定的场所,在这个场所中大家进行集体生活与活动。后来,营地的用途逐渐多元化,出现了拓展营地、房车营地、露营地等。营地教育是基于营地开展的一种创新教育形式,参与者通过在营地的生活及参与体验式活动,实现相应的教育目的。

目前,营地教育没有统一的概念,但是比较常见的有两种。一是1998年美国营地协会给出的定义:营地教育是一种以户外团队生活为形式,兼具创造性、娱乐性和教育意义的持续性体验活动。通过领导力培训,以及自然环境的熏陶,帮助每一位营员在生理、心理、社交能力及心灵层面实现成长。二是登山协会给出的定义:营地教育是基于自然环境、系统的设施场所,有计划、有组织地开展户外教育活动。其宗旨是促进参营者的身心发展。两个概念均指出了营地教育是基于自然的、户外的环境展开的利于参营者身心发展的教育活动特性。

营地教育的历史可以追溯到100多年前,以1885年纽约城郊举行的YMCA露营活动为标志性事件,美国成为最早开展以教育为目的的营地活动的国家。之后,许多国家的青少年教育团体开始创造性地开展众多以青少年素质提升为目的的营地活动。到20世纪80年代末至90年代初期,营地教育组织者开始注重开设特殊群体的营地教育活动,比如灾害救助、残疾青少年露营等,这是主题式营地教育开始的标志。1910年起,部分国家的相关政府部门和学校陆续开始为营地教育培养专业人员,美国、英国、新西兰等国家还专门开设了以生态体验和冒险体验为方向的户外教育本科和硕士研究生专业。

20世纪初,发达国家的营地教育迅速发展,美国率先成立了以青少年素质发展为目的的露营组织,建设了一大批以户外自然环境为主的营地。此后,各国利用本国资源也相继开展不同主题的营地教育,建立了一大批户外教育营地,第二次世界大战的爆发与蔓延使营地教育的发展受到了一定的影响。第二次世界大战结束后,营地教育步入快速、健康发展的轨道,以苏联、日本为代表的国家意识到营地教育对青少年品格培养的重要性,成立了一批国家级营地教育机构(主要以协会或联盟形式存在),这些机构承担着青少年营地教育的组织管理和开发研究工作。1987年,国际营地联盟宣告成立,该联盟每三年举办一次专业性的交流会议,时至今日,营地教育已经成为各国教育交流的重要组成部分。美国、英国、日本等国的营地教育模式,以其成熟的体系和显著的成效,成为全球范围内被广泛借鉴的典范。

（二）美国营地教育发展概况

美国的营地教育最早以夏令营的形式出现。1861年,康涅狄格州一位名叫肯恩的教师,率领孩童进行了为期两周的登山、健行、帆船、钓鱼等户外活动,旨在促进孩童身心均衡发展。"肯恩营队"每年八月都会在森林湖畔集结,这一活动持续了十二年之久。1885年,纽约城郊举行的YMCA露营活动,这标志着教育型营地的正式形成。随后,在YMCA的带动下,各类青少年团体相继组织开展有教育性质的露营活动。1892年,女子露营活动首次举行;1900年,残疾青少年露营活动开始举办;1910年,美国开始实施针对营地教育的专业人才培养计划,培养具有专业知识和技能的营地指导员,并成立了美国营地协会(ACA)。历经一百多年的发展,美国营地教育不仅在美国家喻户晓,成为民众日常生活的重要组成部分,在世界营地行业中也是最为成熟的。美国形成了庞大的营地规模网络,并带动了营地设施、营地文化用品等行业的发展。

在众多营地教育产品中,具有代表性的是被称为女童子军的营地教育产品。美国女童子军,又称美国女童子营,创立于1912年3月12日,由佐治亚州的朱丽叶发起,是一个非营利性组织,也是世界上最大的女童组织。该组织于1915年在首都华盛顿正式注册,1950年美国国会将其列入宪章,成为既获得官方承认又具有民间性质的少儿组织。美国女童子军在全美设有三百余个分会,实现地域全覆盖。所有成员都要遵守统一的法规和承诺。该组织强调女性领导,培养女孩品德,树立女孩信心,这个组织走出过许多成功女性,她们遍布美国政界、商界、文化界。如今,美国5~17岁的女孩都可以加入女童子军,根据年龄可分为五个级别:幼女童子军(5~6岁)、小女童子军(6~8岁)、少女童子军(8~11岁)、中级女童子军(11~14岁)和高级女童子军(14~17岁)。女孩们在组织中不仅能学习烹饪、手工艺品制作、户外野营等传统技能,还可接触财务知识、产品设计、商业开发、电影制作及网站设计等现代课程。此外,18岁及以上人群可以成为成人会员,担任义工、辅导员等,其中受薪雇员不到1‰,大多数是义务服务。

(三)俄罗斯营地教育发展概况

俄罗斯营地的产生与发展,有很强的政治、历史渊源和国家背景。第二次世界大战结束后,苏联意识到营地教育对青少年品格培养的重要性,开始以国家名义建立了一大批国家级营地教育机构(以协会或联盟为主),承担青少年营地教育的组织管理和开发研究工作。直到1991年,营地都是苏联少先队的专属机构。2017年起,俄罗斯联邦政府决定将各类营地组织和运营相关的事务,都移交给俄罗斯联邦教育和科学部监管,这一举措使得俄罗斯营地的国家属性进一步强化。同时,为保障营地规范运营,政府制定了严格的管理条例,并由俄罗斯营地协会负责监督执行。

俄罗斯营地中比较著名的阿泰克营地,这是世界上最大的国际儿童中心,成立于1925年,占地218公顷,拥有7公里海岸线,隶属于俄罗斯教育部和俄罗斯联邦科学部。阿泰克营地创立之初,主要是为患有肺结核的儿童提供疗养场所,后来慢慢演变成儿童营地。阿泰克营地每年有15个主题营期,每个营期持续21天,涵盖百余个活动项目。营地课程体系丰富多元,除常规运动与团队活动外,更系统地将培养爱国主义精神、探索生命的意义、揭秘世界奥秘等内容融入课程中,构建极具价值感和意义感的课程体系。阿泰克营地在俄罗斯教育界有极高的地位与声誉,能够进入阿泰克营地的孩子,都是音乐、舞蹈、科技等不同领域的优秀代表。孩子们要先通过网络提交申请,再由营地系统严格筛选。营地全年运营,孩子们的费用由联邦财政统一拨款。随着研学旅行行业的不断发展和研学旅行产品的不断拓展,营地教育的课程也逐渐成为户外研学活动的重要内容,以户外生存技能、急救技能等为代表的研学课程活动广受欢迎。

二、自然教育的发展历程

因自然教育尚未形成明确的学科和专业体系,目前并没有清晰、系统的资料能够完整追溯其理论与方法的历史渊源。不过,通过梳理相关理论与方法体系,仍可探寻到自然教育缘起的脉络。尽管这些理论与方法在发展过程中并未直接促成自然教育概念与行业形态的形成,但在理论内涵与实践路径层面,均为当代自然教育的发展提供了重要启示与借鉴。

自然主义教育是西方教育发展史上的一个重要理论,代表人物包括夸美纽斯、卢梭、裴斯泰洛齐、赫尔巴特、第斯多惠、福禄贝尔、杜威、蒙台梭利等。其中,卢梭对后世教育理念的影响最为深远。他在《爱弥儿》中提出,教育的目的在于使人成为自然人,并倡导儿童教育回归自然、认识自然、感受自然。中国古代先哲认为,一切源于自然,自然是万有之源。"自然"一词最早始于老子,庄子沿用,后经王充、王弼之发展,到郭象达到鼎盛,一直延续至今。无论是西方还是东方,智者先贤都强调教育应遵循"自然之道"。西方侧重以人为主体,顺应人的自然天性;而东方更秉持将自然作为主体,从自然的规则中领悟经世致用的方法。这些朴素的自然主义教育观念,强调了教育的"人性化"本源和道法自然的客观路径,至今仍是自然教育的重要基本原则,也构成了这一行业的显著特点。

自然教育相关实践在美国、英国、荷兰、丹麦、日本、澳大利亚、韩国等国家起步较早,发展已相对成熟,形成了比较完整的管理、人才培养、项目设计和运营体系。美国现已有上千个户外自然教育中心,几乎所有的博物馆、国家公园、森林、湿地等场所都承担着对中小学生的自然教育任务,比较有代表性的包括源于19世纪30年代的露营教育、强调关注自然保护和资源可持续利用的保育教育、美国农业部发起的乡村教育、鼓励在实践中学习的"做中学"哲学、强调思考人地关系的资源管理教育等。英国比较有代表性的如利用自然和历史资源的田野学习、基于自然的学习共同体——森林学校。荷兰比较有代表性的是儿童农场。丹麦比较有代表性的是森林幼儿园。日本的自然教育机构中,比较有代表性的有以体验为主的自然学校、以教学为主的修学旅行机构、以环保为主的社区教育中心等。澳大利亚比较有代表性的如以培养环境实践能力为目标的可持续学校。韩国比较有代表性的是以疗养、福祉为主要目的的自然休养、森林疗养机构。

2010年的调查统计结果显示,日本的自然学校约3700所。在此之外,日本盛行修学旅行。20世纪中期,修学旅行被列入学校教育体系,由政府全面统筹,财政支持力度逐年加大。比较著名的有成立于1982年的Whole Earth自然学校,除了有几十名专职人员,还有许多志愿者与兼职人员为学校工作。每年,有几万人付费参加这所自然学校的各类活动。其创始人兼会长广濑敏通,于1982年和妻子回到家乡静冈县,创建了一个动物农场,后来逐步增加了自然探险及冒险活动。1987年动物农场停业,正式改为Whole Earth自然学校。学校的办公和培训场所是典型的木质小屋。学校与农场总面积超万平方米,其"领地"内分布着小溪、悬崖、小型农场,以及从当地人手中租来的农田。提供个人与团体亲近自然的体验活动,是Whole Earth学校的核心业务。针对个人,学校开展远足、生态旅游、亲子野营等活动;针对团体,学校开设食品制作、户外体验学习等课程。室内课程包括奶酪制作、纺线和染布教学;室外课程则有观星、登山、洞窟探险等活动,同时还教授野外急救知识。这些丰富多彩的自然体验活动,让寂静的山村活跃起来,生机勃勃。

我国的香港地区、台湾地区从20世纪90年代起,依托自然公园、郊野公园等开展自然教育活动,形成了具有自身特点的管理运营体系。相比之下,我国内地的自然教育虽起步较晚,但发展很快。21世纪初,部分公益组织和社会机构借鉴国外先进经验,开始探索开展自然教育。日本、韩国、新加坡等国的相关项目和案例陆续被引入,"自然教育""自然学校"等概念开始频繁出现在人们的视野中。目前,以自然教育为核心内容的户外研学活动已成为研学活动的重要组成部分,尤其针对青少年群体,受到了学校和家长的广泛欢迎。

三、拓展训练的发展历程

拓展训练又称为拓展培训、户外拓展、体验式拓展等,20世纪初,当时的教学模式多以捧读教科书和课堂授课为主,此时一位德国教授库尔特·哈恩提出自己的想法:18世纪大学教育刚开始,当时没有教科书,学生学医从解剖开始,学农从种植开始,学哲学从辩论开始,一切知识都源于实践。库尔特觉得,这如同学习游泳、学习骑自行车,只有通过亲身体验获得经验,才会印象深刻、终生难忘。基于此,他希望建立一所学校,以"从做中学"的方式来实践他的教育理念。

1920年,库尔特·哈恩在德国创办了Salem学校。1934年,库尔特·哈恩在英国苏格兰创办了戈登斯教学校,该校以"户外教育"和全人培养理念著称。1941年,库尔特·哈恩在英国威尔士创办了专门进行拓展训练的学校,训练年轻海员的海上生存技能和船触礁后的生存技巧。这一举措明显提高了海员的生存率,在第二次世界大战期间发挥了重要作用。当时,大西洋上的商船屡遭德国潜艇袭击,许多年轻海员因为缺乏经验而葬身海底。库尔特·哈恩研究发现,这些活下来的船员大多是那些有家庭、有强烈求生欲望和生存意识的中年人,这些人有着丰富的生存经验,具有团队协作和配合的能力。于是,军事专家得出结论:当灾难降临,除身体素质外,顽强的生存意识和良好的心理素质,才是决定个体能否存活的关键因素。而库尔特·哈恩所创立的训练体系,正是基于这一理念找到了施展的空间。

1941年,库尔特·哈恩在威尔士建立Outward Bound户外学校,其新颖的培训形式和良好的培训效果,很快风靡整个欧洲的教育培训领域,并在其后的半个世纪中发展到全世界,成为世界知名的体验培训机构。战争结束后,体验式训练的独特创意和训练方式逐渐被推广开来,训练对象由海员扩大到军人、学生、工商业人员等群体。训练目标也由单纯体能、生存训练扩展到心理训练、人格训练、管理训练等,这就是体验式训练的雏形。1960年,美国引进Outward Bound模式,此后中国的香港地区和台湾地区,以及日本也相继引入体验式培训。1995年,体验式训练进入中国内地。

体验式训练通过精心设计的培训项目,让参与者在分析问题、解决问题和应对挑战的过程中,达到"磨炼意志、完善人格、挑战自我、熔炼团队"的目的。这一训练模式契合时代对完善人格、提高素质和回归自然的需求,吸引了成千上万的参与者,成为素质教育的新时尚,也成为户外研学活动的重要组成部分。

四、户外运动的发展历程

户外运动就是走出家门在户外进行的运动。一般情况下,户外运动指的是狭义上的户外运动,包括登山、露营、攀岩、蹦极、漂流、冲浪、滑翔、攀冰、定向越野、远足、滑雪、潜水、滑草、高山速降、骑行、越野山地车运动、热气球飞行、溯流,以及拓展训练中的飞行滑索等运动。

　　户外运动的起源可追溯至18世纪的欧美早期探险与科考活动。史料记载,法国著名科学家德·索修尔出于探索高山植物资源的目的,期望有人能够攻克当时被视为难以逾越的难关——登上阿尔卑斯山的主峰勃朗峰(位于法国境内,海拔约4810米,为西欧最高峰)。1760年5月,他在阿尔卑斯山脚下的夏木尼镇张贴告示:"凡能登上勃朗峰之巅或提供可行登山线路者,将予以重金奖赏。"直到1786年6月,夏木尼镇一位名叫帕卡德的医生终于揭下了告示,经过两个多月的准备,他与当地山区水晶石采掘工人巴尔玛结伴,于1786年8月6日首次登上了勃朗峰。1787年8月3日,德·索修尔组织了一支20多人的登山队,由他本人率领,巴尔玛做向导,再次登上了该峰,揭开了现代登山运动的序幕。在登山过程中,他们对有关人体生理、自然环境等方面进行系统考察,积累了大量有关高山科学的宝贵资料。此后,人们将登山运动称为"阿尔卑斯运动",并把1786年定为登山运动的诞生年,阿尔卑斯山下的夏木尼镇被视作登山运动的发源地,德·索修尔、巴尔玛等人则成为国际登山界公认的世界登山运动创始人。

　　18世纪,出于传教目的,部分传教士不得不穿越山区;与此同时,一些科学家开始深入山区开展自然生态研究。此外,随着工业革命兴起而形成的实业家、企业家等社会新阶层,在具备一定经济实力后,出于寻求刺激的需求,将登山作为一种休闲方式。在当时,"首登"(即某座山峰首次被人类登顶)成为所有登山者追求的目标。当阿尔卑斯山区比较平缓而容易到达的山头都被首登顶过后,具有更高难度的山峰成了新的挑战对象。为了克服这些终年积雪的冰岩地形,当时的登山者逐步探索并发展出一整套技术体系,只是此时无论技术上还是装备上都还相当简陋。直至第二次世界大战前后,出于特种地形作战的需求,军队对相关技术进行改良与发展,攀岩、野营等活动才逐渐形成雏形。直到20世纪70年代以后,这些活动才真正发展成为分类明确的体育项目。尽管户外运动的发展历史不长,但在短短几十年间,已在各个发达国家广泛普及,成为深受欧美国家从老年人到童子军等不同群体喜爱的运动。

　　早期的户外运动本质上是一种生存手段。采药、狩猎、战争等活动,都是人类为谋求生存与发展而开展的必要行动。第二次世界大战期间,英国特种部队率先利用自然屏障和绳网开展障碍训练,旨在提升部队的野外作战能力与团队协作能力。这是人类首次将户外活动系统化、有目的地应用于军事领域。第二次世界大战期间发生了多起海难。事后统计显示,在海难中幸存的人心理成熟、拥有丰富多样的生活经历并且具备良好的团队精神,正是这些因素助力他们成功逃生。

　　第二次世界大战后,随着战争的远离和经济的发展,户外活动开始走出军事和求生范畴,成为人类娱乐、休闲和提升生活质量的一种新的生活方式。自1989年新西兰举办了首次越野探险挑战赛后,各种形式的户外活动和比赛在全世界如火如荼地开展起来。如今在欧洲,每年都举行众多大型挑战赛。在美国,户外运动的参与人数和产值在所有体育运动中位居前三位。英国是"户外运动之乡",也是近代竞技运动的重要发源地。18世纪60年代,工业革命在英国兴起,蒸汽机和纺织机被广泛应用在生产上,促进了工业生产的飞速发展。尽管当时以军事为目的的兵式体操运动风靡整个欧洲,但英国新兴的资产阶级为了解决大机械生产、生产节奏加快及城市人口剧增等导致的一系列社会问题,在全国积极推行发展户外运动,如狩猎、钓鱼、射箭、旅行、登山、赛艇、游泳、滑冰、疾跑、跳远、跳高、投石、掷铁饼,以及羽毛球、板球、地滚球、高尔夫球、曲棍球、橄榄球、足球等球类运动。户外运动作为理想的体育休闲手段,正以一种更加自由、随意的运动方式,备受英国大众的青睐。目前,以户外运动为内容的研学活动也正逐渐成为一种潮流。

项目二
户外研学活动策划与组织的一般流程

项目引入

项目概述

　　户外研学活动策划与组织的一般流程包括调研研学需求、分析研学资源、确定研学目标、策划研学课程活动、实施研学活动并进行现场管理、搜集反馈与评估效果、总结与改进等多个方面。这一过程需注重细节规划，确保活动兼具教育意义与安全保障，通过周密的准备与灵活的执行，促进参与者在自然与社会实践中学习成长。这是策划和实施户外研学活动的基础。

项目目标

知识目标

1. 掌握户外研学活动的策划流程。
2. 掌握户外研学活动的组织与实施流程。
3. 掌握户外研学活动的实施评价过程。

能力目标

1. 能够初步具备正确策划户外研学活动的能力。
2. 能够初步具备正确组织实施户外研学活动的能力。
3. 能够初步具备开展户外研学活动评价的能力。

素养目标

1. 培养学生热爱大自然的意识。
2. 培养学生形成科学的生态观。
3. 培养学生精益求精的工匠精神。

任务一　户外研学活动的策划过程

任务描述

　　户外研学活动策划是一个系统工程,首先明确教育目标与主题定位,随后进行深入的市场调研与需求分析,最后选择适合的研学地点与活动内容。策划团队需要对日程安排、交通住宿方案、安全保障措施等进行详细规划,同时筹备必要的教学材料与物资。通过精心设计与反复论证,确保活动方案既富有教育意义又充满趣味性。在本任务中,我们将就如何策划与设计户外研学活动进行探讨。

任务目标

知识目标

1.掌握户外研学活动策划的流程。

2.理解户外研学活动的策划要点。

能力目标

1.能够正确理解户外研学活动策划的流程与要点。

2.能够科学开展户外研学活动策划与设计。

素质目标

1.培养学生创新实践的能力。

2.培养学生的科学思维。

一、户外研学活动策划的概念

　　户外研学活动策划是指为实现特定的教育目标,精心设计和组织户外活动,引导参与者在自然环境中学习、探索和体验的一种研学体验及教育过程。户外研学活动策划不仅包括活动的整体规划,还涉及教育目标、活动内容、目标群体、环境选择、安全保障、教育方法、互动评价等多个方面的综合考虑。

二、户外研学活动策划的核心要素

(一)教育目标

　　教育目标是户外研学活动策划的核心,它明确了活动的最终目的。例如,活动可能旨在提升参与者的团队协作能力、增强环保意识、培养领导力或提升科学素养等。明确的目标能够帮助策划者设计出更有针对性的活动内容,确保活动的每个环节都围绕目标展开。同时,教育目标也为活动的评估提供了标准,通过对比活动前后的变化,可以衡量活动的效果。例如,如果目标是培养青少年的环保意识,活动可以设计参观自然保护区、参与环保行动等环节,通过问卷调查和行为观察来综合评估参与者的环保意识是否得到提升。

(二)活动内容

活动内容是实现教育目标的具体载体,需要根据目标群体的特点和教育目标精心设计。例如,针对青少年群体,可以设计徒步旅行、野外生存、自然观察等活动;针对企业团队,可以设计团队拓展、领导力挑战等项目。活动内容应具有趣味性和挑战性,以吸引参与者并激发他们的潜能。同时,活动内容还应注重安全性和教育性,确保参与者在安全的环境中学习和成长。例如,在徒步旅行中,可以设置一些简单的野外生存技能教学环节,让参与者在实践中掌握知识。

(三)目标群体

明确目标群体是户外研学活动策划的重要环节。不同的群体有不同的需求和特点,因此活动内容和形式需要相应调整。例如,青少年群体可能更关注活动的趣味性和互动性,而企业团队可能更注重团队合作能力的提升和领导力的培养。了解目标群体的年龄、兴趣、知识水平和能力,可以帮助策划者设计出更符合他们需求的活动。例如,低龄儿童的户外研学活动可以采用游戏化、趣味化的形式,如寻宝游戏等;高中生的户外研学活动可以更具挑战性和深度,如野外生存挑战等。此外,目标群体的反馈是活动改进的重要依据。

(四)环境选择

环境选择对户外研学活动的成功至关重要。户外环境应具备安全性、教育价值和便利性等特点。例如,自然保护区适合开展自然观察和生态教育活动,历史遗迹适合文化考察和历史学习。环境选择应根据活动内容和教育目标来决定。如果活动目标是培养青少年的环保意识,可以选择自然环境优美的森林公园或湿地公园;如果目标是提升团队协作能力,可以选择有户外拓展设施的营地。同时,活动场地的安全性也是必须考虑的因素,需要确保活动场地没有安全隐患,并配备必要的安全设施。

(五)安全保障

安全保障是户外研学活动策划中不可或缺的部分。策划者需要制定完善的安全措施和应急预案,确保活动的安全性。例如,活动前应对场地进行安全检查,排除潜在危险;活动中应配备专业的安全人员和急救设备,确保在突发情况下能够迅速应对。此外,还应对参与者进行安全培训,提高他们的安全意识和自我保护能力。例如,在徒步旅行前,可以对参与者进行野外安全知识培训,包括如何避免迷路、如何应对野生动物等。通过这些措施,最大限度地减少安全事故的发生,确保活动的顺利进行。

（六）教育方法

教育方法是实现教育目标的重要手段。户外研学活动通常采用体验式学习、探究式学习等方法，引导参与者在实践中学习和成长。体验式学习通过亲身体验和实践，让参与者更深刻地理解和掌握知识。如在徒步旅行中，可以让参与者亲自搭建帐篷、生火做饭，通过实践学习野外生存技能。探究式学习则鼓励参与者主动探索和发现问题，如在自然观察活动中，让参与者观察动植物，记录发现的问题，并通过讨论和研究找到答案。这些教育方法能够激发参与者的兴趣和积极性，提高学习效果。

（七）互动评价

互动评价是户外研学活动策划的重要环节，可以帮助策划者了解活动效果，并为未来的活动改进提供依据。互动评价可以通过问卷调查、行为观察、访谈等多种方式进行。通常在活动结束后对参与者进行问卷调查，了解他们对活动的满意度和收获；通过行为观察，评估参与者在活动中的表现和行为变化。此外，还可以邀请参与者进行访谈，搜集他们的意见和建议。根据评价结果，策划者可以对活动进行改进，优化活动内容和形式，提高活动质量。如果评价结果显示参与者对某个环节的满意度较低，策划者可以对该环节进行调整或改进。

通过把握户外研学活动策划的核心要素，可以更全面地理解户外研学活动策划的各个方面，帮助策划者设计出更科学、更有效的活动。

三、任务实施

步骤一：调研研学需求

户外研学活动的策划源于教育的需求，因此在进行户外研学活动策划时，首先需要从不同维度对将要开展的研学活动进行详尽的需求调查、分析工作，解答研学活动中的"是什么""为什么""怎么做"等关键问题。这不仅是后期研学方案落地的基础和关键，也是衡量户外研学活动合格与否的先决条件。

调研研学需求，是指在设计研学课程或组织户外研学活动之前，通过科学设计，运用特定的方法和手段，搜集调查对象或调查地区关于研学需求的信息资料，并对其作出描述和解释的一种自觉的认识过程。

调研研学需求是户外研学产品开发设计的重要基础，调研成果的真实性与准确度会直接影响户外研学产品开发设计的策略与要点。一般而言，调研研学需求主要包括明确调研内容、确定调研对象、选择调研方式及分析调研结果四个方面。在进行研学需求调研时，可以将调研内容按照一定的要求设计成简洁的表格，以便于实际操作。同时要注意根据调研对象、调研地区的不同，选择合适的调研方式，以得到合理、准确的调研结果。

（一）明确调研内容

明确研学需求调研的具体内容是开展调研工作的重要基础。一般而言，研学需求调研主要包括基本信息、课程需求、接待标准、以往案例四个方面。基本信息指学校的基本信息、出行人员的基本信息等；课程需求指学校开展研学课程的主题、最终目标等；接待标准指研学课程活动中对服务保障环节的要求标准，反映了学校对研学课程服务品质的要求；以往案例指学校以前开展过的研学课程案例，这些案例不仅呈现了学校组织研学课程的经验和标准，还揭示了实践中需要注意避免的问题，是设计研学课程方案的重要参考。

1. 基本信息

需求调研的基本信息包括：

（1）学校名称、学校地址、学校级别；

（2）研学课程的出行日期和出行天数；

（3）出行人员情况，如出行人员的数量、结构、职务等内容；

（4）校本课程、校内实践课程等的开设情况，以及对研学课程的了解程度等。

2. 课程需求

需求调研的课程需求包括：

（1）研学课程的主题、目标、内容；

（2）行前的要求与内容；

（3）研学课程学生手册的形式和内容要求。

3. 接待标准

需求调研的接待标准包括：

（1）研学课程中的接待标准，如研学课程餐饮、住宿、大交通的要求等；

（2）物资需求，如研学课程组织实施中需要配备讲解器等设备；

（3）对本次研学课程的预算要求；

（4）一些关于接待工作的特别要求。

4. 以往案例

需求调研的以往案例包括：

（1）以往开展的研学课程的主题和内容；

（2）以往的接待标准和费用情况；

（3）以往开展的研学课程存在的优点和不足。

以上基本涵盖了研学需求调查的主要内容，户外研学产品开发者或课程设计者可以根据实际情况进行增减。确定调查内容后，可按照一定结构设计成便于理解和使用的表格或问卷。这样做有两大优势：其一，便于将所要了解的信息清晰地呈现在受访者和使用者面前；其二，调研结束后能够将需求信息直观、清晰地传递给户外研学产品的设计者或课程的开发者。

（二）确定调研对象

在完成研学需求调研内容的规划,并设计好相应的调研表后,下一步工作便是明确具体的调研对象。调研对象主要有以下两类。

1.活动负责方

活动负责方主要包括学校、教师、家长等。若是学校统一组织的户外研学活动课程活动,一般调研对象为学校主管领导,主要指学校组织开展研学课程的主要负责人,通常由学校的校长或副校长、德育主任担任。通过对学校主管领导开展研学需求调研,了解学校开展研学课程的主要动因、基本原则和教学目标,还应了解他们对以往研学课程组织实施情况的评价,以及对今后研学课程的期望和建议等信息。此外,参与研学课程的相关教师也是重要的调研对象,可以是随行的年级组长、班主任、任课教师,也可以是研学课程的带队教师等。

需求调研主要包括三个方面:首先,了解出行学生的能力、素质、特点等信息,在户外研学产品设计中,要对这些情况进行合理的、人性化的安排;其次,与任课教师针对研学课程涉及的知识进行沟通探讨,以便将研学课程与在校课程的知识内容有效衔接,更好地发挥研学课程对课内教学的补充作用;最后,与经验丰富的带队教师沟通,学习以往组织研学课程的经验,搜集研学课程的建议。

2.活动参与者

活动参与者主要包括学生等。在学校统一组织的户外研学活动中,经学校许可,可以对参与研学课程的学生进行需求调研。其一,可以了解学生对研学课程的认知、理解、需求以及期待,有助于设计出学生真正感兴趣、适合学生特点的户外研学产品与研学课程,提升课程效果;其二,可以了解学生特点,便于课程的组织实施管理。

在实际工作中,需要在对学校进行充分了解的基础上精准地确定调研对象,进而根据不同的调研对象选择合适的调研内容。例如,对学校主管领导的调研要重点了解其以往研学经验的系统总结和对研学课程的优化建议等方面;对相关教师的调研要注重学生的学习能力、素质、特点等方面;对参与学生的调研则要强调用餐安排、交通出行、住宿条件、学习方式设计等方面。根据调研内容选择调研对象,这样才能更加科学、准确、全面地获取信息。

（三）选择调研方式

为了较为准确地呈现调研结果,在明确调研对象之后,还要选择科学、恰当的调研方式。所谓科学,是指研学需求调研作为社会调查的一种,在调研方式的选择和使用上,应采用社会调查常用的调研方法,运用一般社会调查的原理开展调研工作;所谓恰当,是指要根据实际情况选择最有利于实现调研目的的方式。下面主要介绍四种常用的调研方式。

Note

1. 专题会议法

组织学校集体户外研学活动时,通过开展研学课程专题会议进行需求调查,尽可能邀请学校中与研学课程相关的领导和教师,由浅入深、从整体到细节地对本次研学课程进行探讨,并将内容汇总到研学课程需求调查表中。召开专题会议可以得到比较全面的信息,因为在发言交流中大家可以相互启发和借鉴。这种方式也是最容易达成共识、快速确定工作方向的一种方式,可以说是最理想的调查方式,但现实中不易实施,可以请学校领导协助召开或者采取灵活便利的会议方式进行。

2. 访谈法

通过访谈法进行研学需求调研,可以采用面对面访谈、电话访谈、邮件访谈等,也可以选择一对一或一对多的访谈方式。访谈有结构化访谈、半结构化访谈及非结构化访谈等形式。访谈法的优点包括:可以探究受访者的态度与动机等深层次的内容,获取详细信息;运用面广,能够简单而迅速地搜集更多方面的资料;有助于工作分析人员了解专题会议法不容易发现的情况,有助于调研者发现问题。在访谈中要注意技巧,调研者要注意辨别受访者的哪些回答有主观意识的成分,并妥善处理相关问题。

3. 问卷调研法

问卷调研法是一种较为常用的调研方法,它以精心设计好的问题表格为载体。通过问卷调研的方式开展研学需求调研工作,就是将提前准备好的研学需求调查表发放给特定的调研对象,也可以利用电脑软件、手机程序等编辑研学需求调查表,再通过网络开展在线调研。问卷调研法的优点是调研覆盖面广、搜集的信息量大、调研效率较高,其缺点是需要对海量的问卷信息进行识别、处理及统计分析,对调研人员的要求较高。

4. 资料分析法

通过资料分析法进行研学需求调研,是对调研学校已有的校本课程、校内综合实践课程、以往案例等现成的资料进行搜集、整理,获取研学需求的相关信息。相比于前三种调研方式,这是一种间接获取需求资料的手段。资料分析法的优点是省时省力,可以对通过专题会议、访谈、问卷调研等形式获取的资料进行验证,其缺点是资料数量有限。

(四)分析调研结果

通过上述方法进行研学需求调研得到的资料和数据往往是海量的、多元的、模糊的,甚至有些是错误的。调研人员掌握这些资料和数据之后,需要运用自己的专业知识和经验,根据实际情况,做出判断、调整或整合,使调研结果既能满足用户需求,又能更精确地为户外研学活动策划服务。

1. 基本信息分析

基本信息分析是户外研学活动顺利开展的关键。确定出行时间至关重要,出行时间一旦变更,可能会给户外研学产品的选择、课程的设计带来很多困难。因为户外研学是一种户外教学活动,整个教学活动受气候、交通、节假日等因素的影响。时间计划变更往往会打乱整个研学活动的节奏。此外,在调研中要明确出行人数,确保合理的人员结构。一般情况下,出行人数越多,工作量越大,人员结构不合理会影响研学课程的具体实施和实施效果。

2. 参与人员分析(以学生学情分析为例)

学生学情分析主要指对学生的基础知识、认知能力、生活经验以及身心特征等进行分析。调研地域不同,调研学校层次不同,调研学生的年龄段不同,所得到的学生学情也不同。因此,学生学情分析是户外研学产品设计与课程开发的重要环节。学生学情分析主要从以下五个方面进行。一是学生的基础知识分析,通过梳理学生在国家课程、地方课程、校本课程、实践课程、特色课程中掌握的基础知识进行初步判断,最简单的办法就是参考他们所使用过的教材、教案等。二是学生现有认知能力分析,不同年龄段学生的认知能力是不同的,基础学习能力指在学习过程中获取知识的能力,包括搜集、处理信息的能力和动手操作的能力等。三是学生的身心特点,不同年龄段学生的身体和心理都有其各自的特点,这些特点直接影响他们在研学课程实施过程中的表现,以及研学课程学习目标的达成效果。四是学生的情感状态。情感因素是伴随着知识经验的掌握、观念的形成,以及内部智力的成熟而发展起来的,它对外部智力的形成和创造能力的培养起着决定性的作用。五是学生原有的生活经验。不同地域的学生,或者是相同地域、不同学校的学生,往往在生活经验上有着很大的差异,这些学生有着各自不同的生活经历和观念,这些原有的经历、经验和观念,会对研学课程学习和生活产生深刻的影响。因此,必须全面且有重点地关注和深入了解,这也是学生学情分析的一个重要环节。

3. 课程需求分析

通过研学课程需求调查可以了解参与者对研学课程的期望与设想,这是进行研学课程内容设计的依据。尽管调查结果可能不够完整和精确,但仍能为研学课程设计指明方向,设计者需要对这些信息进行分析,以满足学校的课程要求并达到相应的教育目的。

步骤二:梳理户外研学活动课程资源

户外研学活动课程资源的选择关系到户外研学目标能否实现及其实现程度,这是户外研学设计的关键因素。户外研学活动课程资源就像一块块积木,将它们按照一定规律排列组合,就能搭建出户外研学活动课程的基本内容。而首先要做的,就是从丰富多彩的户外研学活动课程资源中选择出最适合的为我所用。

户外研学活动课程资源具有广义和狭义之分。广义的户外研学活动课程资源指有利于实现研学目标的各种因素;狭义的户外研学活动课程资源指有利于实现户外研学目标的直接因素。按照户外研学活动课程资源的功能特点,户外研学活动课程资源可以分为素材性资源和条件性资源;按照空间分布的不同,户外研学活动课程资源又可分为校内研学资源和校外研学资源。

本教材讨论的户外研学活动课程资源特指广义概念下的户外研学活动课程资源,其属于一种校外资源,是有利于实现户外研学活动目标的所有因素和条件的总和,包括研学参考资料资源包、学科专家、学校教师、研学旅游指导师、学生、导游等,以及促进户外研学活动实施服务的必要而直接的条件。

(一)查找户外研学活动课程资源

根据研学课程的主题和目标,结合学生学情分析,以省为单位,对研学目的地与之相关的一切可能用于户外研学活动课程的各种资源、场景进行信息搜集和整理。为了方便资源搜集,可以根据资源的某种属性将之分类,然后再逐一搜集。分类的方式多种多样,视实际工作需要而定。通过细致全面的搜集,会得到大量的户外研学活动课程资源信息,需要注意的是,搜集户外研学活动课程资源信息的目的是判断研学课程资源是否符合本次户外研学活动课程的内容,所以关注点应该放在户外研学活动课程资源的内容和特点上,这就需要对所有信息进行梳理和完善,选取所需要的,然后以表格等形式归纳,以便完成进一步的筛选工作。

(二)筛选户外研学活动课程资源

1. 核实信息

通过以上步骤确定可以为户外研学活动课程服务的课程资源,下面就需要进一步对这些课程资源进行筛选,以选择可行的、最佳的课程资源。首先,需要进行信息核实。可以利用打电话或者发送电子邮件等方式,联系户外研学活动课程资源的负责方进行询问。负责方可能是户外研学活动课程资源本身的负责方,也可能是像旅行社这样的第三方机构,关键在于获取真正、有效的课程资源信息。信息核实的目的有两个:一是考察户外研学活动课程资源是否能满足课程内容的需要;二是为下一步实地考察做准备。

2. 实地考察

当信息核实完成后,需要前往研学资源地进行实地考察。考察的目的有两个:一是考察课程资源是否与信息核实内容相符;二是对课程资源的实用性、可行性、安全性进行考察。如果户外研学活动课程资源符合户外研学活动产品内容的需求,则可以在接下来的课程内容设计中使用该资源。

步骤三:提炼户外研学活动课程主题

开发户外研学活动产品,应当涵盖户外研学活动主题与路线、资源与旅游行程、注意问题等。各个研学基地的主题和性质有差异,如果只是按照时间顺序,或是地点顺序简单地串联起来,就会导致研学过程流于表面,出现走马观花、只游不学或是难以深入学习的问题。因此,户外研学活动必须有明确的主题,而户外研学活动产品设计有必要从学生认知规律的角度出发,将一个个孤立的研学资源点通过一定的逻辑串联起来,整合成一条具有核心主题的线路,让行走过程有主线、让学习过程有焦点、让素养形成有脉络。

户外研学活动课程活动主题决定了整个课程的内容和方向。户外研学活动课程按照主题的类型,可以分为单一主题、综合主题两大类。

单一主题,是指户外研学中以某个明确的主题作为学习的核心目标或内容展开活动。单一主题可以针对某方面的特定内容,如户外运动体验等。单一主题的特点是主题突出、内容明确、目的性强、实践操作性强。由于研学内容或考察探究方式比较明确,学生在研学过程中研究问题的确定和调整也相对缺乏自主选择性。

综合主题,顾名思义,是多个单一主题的融合,一般依托地域特色进行设置。在户外研学活动策划中,通常会将自然体验、户外生存、拓展训练、急救技能等不同主题进行融合设计。这种没有明确区分主次的多角度、多方式、多内容的主题设计研学活动就是综合主题户外研学。综合主题户外研学的内容是并列的、独立的,不存在逻辑和顺序先后的关系,可根据开展活动的时间长短进行内容上的添加或删减,并不会影响整体户外研学活动的开展。一般情况下,主题是按照层次设计的,主题的层次越高,范围越广泛,内容就越丰富。有时主题在前期并没有明显的层次划分,但在大主题被确定后,需要引导学生不断地将主题范围缩小,逐步确定学生真正具体学习和研究的内容。

户外研学活动课程的主题是研学的关键所在,课程主题的确定关乎后来户外研学活动课程的设计以及后期研学活动的顺利进行,在开始之前就必须确定研学主题内容。因此,在行程安排前,要结合研学主题分类、服务对象及市场调研情况进行主题提炼。

(一)明确户外研学活动课程主题方向

研学课程主题分类没有固定的标准,主要是挖掘研学地点或资源之间在知识层面的共同特征,从而形成一定的联系。这种共同特征不是简单的时间或地点上的共同特征,而是体现在具体的知识层面上的。如果遵循一定逻辑、符合教育目的、以户外研学活动课程内容或课程领域作为主题来分类,可以表述简洁且易于理解。

(二)匹配研学主体特征

户外研学活动涵盖的产品形态广泛,涉及的群体差异化大,在研学主题设计时不仅要对受众群体进行细分,还要对资源进行细分,以供需端的双重匹配为前提进行主题设计。不同年龄段的研学受众群体在认知、需求上具有很大的差别,这使得针对不同人群的研学主题要素也呈现出较大差异。

Note

1. 结合研学主体的身心特征和接受能力

在进行研学主题要素选择时,要结合参与者的身心特点和兴趣爱好,对研学内容、时间安排、活动距离、线路规划等进行充分考量。针对不同年龄段人群的身心特征和接受能力,掌握不同的心理特征,会让研学活动中的沟通更顺畅、更有效。户外研学活动过程是将学校教育与社会教育结合起来的实践体验活动,在进行主题要素选择的过程中,除了要关注参与者的科学素养,还要关注此时参与者反映出的身心特征和接受能力,对此进行有效分析和引导,促进参与者整体核心素养的发展,有效激发参与者的积极性。

2. 根据研学对象的兴趣爱好

常言道"兴趣是最好的老师"。在多元选择的时代背景下,没有兴趣爱好的人很容易陷入迷茫,因为对知识的热爱是学习内动力的源泉。支撑人们进行非正式学习的,正是对某一领域的浓厚兴趣。通过合理选择户外研学活动,参与者既能获得课本以外的知识,又能在充实的研学过程中,学会正确的待人接物的方式,与同龄人共同建立正确的价值观,塑造良好的品格,培养独立生活的能力,增强自信,最终实现丰富人生经历及社会阅历的目的。

(三)提炼户外研学活动课程主题内容

1. 围绕研学内容提取

先对户外研学活动课程方案的内容进行大体设计,设计内容完成之后,深度研读户外研学活动课程方案,抽取关键内容,通过交流讨论、头脑风暴等形式,充分挖掘课程内容的独特价值,提炼出契合研学目标的主题。

2. 融入研学资源特征提取

户外研学活动课程的主题命名需要创新思维,而创新的关键在于与时俱进。设计者可以对研学资源地的文化特点进行深度剖析,并与当前的时政热点或社会焦点结合,围绕户外研学活动课程内容,发挥想象进行创作。

步骤四:制定户外研学活动课程目标

明确的研学目标是研学活动有效落实的保证。在进行户外研学活动课程目标设计时需要关注目标制定依据、目标原则及制定内容等方面。研学活动课程目标是对学生完成研学实践后应掌握的知识与技能的界定和表述,实际上反映了组织者对学生学习结果的期望。制定户外研学活动课程目标,要以落实立德树人根本任务为核心,实现研学实践教育的具体要求,促进学生德智体美劳全面发展。通过阶段性研学课程的学习,达成知识与技能、过程与方法、情感态度与价值观三维教育教学目标,突出实践育人特征,融入社会主义核心价值观教育要求,提升学生核心素养。

（一）明确户外研学活动课程目标制定依据

学校组织户外研学活动的目的通常是整个活动的根本出发点。制定课程目标时，可通过对学校既定目标进行分解、拓展或升华，确保其在户外研学中能够顺利实现。而契合实际的目标，必须以准确的学段学情分析为基础。不同学段的学生，身心发展水平和认知能力存在显著差异，制定研学目标时，需充分考量研学对象的知识储备、生活经验和个人能力，以此判断目标的可实现性。在当前中小学广泛开展户外研学活动的背景下，教育者设计目标时应充分关注学生所处学段。一方面，可参考不同学段户外研学活动总目标的整体要求；另一方面，要结合具体学段特点与研学目的地情况，制定恰当的具体目标。

户外研学活动主题是户外研学活动的主要内容，目标的制定和主题密不可分，如果户外研学活动目标的制定不符合户外研学活动主题，则目标不切实际，此时就需要更改目标，或者根据目标对主题内容进行调整。

户外研学活动的一大特色是研学活动的户外环境千差万别，丰富的户外环境特征提供了多样化的户外研学内容。因此，在制定户外研学目标时，也应当将研学地点的属性与特点考虑进去，确保该地点能够提供达成目标所需的知识与教学条件。

（二）选择户外研学活动课程目标制定要素

1. 户外研学活动课程目标的层次

（1）总体目标。

总体目标是指所有的户外研学活动课程都必须达成的目标，无论户外研学的线路如何变化，学习游览的资源属性有何区别，通过课程的实施，都必须达成这一教育目标。依据《中小学综合实践活动课程指导纲要》和《关于推进中小学生研学旅行的意见》，户外研学活动课程的总体目标包括以下几个方面。

① 户外研学活动课程的根本目标是立德树人、培养人才。

② 户外研学活动课程要培养学生在学习、生活中立身处世，以及研究问题、解决问题的能力。

③ 户外研学活动课程要促进学生实现身心健康发展，塑造强健体魄、坚强意志，形成健全的人格和坚强的品质。

④ 户外研学活动课程要培养学生对国家文化、历史和建设成就的认同感，增强对"四个自信"的理解与认同。

⑤ 户外研学活动课程要培养学生对自我、对他人、对社会和对自然的正确认知与态度，培养责任担当的意识。

⑥ 户外研学活动课程要促进学生形成正确的世界观、人生观、价值观，培养他们成为德智体美劳全面发展的社会主义建设者和接班人。

（2）具体目标。

具体目标是依据课程的资源属性来设计的，而且每个学段目标也有所不同。户外研学活动通常持续数日,包括出发前的准备、户外研学和回程后的总结,因此,一次完整的户外研学活动的开展是一个系统工程。为了尽可能满足学生的多元化发展和个性化需求,户外研学活动一般采用多条线路并行、多个年级出行的方式。因此,户外研学活动的承办者要设计出适合全校学生的总体目标、线路目标和每日学习目标等,形成网状系统结构。

2. 户外研学活动课程的三维目标

户外研学活动课程的三维目标指课堂教学目标的三大板块,即"知识与技能""过程与方法""情感、态度与价值观",三维目标中的三维是一体的,相互依赖、互相促进,形成不可分割的有机整体。学生积累的知识越丰富,获取知识与技能的欲望就越强,从而获取的知识与技能就越多。同时,知识与技能的形成也离不开情感、态度的驱动与支撑。学生的情感、态度、价值观等非智力因素会直接影响学生智力开发的程度,以及知识获取的深度和广度。

概而言之,在落实三维目标的过程中,要以"知识与技能"目标为主线,渗透"情感、态度与价值观",并将其充分体现在学习探究的"过程与方法"中。户外研学活动课程的三维目标之间有着紧密的内在联系,认识和把握其内在联系,才能领会新课程目标的实质,才能在教学设计和教学实施中取得最佳的整合效果,才能逐步实现学科素养的培养目标。

步骤五:策划户外研学活动课程内容

户外研学活动本质上也是一门研学课程,有明确的教学目标、研学主题、系统的教学内容、规范的实施过程和科学的评价体系。研学课程设计在课程实践中具有重要的地位,一个完整的研学课程设计,对于户外研学活动的准备、实施,对研学旅行指导师的培养、执教都有非常重要的意义。

(一)科学梳理户外研学活动内容

户外研学活动是超越学科、跳出学科的综合实践活动课程,其内容指向培育核心素养,包括知识性内容、技能性内容、价值性内容等。因此,户外研学活动课程必须涉及跨学科、多领域的学习内容。

1. 户外研学活动课程内容的确定

首先,在条件允许的情况下,要尽量确定学科知识关联内容。例如,对已学知识加深印象、理解,对已学知识进行拓展、升华。其次,要发掘研学资源承载的理论和规律。发掘理论和规律是通过对户外研学活动课程资源的研究,发掘研学资源所承载的地域文化、反映的科学道理、蕴含的社会规律等,并将其作为体验式学习课程中的理论内容部分。最后,要注重培养学生的态度、情感和价值观。这是指学生在研学过程中,通过掌握分析和解决问题的方法,进而形成的态度、观点和获得的感受。

2. 户外研学活动课程内容的整合

户外研学活动课程内容可以在学科关联的基础上，按照学科知识的拓展和应用要求进行整合，也可以根据研学资源地的属性和特点，按照学生发展的核心素养来进行整合。此外，在课程设计中，还可以将活动的设计权交给学生或合作小组，让学生在户外研学过程中自主生成课程内容，这是一种更高境界和层次的课程开发方式。

（二）匹配户外研学活动开展形式

户外研学活动课程根据教学方法分为三种形式：参观式学习、体验式学习、研究性学习。通过对课程单元进行研究，总结其设计方法，就可以解决研学课程内容设计的问题。在户外研学活动中，主要采用体验式学习的方式。

体验有两种含义：一是活动；二是活动的结果。体验式学习是通过精心设计的活动、游戏和情境，让参加者在参与过程中观察、分享和反思，从而对自己、他人和环境产生新的感受和认识，并把它们运用到现实生活中，从而实现自我认识、能力以及态度的提升与重构的一种学习方式。

体验式学习的特点是让学生置身于某种场景或场合，通过调动视觉、听觉、嗅觉、味觉、触觉（五感）来认识事物、获取知识、培养技能以及树立正确价值观。在体验式学习过程中，学生的主体性得到充分体现。体验式学习以学生为中心，学生要对自己的学习负责，如积极体验集体生活、做好安全保护等，教师给学生提供体验的机会，注重学生体验的过程，鼓励学生反思总结，形成并固化学习成果。

户外研学活动可以选择的资源地往往有很多，需要考量各种条件以筛选出最能满足体验式学习的场景，再对研学资源地进行深度挖掘，针对其特点设计体验内容，营造体验氛围，才能达到预期效果。因此，这类研学课程设计的顺利实施，高度依赖研学资源地的积极配合。通常情况下，体验式学习会按照活动开展的时间先后顺序，系统规划活动流程。

1. 活动准备

为了使学生更好地融入体验式学习，最大限度地发挥课程场景的特点，需要依据课程环境和条件进行有针对性的设计，营造适合课程内容的情境，以加强学习效果。活动准备主要包括道具准备、情境准备等。道具准备指根据课程场景的特点进行布置和装饰，以达到情景交融的目的，具体包括相关条幅、背景板、宣传单、标语、服装，以及教师和学生体验所需的物料等。情境准备指通过话语、文字、视频、图片、音乐等形式，对当下所处的时空进行渲染，引导学生融入研学课程的情境，让他们全身心投入到研学课程的体验中。体验式学习在课程设计时要提前准备好剧本，保证课程顺利实施。所有环节经过完整彩排之后才能称为"准备就绪"，如果条件允许，最好准备备用方案，以备不时之需。

2.活动开展

在体验式学习开始前,首先要向学生说明活动规则,包括活动条件、时间及完成标准等内容。制定规则不仅有助于课堂管理,保证课程有序推进,还能约束学生的行为,以保证学生的人身安全。规则明确后,由研学旅游指导师通过创设故事情节导入课程,学生根据规则要求进行体验式学习。在这一过程中,学生是研学课程的主体,研学旅游指导师需要对学生进行引导,带领学生获得多种活动体验,具体如下。

(1)基于环境的认知体验。

学生通过观察与感知周围环境,在认识和熟悉环境的过程中学习新知识,并对已学知识进行验证与反思。

(2)基于活动的探索体验。

在体验式学习课程中,学生充分发挥主观能动性,积极参与各项活动,在主动探索与实践中提升自身技能。

(3)基于人员的交流体验。

学生围绕共同的学习目标参与活动,通过分享个人经验、汇聚集体智慧,在团队协作中实现共同成长。

3.活动总结

其一,引导学生进行观察和反思。研学的目的不仅在于让学生体验过程,更重要的是使学生从中有所收获。观察和反思是体验式学习的反馈环节,帮助学生将体验内化为感知。这需要研学旅游指导师以提问的方式引导学生进一步思考,如提出"如何解决活动中遇到的问题""活动使你体会到了什么""如果再次参与,如何做得更好"等问题。

其二,指导学生进行抽象概括。抽象概括是从具体体验和反思中得到一般性认知的过程。这一环节与观察反思不同的是,学生在观察反思阶段,将体验内化是需要依托具体事物、具体情节的,而在本环节,学生已经可以脱离对具体事物、情节的依赖。这一环节的主要目的是帮助学生深化体验,从碎片化繁杂信息中筛选提炼出核心部分,进行更深的归纳、总结和概括。

(三)撰写户外研学活动课程方案

户外研学活动课程的设计者应该根据研学主题设计研学内容。

户外研学活动课程是超越学科、跳出学科的综合实践活动课程,其内容指向培育核心素养,包括知识性内容、技能性内容、价值性内容等。因此,户外研学活动课程必须涉及跨学科学习内容。

通常可以把户外研学活动课程方案要素分为四类。

(1)用于介绍研学课程。

研学课程主题:这里一般指狭义的研学课程主题,即研学课程的名称。

研学课程介绍:包括课程背景、课程概况、课程说明、课程解读。

研学课程对象:研学课程的使用对象,如高一年级学生。

研学课程地点:研学目的地,如某户外营地等。

研学课程目标:整个研学课程活动的目标。

研学课程准备:研学课程实施前要进行的准备工作,如知识准备、物品准备等。

研学课程特色:研学课程的亮点,包括研学资源地、课程内容、授课教师、服务保障等。

研学课程难点:研学课程中最难完成的学习内容,也属于研学课程介绍的一部分。

研学课程思维导图:用来介绍整个研学课程中所有课程单元的逻辑关系、实施流程等。

(2)用于说明课程单元内容。

课程地点:具体的研学资源地点,如某研学营地露营区。

课程主题:课程单元的学习主题,如户外辨别方向等。

学习目标:课程单元的教育目标。

学习内容:授课教师的具体教授内容。

学习形式:授课教师的具体教授形式。

课程时长:课程单元的时间安排。

课程工具:课程单元中可能用到的教具和学习用具。

学习流程:课程单元中授课教师的具体教学流程,用来说明课程的实施过程。

(3)用于说明服务保障。

研学行程安排:整个研学活动的行程安排,通常以表格形式呈现,用以说明行程的线路、活动的时间、用餐、住宿等内容。

服务标准:研学课程中的所有服务保障内容的详细介绍,如住宿地点、保险、用餐的介绍等。

注意事项:研学课程中需要着重注意的因素,如物资准备的提示,以及入住酒店、课程内容、安全等。

安全预案:与研学课程相配套的安全预案,由于研学课程具有独特性,所以需要为研学课程专门制定安全预案。

(4)用于课程评价。

评价类别:包括学校领导对学生的评价、学生对研学旅游指导师的评价、学生对研学课程的评价、学生对自身的评价、学校对研学旅游指导师的评价、学校对研学课程方案的评价、学校对研学课程落实的评价、学校对服务保障的评价等,课程设计者应根据研学课程方案的具体需求选择评价类别。

评价方式:进行评价时所采取的方式,如调查表式、匿名问卷式、投票打分式等。

评价标准:与评价配套的标准,用来给评价者提供参考,以便有效地进行评价结果分析。

任务二 户外研学活动的组织与实施

任务描述

户外研学活动的组织与实施是达成户外研学活动目标、体现研学活动效果的重要环节。在组织阶段,要根据目标群体的特点设计丰富多样的活动内容,还要对个体实现关注,选择安全且具有教育价值的场地,以及制定完善的安全保障措施。在实施阶段,采用体验式和探究式教育方法,引导学生在实践中学习和成长。同时,注重活动过程中的评估与反馈,及时调整活动方案,确保活动效果。通过精心策划与组织,户外研学活动能够有效培养学生的团队协作能力、实践能力、环保意识等,为他们的全面发展提供有力支持。

任务目标

知识目标

1. 掌握户外研学活动组织实施的流程。
2. 理解户外研学活动组织实施的要点。

能力目标

1. 能够正确理解户外研学活动组织实施的流程与要点。
2. 能够科学地组织与实施户外研学活动。

素质目标

1. 培养学生创新实践的能力。
2. 培养学生的科学思维。

一、户外研学活动组织与实施的概念

户外研学活动的组织与实施是指为实现特定的教育目标,通过系统策划和有序执行,将参与者带到户外环境中进行学习、探索和体验的过程。这一过程不仅包括活动的前期策划、资源调配和人员组织,还涵盖了活动过程中的现场管理、安全保障以及后期的评估与反馈。其核心在于通过精心设计的户外活动,引导参与者在自然环境中学习知识、提升技能、培养综合素质,同时确保活动的安全性和教育性。

二、户外研学活动组织与实施的核心要素

(一)做好研学场地准备

场地选择是户外研学活动成功的关键因素之一。理想的研学场地应具备安全性、

教育价值和便利性等特点。在确定场地前，必须对其进行全面的安全评估，排除潜在危险，并配备必要的安全设施。场地的选择应根据活动内容和教育目标来决定，确保场地资源能够支持活动的开展。例如，如果活动内容和教育目标是培养青少年的环保意识，可以选择自然环境优美的森林公园或湿地公园；如果活动内容和教育目标是提升团队协作能力，可以选择有户外拓展设施的营地。同时，场地的交通便利性也很重要，确保参与者能够方便地到达和离开。

（二）制定安全保障措施

安全保障是户外研学活动的底线。策划者需制定完善的安全措施和应急预案，确保活动的安全性。活动前应对场地进行安全检查，排除潜在危险；活动中应配备专业的安全人员和急救设备，确保出现突发情况时能够迅速应对。同时，应对参与者进行安全培训，提高他们的安全意识和自我保护能力。例如，在组织徒步旅行类研学活动前，可以对参与者进行野外安全知识培训，包括如何避免迷路、如何应对野生动物等。通过这些措施，可以最大限度地减少安全事故的发生，确保活动的顺利进行。

（三）组织专业工作团队

专业团队是活动顺利实施的关键。团队成员应包括活动策划者、教育专家、户外教练、安全员等，各司其职，确保活动的各个环节顺利进行。团队成员须具备相关的专业知识和丰富的实践经验，能够应对各种突发情况。例如，户外教练应具备专业的户外技能和教学经验，能够指导参与者完成各种挑战性项目。安全员应具备急救知识和应急处理能力，能够在突发情况下迅速采取措施。此外，团队成员之间的沟通与协作也至关重要，确保信息畅通、协调一致。

（四）实施研学过程管理

过程管理是确保活动按计划进行的重要环节。在活动实施过程中，须严格按照策划方案执行，确保每个环节有序进行。同时，应根据实际情况灵活调整，确保活动的顺利进行。过程管理包括时间管理、人员管理、物资管理等，确保活动的各个环节紧密衔接，高效运行。例如，活动前应制定详细的时间表，明确每个环节的时间安排，确保活动按时进行。活动中应合理分配人员，确保每个环节都有专人负责。物资管理方面，应提前准备好所有必要的物资和设备，并确保其在活动中正常使用。

三、任务实施

步骤一：制定安全应急预案

（一）危险性分析

在户外研学活动前期针对相关风险进行有效识别及分析，并针对不同类型风险做好应急预案及培训演练,这对于降低学生在户外研学活动中的安全风险十分必要。具体而言,进行户外研学活动危险性分析时,需明确活动目的地及行程各环节中的危险源,内容包括危险源的性质、危险程度、存在状态、转化条件,以及危险源演变为突发事件的过程规律,同时还要评估危害发生的可能性及后果的严重程度,据此开展风险评估,并选择相应的管理措施加以应对。

进行危险性分析时通常可以考虑下列因素。

1. 历史情况与地理因素

主要考虑研学目的地的地理位置,以及以往发生过的紧急情况,包括火灾、危险物质泄漏、极端天气、交通事故,以及地震、飓风、龙卷风等。

2. 技术问题

重点关注研学基(营)地基础设施状况,包括安全防护系统故障、通信网络中断、设施老化或操作失灵等问题。

3. 人为因素

涉及人员配置与管理的潜在风险,例如工作人员培训不足、操作失误、应急处理能力欠缺等,另外,需评估学生年龄与研学活动强度的适配性,避免因体力、认知差异导致安全隐患。

4. 管理因素

聚焦管理体系的规范性与有效性,包括安全管理制度是否健全、职责分工是否明确、应急预案是否完善,以及团队过往活动经验的积累情况,这些因素直接关系到风险预防与处置能力。

5. 管制因素

分析目的地及周边区域可能出现的紧急情况,如禁区限制通行、环境污染(空气或水源污染)、爆炸事故、建筑物坍塌、化学品泄漏等。

(二)组织结构及职责任务

在学校组织的户外研学活动中,各部门需协同履行安全监管职责。教育行政部门负责督促学校落实安全责任,审核学校报送的活动方案(含保险方案)和应急预案。学校作为活动主体,须在行前开展安全教育,确保出行师生都购买了人身意外险,并投保校方责任险,同时分别与家长、受委托开展研学的企业或机构签订安全责任书,明确各方安全责任。旅游部门负责审核开展户外研学活动的企业或机构的准入条件和服务标准。交通部门负责督促运输企业检查学生出行的车、船等交通工具。食品药品监管部门及公安部门负责加强对户外研学活动涉及的住宿、餐饮等公共经营场所的安全监督,依法查处运送学生车辆的交通违法行为。保险监督管理机构负责指导保险行业提供并优化校方责任险、旅行社责任险、人身意外伤害险等相关产品。

依照如上的基本要求,本任务中的组织结构是指学校、户外研学服务企业(机构)

在开展户外研学活动过程中,为明确各方职责任务而设立的小组。应急组织在形式、构成单位和人员上要做到分工明确,职责明晰。应急指挥中心(小组)应确定总指挥、副总指挥及各成员单位,并明确相应职责,同时,按照户外研学安全工作的客观要求,针对安全范围和方法制定安全管理工作制度。

(三)预防与预警

为应对户外研学过程中的安全问题,需要建立相应的预防与预警机制并加以演练,以保障学生出行的安全,有效预防和应对研学过程中的突发事件,降低和避免突发事件造成的危害,消除负面影响。

户外研学涉及多种业态,参与学生众多,服务机构环节繁杂,安全服务涵盖活动课程、交通、食品、住宿、身体、心理、财产、目的地安全等多个方面,这就需要对不同危险源进行分析,明确监控方式、方法及采取的预防措施,进而实施安全预防布控,同时,规范预警信息报告和发布流程,在制定预案时,应明确报告和处理预警信息的流程、内容和实现方式。

(四)应急响应与事故处置

应急响应指在户外研学过程中,当某一突发事件的紧急状态达到响应级别时,启动预先制定的应急预案,针对突发事件实施紧急救援的过程。在预案中需要明确应急响应和事故处置流程。

在应急预案中,应规定不同级别应急响应的条件、响应机构和具体要求。本任务将常见的应急响应按照伤害发生的程度分为一般轻伤事故类型(四级响应)、较大重伤事故类型(三级响应)、重大死亡事故类型(二级响应)与特别重大事故类型(一级响应)。在事故发生时需要第一时间展开救助,并报指挥中心根据事故类型判断响应级别,同时启动保险理赔程序及应急预案,直至突发事件处置结束。

根据《中华人民共和国民法典》《旅游安全管理办法》和《学生伤害事故处理办法》等的规定,研学旅行组织机构在事故发生后,针对研学旅行安全事故发生的情况应按下列程序处理:第一,组织协同配合开展对参与者的救助及善后处理,防止二次安全事故的发生;第二,依据事故的等级逐级上报,一般先上报主办方学校,再由学校决定是否继续上报市县,并进行救助现场影像记录工作,以备后期调查取证;第三,配合相关部门协同调查,依法对应当承担事故责任的单位或责任人进行处理;第四,做好研学旅行事故善后处理,协助责任方按照国家有关规定,落实伤者补助、经济赔偿等事宜,联系保险公司办理保险理赔工作。

(五)监督管理及综合保障

督查评价是实现户外研学科学管理、高效实施的有效手段。要围绕户外研学全过程开展监督工作,健全完善督查规章制度,尤其是安全督导制度,不断规范工作流程。要充分发挥综合协调工作机制,加强部门间的沟通、协调和配合,合理调度各单位发挥专业优势,共同开展督促检查,增强督查办工作的权威性和实效性。此外,要对户外研学活动的科学开展进行指导和帮助,以督促管、以督促改、以督促进,以更好地实现户外研学活动的目标。

编制户外研学安全预案,需要考虑队伍保障、经费保障、物资装备保障、通信与信息保障等,并根据出行规范要求写入预案。同时,预案中应明确本单位人员的应急培训计划、培训方式及具体要求;将奖惩制度融入预案,清晰界定应急工作中奖励与处罚的条件和标准。若制定了户外研学事故防范演练计划,还需在预案中详细说明应急演练的规模、方式、频次、范围、内容、组织实施、效果评估及总结等相关安排。

步骤二:提前排查场地安全隐患

安全是研学活动中一切教育教学活动的基本目标,也是研学活动有效开展的基本保障。户外研学过程中研学旅游指导师要坚持安全第一原则,将学生的安全工作放在首要的位置。

安全第一原则就是要处理好安全工作与户外研学的关系,为保障师生人身和财产安全,需要对住宿餐饮、研学场地、交通用车、师生健康、研学线路等开展全面安全隐患排查,以确保研学教育活动能够顺利开展。

(一)住宿安全隐患排查

户外研学承办方要根据所在地区住宿地点的实际情况,与学校户外研学指挥组勘察学校研学路线。可以按照七个步骤开展住宿安全隐患排查工作,户外研学承办方就排查结果与学校户外研学指挥组沟通确定后,再依据住宿环境特点制定符合学校要求的住宿安全实施预案细则。

户外研学一般对住宿安全有着严格的要求,承办方应严格按照标准向入住地点负责人提出住宿相关要求,并逐一监督落实,做好户外研学行前的安全排查工作。检查内容主要包括楼层安排合理性、房间设备安全性、入住人员信息准确性、消防设施设备完备性、消防通道畅通性、房间阳台防护措施有效性,以及住宿地点周边环境安全性等。

(二)餐饮安全隐患排查

户外研学承办方根据所在地区实际情况,在与学校户外研学指挥组勘察线路时,应择优选择用餐地点,按照五个步骤系统地开展用餐安全隐患排查工作,并结合餐厅及周边环境制定符合地方实际且满足学校要求的饮食安全实施预案细则。

鉴于户外研学对餐饮安全的高标准要求,户外研学承办方须依照相关标准,向餐厅负责人明确各项用餐要求,并全程跟进监督落实,切实做好行前安全排查工作。开展用餐安全隐患排查的五个步骤包括核验餐厅经营资质、评估餐厅接待服务能力、检查用餐环境卫生状况、查验餐厅设施设备安全性,以及核查菜品留样管理情况。

（三）研学场地安全隐患排查

研学场地作为研学课程实施的场所，其安全保障至关重要。为确保学生户外研学活动安全有序开展，须从研学场地设施设备、研学课程使用的设备、基地消防安全设施、研学活动场地条件四个方面开展安全隐患排查，制定安全应急预案，努力做到万无一失，确保学生研学活动的安全。

为确保研学课程活动能顺利开展，研学场地安全保障必须达到严格标准。户外研学承办方应按照标准向研学场地负责人提出相关要求，并逐一监督落实，做好户外研学行前的安全排查工作。检查内容主要包括研学场地的设施设备、研学课程使用的设备、场地消防安全设施、研学活动场地条件等。

（四）交通车辆安全隐患排查

户外研学承办方根据所在地区实际情况，若选择旅游汽车作为交通工具时，需在与学校户外研学指挥组沟通后，可以按照五个步骤开展车辆安全隐患排查工作，制定符合地方规范的交通安全实施预案细则，具体为核查相关资质、检测车辆状况、检查车辆基本设施、清点车辆应急设备、签署安全责任书。

（五）师生健康情况排查

户外研学承办方根据主办方的实际情况，需要主办方协助开展师生健康排查，在与学校户外研学指挥组沟通后，可以按照五个步骤开展师生健康排查，制定符合学校要求的师生健康安全实施预案细则，具体为重点疾病排查、心理问题摸排、书面承诺签字、预防疾病提醒、过程中健康监督与排查。

（六）研学线路安全排查

户外研学承办方根据户外研学开展实际情况，选择研学线路时，在与学校户外研学指挥组沟通后，可以按照三个步骤开展研学线路安全排查，制定符合学校要求的研学线路安全实施预案细则，主要内容包括检查行车路况、小交通换乘安全排查、行走新路安全排查。

步骤三：做好户外研学活动行前准备

为确保研学方案中所选择的各项服务保障工作万无一失，开展研学培训并进行系统的工作部署是最直接有效的方式。

（一）落实户外研学资源

查看户外研学组织机构的活动计划表；根据户外研学活动的主要程序，准备并安排接待任务；有序推进线路规划、交通工具调配、餐饮安排、住宿预订等相关准备工作；做好迎接学生的各项准备，包括准确识别研学团队，准备欢迎词；提供抵站、停留和离

Note

站等服务;核对和商定日程安排,妥善处理接待变更等情况。

　　落实户外研学课程方案是户外研学课程组织实施之前的关键环节,其目的是保证户外研学课程方案里的每一项活动都可以落地执行,所有资源都符合标准,方案内容得到全部落实,从而为户外研学课程的顺利实施奠定基础。

　　通常采用实地考察的方式对户外研学课程方案进行落实,在进行实地考察时可以邀请学校负责教师一同前往;若无法同行,可将考察内容录制成视频发给学校教师进行检查、确认,并搜集修改意见。

　　待实地考察结束后,针对可以确认的方案内容,与资源方签订协议,以此保障资源供给的稳定性与可靠性。首先要落实具体的课程教学环节,这一环节最能体现整个户外研学活动的教育属性。由于构成教学环节的因素最为复杂,所以实施难度也最大。为了保证教学内容按照计划准确地实施、教学目标顺利完成,需要提前对课程中的每个环节进行精准把控,尽可能全面地考虑影响课程实施的因素,通常可以从四个方面来落实研学课程内容。

　　(1)检查课程场景。

　　课程场景是指在课程资源地实际开展教学活动的场所。由于户外研学课程中的课程场景种类繁多,需要核实的内容也因实际情况和具体课程而异,一般来说,需要核实的内容主要包括以下四个方面。

　　①课程场景的安全条件。

　　这里的安全条件主要包括研学场地的安全隐患排查情况。

　　②课程场景的环境。

　　检查课程场景的内外环境是否有利于教学。除了安全因素之外,需排除其他影响教学的不利因素:其一,人员密集,特别是在一些名胜古迹类的研学地点,会存在这样的问题,对学生完成学习任务会产生一定影响;其二,环境嘈杂,过于嘈杂的环境会降低教学效果;其三,环境复杂,太多的干扰因素会对教学活动产生影响。

　　③课程场景的容纳人数。

　　根据参与户外研学活动的学生人数,落实课程场景的人员承载规模,以确保每个学生享有充足的学习空间与教育资源。

　　④课程的必备设施。

　　根据课程内容,检查场地是否配备课程所需要的硬件设施,如扩音设备、讲解设备、展示屏幕、教具等。如果场地不能提供,则需提前协调或者另行准备。

　　(2)预演课程流程。

　　丰富多彩、形式多样的课程内容是研学课程的重要特点,每个课程单元的内容根据其研学地点的属性、条件而具有鲜明的特色。户外研学课程设计人员在进行课程设计时,为了使课程新颖有趣、寓教于乐,往往会进行一些别出心裁的设计,以保证学生能够亲自参与、动手实践,主动地完成理论与实践的学习。为了使户外研学课程方案顺利、完整地执行,进而达到预期效果,工作人员需在研学场地进行课程流程预演。这样能够有效地验证户外研学课程方案的可行性,充分挖掘方案的教育功能,及时发现其中存在的不足并加以改进。

(3)落实授课教师。

授课教师的专业性直接决定课程实施的有效性。在研学课程中,场馆讲解员、高校教授、工程师、中小学教师都可以是授课教师,承担教学任务。在课程准备阶段,需要先确认每一个课程单元的授课教师,并且沟通确认具体的课程内容,以保证教学活动顺利进行。主要从以下四个方面核实授课教师的相关信息。

①授课教师资质。

应根据研学课程授课教师的身份,对应不同的资质证明,比如:研学旅游指导师应具有导游证、研学旅游指导师培训证书;场馆讲解员需要有官方工作证明等。规范的人员资质是保障研学课程专业性与规范性的重要前提。

②具体授课内容。

研学课程的授课内容主要来自两个方面:一是由聘请的授课教师依据研学课程方案的目标自主设计;二是基于研学活动课程目标预先规划,再由授课教师或研学旅游指导师具体执行。无论采用哪种方式,在课程准备阶段都需要与授课教师对授课内容进行确认,确认授课内容即应该明确到课件或者教案,最好也能确认文字稿。在与授课教师确认授课内容时,还应同时对学生情况、教学目标、教学形式、教学时长等相关方面进行确认,以保证课程的有效性和针对性。

③授课教师的核心素养和能力。

衡量授课教师水平的关键要素直接影响课程实施质量,其核心要求包括职业素养与专业能力,具体内容如下:一是责任心,户外研学课程的授课教师需要对工作认真负责,这是完成工作的基础;二是专业知识储备,授课教师应有足够的知识储备以支撑并完成户外研学课程教学;三是课堂组织和引导能力,能够有效组织并引导学生完成研究性学习。当教师同时具备以上素养与能力时,可有力保障研学课程高质量开展,并达到预期效果。

④授课教师对接方式。

授课教师人选确定之后,需要明确课程实施当天与授课教师的对接方式,以保证课程顺利开展。

(二)完成户外研学活动课程准备

对于研学旅游指导师来说,只有做好充足的研学课程准备,才能在研学课程中给予学生有效的帮助和指导,带领学生完成课程内容,实现课程目标。所以,做好户外研学课程准备是研学旅游指导师在准备阶段的核心任务。户外研学活动课程准备主要包括内容准备、物资准备、形象及心理准备、安全教育准备。

1.内容准备

(1)了解学生学情。

研学旅游指导师在进行知识准备工作之前,应对学生学情进行充分了解,这样才能准确把握需要准备的相关知识。此外,了解学生学情有助于精准确定知识储备的方向与重点,更能在研学课程组织实施过程中,将学校育人理念与课程内容深度融合,根据学生的特点加以引导,这样能更好地实现研学课程的价值。

（2）准备课程相关学科知识。

完成学情分析后,便能明确知识储备的具体方向,尤其是研学课程涉及的学科知识。研学旅游指导师可通过系统研习学生教材配套教案,掌握基础知识点;同时,需立足教材内容进行延伸拓展,并紧密结合研学课程场景与实践需求,避免知识传授局限于课本理论,确保向学生传递新颖且实用的知识。

在准备学科知识时,不仅要纵向深挖单一学科的深度,还需横向关联多学科知识体系。特别是在研究性学习课程当中,学生的选题可能涉及各个学科,如果缺乏全面、充分的知识储备,将难以有效指导学生开展研究。

（3）储备课程相关文化知识。

这里的文化知识是指研学课程中涉及的除学科知识以外的内容,研学旅游指导师需要根据此次研学课程的内容和目标,对这些知识进行梳理、归纳,再结合学生学情选择需要掌握的知识进行学习。这些知识主要包括地理、人文、历史等方面。例如,地理知识包括研学资源地的地理位置、区域特征、在全国地理版图中的定位、标志性地理元素及气候特点等。这类知识具有极强的实践意义,能帮助学生更直观地理解研学活动,加深对研学资源地的认知。同时,地理知识探究自然环境与人文环境的相互作用,可以引导学生从地理视角剖析人文现象的形成与发展过程,培养学生多角度分析问题的能力。

（4）提高研学管理指导能力。

研学旅游指导师承担着极其重要的责任,他们既要有序组织学生完成研学行程,更要指导学生学习课程内容,完成课程目标。对于初次参与研学、年龄较小或学习能力较弱的学生而言,完成研学任务是具有一定难度的。这时需要研学旅游指导师付出更多的努力来给予学生更多帮助。诚然,在实际工作中,研学旅游指导师的工作态度和工作经验是保障研学活动顺利开展的重要基础,但科学的管理方法和有效的指导技巧同样不可或缺。熟练运用合适的指导策略,可以极大地提升研学旅游指导师的工作效率。

2. 物资准备

户外研学所需物资通常由专人负责采买,采购人员会依据研学课程方案设计人员与研学旅游指导师提出的要求和建议,挑选最适配本次户外研学活动的物资。物资准备完成之后,由研学旅游指导师领取,领取时,研学旅游指导师应仔细核对物资的数量,逐一检验物资的质量,一旦发现问题及时处理,保证所有物品能正常使用。户外研学所需物资通常分为以下三类。

（1）基础保障类物资。

基础保障类物资是指所有研学团队无论进行何种形式的研学课程必需配备的基础保障物资,如学生证件、对讲机、充电器、工作服、传声设备等。

（2）文件资料类物资。

文件资料类物资是指研学课程中所用到的文件资料。在准备这类物资时，一定要注意文件资料的更新情况，切勿将过期版本当作最新版本使用，否则有可能会出现信息偏差，进而在工作中出现问题。

（3）课程应用类物资。

课程应用类物资是指为了满足课程方案内具体课程活动需求而准备的物品，如博物馆定向任务单、主题类活动横幅、知识竞赛类抢答器、活动奖品及证书、生日会的蛋糕及礼物等。课程应用类物资大多是需要定制的物品，工作人员应当按照研学课程工作手册中的物资清单提前准备并在规定时间内交付。

物资准备完成后，负责物资准备的工作人员将物资按照清单交付给项目负责人，由项目负责人和研学课程设计者核对之后，再交接给研学旅游指导师，研学旅游指导师依照物资清单接收。整个交接过程中，物资清单作为交接凭证，交接双方需在完成交接时签字确认。这样做的目的是明确责任，确保交接物资数量准确、质量达标，如果出现问题，依据签字的物资清单判断哪一方应承担责任。

3. 形象及心理准备

作为研学活动计划的制订者与实施者，研学旅游指导师应具备教育者的基本素养和情怀，提升个人综合素质，规范自身言行举止，成为学生的行为表率；研学旅游指导师要具备良好的综合协调能力，既能高效统筹各方资源、协调沟通，又能在研学过程中提供心理辅导，妥善处理各类突发状况；研学旅游指导师要不断学习，丰富自身知识储备，主动更新教育理念，适应现代化教育需求；研学旅游指导师要具备积极、乐观风趣的心理素养，注重个人形象管理，以得体的仪态仪表引导学生建立正确的审美观。

一名合格的研学旅游指导师应在日常注重综合素质的培养和学识的积累。在研学课程实施前，至少要做好以下两个方面的准备。

（1）形象准备。

仪容仪表方面，研学旅游指导师需保持得体、整洁的外在形象，着装应符合研学旅游指导师的身份，注重个人卫生管理；选择与自身身形、年龄相适配的服饰、妆容及发型，既不能浓妆艳抹、花枝招展，也不能衣冠不整、邋里邋遢；工作期间需统一佩戴证件，服装款式以轻便、便于开展工作为宜。

言行举止方面，注意教育者身份，注重文明素养；如产生分歧，不得发生任何语言及肢体冲突，须及时上报负责人，积极沟通，协商解决；统一称谓，使用名字或职位名称称呼，或者"研学旅游指导师""老师"等称呼，使用礼貌用语；规范公共场合文明行为，严格遵循师德标准，以良好的职业风范为学生树立榜样，彰显社会文明形象。

（2）心理准备。

首先，要准备面对艰苦复杂的工作。作为整个研学活动的主要执行者，研学旅游指导师的工作贯穿于活动的准备、实施、总结阶段，包括制定研学课程方案、实施教育服务项目、交通服务、住宿服务、餐饮服务、导游讲解、安全管理、服务优化、投诉处理等众多项目。除标准化工作内容外,还需应对特殊学生需求、突发状况及复杂问题。为保证服务质量,研学旅游指导师要做好充分的心理准备,迎接各种工作挑战。

其次,要准备面临综合性、全能型的工作。相较于传统教师和导游,研学旅游指导师的工作职责更加综合和全面:不仅需掌握导游服务技能,还须具备教育教学能力;既要以爱心、耐心和责任心关怀学生,又要科学引导学生通过自主合作完成探究课题;同时,更需掌握安全防护知识与应急急救技能。作为复合型人才,研学旅游指导师要提前规划,做好心理准备,持续提升教育素养与专业技能,实现知识体系、专业能力与职业素养的全面升级。

最后,要准备承受抱怨和投诉。研学活动中,难免出现部分学生及其家长无视研学旅游指导师的付出,提出抱怨甚至提出投诉。研学旅游指导师要学会处理好自己的情绪,以积极乐观、认真负责的心态对待学生及研学工作,冷静、沉着地面对各种不公正待遇,真正将研学工作视为一份快乐且富有价值的事业。

4. 安全教育准备

户外研学的安全教育培训应面向所有参与户外研学活动的人员,包括主办方、承办方、供应方及学生,各方都应对安全教育培训工作高度重视。安全教育培训应根据各项安全管理制度的要求,由安全管理小组组织实施。在户外研学过程中,安全管理人员要随团开展安全管理工作,因此,必须明确各岗位职责,将安全责任落实到具体岗位与个人,层层落实,同时也要加强日常安全保障监督。

户外研学活动的参与主体是学生,学生是户外研学安全事故的直接受影响群体,其风险应对能力的强弱直接关系到研学活动能否顺利开展。因此,只有抓好安全教育工作,才能最大限度地提高户外研学活动的安全系数。

步骤四:现场实施户外研学活动

户外研学活动课程丰富多彩,不同类型的户外研学活动课程在组织与实施过程中有不同的侧重点。但万变不离其宗,户外研学活动课程总体遵循相似的基本框架,涵盖多个关键流程与注意要点。只有掌握正确的组织实施方法,才能使学生获得更好的体验,达成学习目标,实现户外研学活动的教育目的。

(一)启动户外研学活动课程导入

在户外研学活动课程正式开始之前,需要通过适当的方式完成课程导入。课程导入环节不仅可以使学生快速地融入课程情境,还可以激发学生的学习兴趣,为良好的课程活动组织实施奠定基础。课程导入的方法有多种,研学旅游指导师应根据不同的研学课程类型、不同的研学场地、不同的环境条件选择适当的课程导入方法,正确导入课程。

(二)组织户外研学活动

户外研学活动课程的组织工作与一般的学校教育活动的组织工作存在显著差异,

其更注重实践操作与分享体验的过程。在落实教育目标时,这类课程更注重个体成长需求,更注重个性化教育的体现。

(三)指导户外研学活动课程实施

在户外研学活动课程的实施过程中,研学旅游指导师从始至终发挥着关键的作用,他们不仅是整个课程活动的组织者和执行者,更是课程活动的观察者和引导者。作为"导师",最关键的作用就是引导学生正确地进行学习与体验。因此,研学旅游指导师的专业指导对保障课程活动质量、达成教育目标具有关键意义。

任务三 户外研学活动的实施评价

任务描述

户外研学活动的实施评价是衡量研学活动效果、提升质量的关键环节。通过各种评价方式,全面评估活动目标的达成情况、参与者的满意度、安全措施的执行情况,以及活动组织的合理性。评价不仅关注参与者知识与技能的提升,更注重他们的体验与感受。根据反馈,及时总结经验教训,优化活动内容与流程,确保后续活动的开展更加科学、安全、有效。这种持续改进的过程,有助于提升户外研学活动的整体质量,为参与者提供更优质的研学体验。

任务目标

知识目标

1. 掌握户外研学活动实施评价的概念和原则。
2. 理解户外研学活动实施评价的内容。

能力目标

1. 能够针对不同评价主体,设计户外研学活动实施评价方案。
2. 能够正确开展户外研学活动实施评价。

素质目标

1. 培养学生创新实践的能力。
2. 培养学生的科学思维。

一、户外研学活动课程实施评价的概念

户外研学活动课程评价是指根据一定的标准和课程系统信息,运用科学方法,对户外研学活动课程的目标、编定及实施是否达成教育目的、达成程度进行检验,判定课程设计效果,并据此作出改进决策的过程。

其一,户外研学活动课程评价是一个价值判断的过程。价值判断要求在事实描述的基础上,体现评价者的价值观念和主观愿望。不同的评价主体因其自身的需要和观念的不同,对同一事物或活动会作出不同的判断。

其二,户外研学活动课程评价的方法是多样的。既可以用定量的方法,又可以用定性的方法,教育测试或测量只是其中的一种方法,并不代表户外研学活动课程评价的全部。

其三,户外研学活动课程评价的对象包括户外研学活动课程的计划、实施、结果等诸多要素。也就是说,户外研学活动课程评价对象的范围很广,既包括户外研学活动课程计划本身,又包括参与户外研学活动课程实施的教师、学生、学校,还包括户外研学活动课程实施后对教师与学生发展产生的影响。

二、户外研学活动课程实施评价的原则

户外研学活动课程评价需要遵循一定的原则,以检查课程目标的编定和实施是否达成教育目的及达成程度,以判定课程设计的效果,进而为课程改进提供决策依据。一般情况下,户外研学活动课程评价应遵循如下三个原则。

(一)评价内容的全面性

针对户外研学活动课程的评价,其目的不仅是呈现课程的现状,还要对课程进行优化。户外研学活动课程评价可以从背景、输入、过程、影响、成效、可持续性和可应用性等方面全面展开,包括对课程理念、结构、目标设定、内容选择、方案实施等方面进行评估,以此综合判断课程设计的合理性、系统性与科学性。

(二)评价主体的多元化

户外研学活动课程主体评价遵循多元化原则,可采取自评与他评相结合的方式。自评指的是户外研学活动课程的设计者、参与者、组织者以及执行者对课程的反思。他评指的是学校教师、学生以及第三方机构对户外研学活动课程的评价。在这一过程中,要强化学生在研学旅行评价中的主体地位,鼓励学生深度参与课程评价,使评价成为学生、研学旅游指导师、学校管理者、家长共同参与的交互性活动,充分激发评价主体与客体的主观能动性。同时,应进一步强化研学服务机构与家长的评价功能,拓宽其参与评价的渠道与方式,提升评价的全面性与客观性。

(三)评价方法的多样化

户外研学活动课程评价方法可分为定性评价和定量评价两类。定性评价是指不采用数学方法,根据评价者对评价对象的观察和分析,直接对评价对象作出定性的结论。定量评价是力图把复杂的教育现象和课程现象简化为数据,采用数学方法,搜集和处理数据资料,对评价对象作出定量结果的价值判断。在户外研学活动课程评价的不同阶段,针对课程评价的不同对象,所运用的方法也会有所不同,但更多的是将二者

相结合,采用多样化的课程评价方式。

三、户外研学活动课程实施评价的过程

户外研学活动课程实施评价包括以下五个阶段。

第一,明确评价框架。确定评价主体、评价内容与评价目标,即解决由谁来评价、评价什么、评价的结果给谁看的问题。

第二,确定评价的方式与标准之间的关系。评价的方式与标准密切相关,确保评价标准具备可操作性,同时协调评价手段与实际执行环节,使评价方法科学合理、切实可行。

第三,搜集评价信息。评价信息的搜集应全面、系统、真实、准确。

第四,组织、处理、分析、评价资料。评价者应核实评价信息的真实性,对其进行分类、筛选、剔除可疑资料,进行逻辑分析与统计分析。

第五,作出判断,给出评价结果。基于分析结果,及时、全面地给出评价结论,结合课程实际提出改进建议。

四、任务实施

步骤一:明确户外研学活动课程的评价主体

户外研学活动课程的评价主体,指的是对户外研学活动课程的实施过程和实施效果等进行评价的对象。从理论上看,评价主体应该是户外研学活动课程的监督者,如直接参与课程的学校、随行教师、学生及研学课程从业者,同时包括没有直接参与的学生家长、相关专家、研学合作单位、行政主管部门等。在实际操作中,能够真正发挥评价功能的是直接参与课程的学生、随行教师及研学课程从业者。因此,这里仅将这三者作为户外研学活动课程的评价主体。

学生作为户外研学活动课程参与的核心主体,对课程的评价是最直观、最前沿的。在户外研学活动课程中,学生参与度较高、主动性强,应该被赋予评价的职责。学生是课程教学的直接作用者和受益者,与教师交流互动频繁,因此对课程非常熟悉,他们对教学环境的感知、教师行为方法的适用性、课程收获的大小等方面的描述是真实且细致的,因此针对户外研学活动课程的评价,学生应该被给予充分的发言权。

随行教师在户外研学活动课程评价中充当重要角色,他们可以是课程的设计者、参与者,课程实施的指导者及学生学习的指导者。相较于学生、家长和研学课程从业者,随行教师具备深厚的教育理解与丰富经验,在教育专业性上更具权威性。

研学课程从业者主要包括研学课程的设计者、组织者、执行者。他们对课程的评价事实上是对课程设计、实施的反思,因此能够更直接地揭示课程设计、执行过程中存在的问题。因此,研学课程从业者对课程的评价往往更客观,更具有参考价值。这里需要注意的是,课程设计者会更关注整个教育视野的各主要因素和教育目标的关系。

具体来说,设计者会首先关注参与学生的整体发展阶段和教育需要,进而关注整体研学体系的基本模式和结构。例如,确定在哪些年级开展活动,规划活动内容的难度梯度、主题方向,探索研学活动的基本运作模式等。研学活动的教育执行者会更关注当下主题的设计质量、运作质量,以及与不同资源方合作的顺畅程度等具体问题。

步骤二:确定户外研学活动课程实施评价内容

在确定户外研学活动课程的评价主体的基础上,进一步明确户外研学活动课程的评价内容是户外研学活动课程实施评价的重要内容。依据CIPP课程评价模型,户外研学活动课程实施评价的重点应包括课程方案、课程内容、课程实施、配套服务、课程效果、课程可持续性六个方面的内容。这六个方面可以作为课程评价的一级指标,下面还可以根据实际情况进一步设计二级指标、三级指标。

（一）课程方案评价

课程方案评价是对研学活动开展前的准备工作,即课程方案设计的可行性和效用性进行评价和诊断,这需要更为理性和更为专业的评价值来评价,因此,这一指标可以只对随行教师和研学课程从业者进行调研,并且建议从研学主题、课程目标、课程设计三个层面设计二级指标和三级指标,进行多层次、多目标的综合评价。

（二）课程内容评价

课程内容评价建议从课程内容的针对性、科学性、形式新颖化、导向学习化这四个角度进行。

（三）课程实施评价

课程实施评价是对课程方案在实际教学中的执行情况进行评价。因为学生和随行教师是课程的直接参与者、体验者和感悟者,因此主要选取学生和随行教师作为课程实施评价的主体。课程实施评价的内容主要包括:是否全体学生参与研学旅行课程,以及学生参与过程的积极性和主动性表现;与老师及同学的交流、合作程度;课程实施状况及实施过程中出现的事件、问题是否得到合理解决;教师指导是否适时、适度、适当;评价过程中搜集到的反馈信息情况;课程实施过程是否需要调整和改进。

（四）配套服务评价

配套服务评价主要从学生的吃、住、行,以及研学旅游指导师的服务、研学过程中的安全教育和应急保障等方面开展评价。通过对学生与随行教师展开调研,能够全面、客观地获取相关评价信息,从而对配套服务水平进行有效评估。

（五）课程效果评价

课程效果评价是对整个课程结束后所取得的收获进行评价,侧重评价对受益者长久利益的影响,即评价学生、教师或学校在发展层面实现的质变。该评价主要围绕以下方面展开:测评学生在核心素养和学科素养上的提升情况,分析师生对课程优缺点的反馈,考量课程影响力的深度与广度,评估课程目标的达成度,以及对比该课程与其他课程的实施成效等。为确保评价结果全面且科学,可采用定性与定量相结合的方式进行综合评估。

（六）课程可持续性评价

课程可持续性评价是评价研学旅行课程能否制度化循环使用。课程可持续性评价包括学生、教师和其他利益方对课程可持续实施的看法,制约课程可持续实施的问题,课程可持续实施的概率等。如果课程可持续实施,即可着手建设研学旅行的资源包或编写教材。

步骤三:选择户外研学活动课程实施评价方式

课程实施评价方式是指课程评价的内容以什么样的方式呈现给评价主体,以便评价主体能更直观地开展课程评价,也便于后期的数据统计与分析。通常情况下,会将户外研学活动课程实施评价内容设计成表格的形式,表格的文字表述更简洁明了、易于理解、便于操作。给学生主体发放的表格内容同时还要符合学生的认知水平。评价表格既可以是纸质的,也可以借助计算机或者手机小程序制作成电子问卷,通过网址链接或二维码进行发布。实际操作中,常通过二维码的方式将电子问卷发布给学生、随行教师以及研学课程从业者。

步骤四:确立户外研学活动课程实施评价标准

户外研学活动课程实施评价通常采用定性评价和定量评价相结合的方式。

定性评价不采用数学方法,而是根据评价者对评价对象平时的表现、现实和状态或文献资料的观察和分析,直接对评价对象作出定性结论的价值判断,有利于评价者表达出一些主观想法和个体需求,能够充分发挥评价的激励功能。

定量评价是采用数学方法,搜集和处理数据资料,对评价对象作出定量结果的价值判断。相较于定性评价,定量评价具有客观化、标准化、精确化、量化、简便化等鲜明的特征。

户外研学活动课程的学习重在体验与实践,因此,户外研学活动课程实施评价应以定量评价为主要评价手段,以定性评价为基本评价手段,将两者有机结合,在每份定量评价中应留下相对充足的区域供评价者提供定性评价。

步骤五:组织户外研学活动课程实施评价过程

户外研学活动课程实施评价一般采用行后评价,即在户外研学活动课程即将结束之前组织各评价主体开展评价工作。组织学生和随行教师进行课程评价的时间可以选在户外研学活动课程结束前一天或结束的当天。这样研学旅游指导师还有时间提醒和督促学生或随行教师进行课程评价。地点可选择在前一晚入住的房间或课程结束后返程的车上。需要注意的是,在组织学生和随行教师开展课程评价之前,研学旅游指导师务必进行课程评价的动员工作,不仅要详细说明课程评价的重要意义与作用,清晰讲解评价的具体方式,还要着重强调评价过程中的保密性原则,确保相关信息仅用于课程优化与改进,从而让学生和随行教师消除顾虑,以认真负责的态度参与评价。随后,将纸质问卷发给学生和随行教师,或发送电子问卷的二维码,请他们在规定时间内完成评价。研学课程从业者对课程的评价可以选择在户外研学活动结束之后进行,由他们的负责人向他们发放问卷或发送电子问卷的二维码。

步骤六:开展户外研学活动课程实施评价分析

户外研学活动课程实施评价分析是在学生、随行教师以及研学从业者完成对课程的评价工作后,对评价数据进行汇总和分析,形成课程评价报告,为户外研学活动课程的总结交流和可持续发展提供重要的科学依据。户外研学活动课程实施评价分析主要可以从以下四个方面展开。

(一)对单项指标的分析

对每个表格中三级指标的每一个单项指标数据进行分析,可以更加清晰和准确地获得各评价主体对户外研学活动课程各个方面的满意度反馈。由于每个表格中的三级指标数量较多,仅仅靠人力来进行大量的数据汇总与统计是不现实的。手机小程序或计算机软件都具备数据汇总功能,可以将各单项指标生成不同维度的统计图,如柱状图、饼状图等,进而有利于同一个表中各个指标间的对比。通过对比分析,可以很清楚地发现哪些指标得分较高,哪些指标得分偏低,偏低的那些指标一定是后续户外研学活动课程开展中要采取相应措施改进的。

(二)对同一指标的横向分析

三个评价表格虽然各有侧重点,但是有一部分指标是一致的,如研学主题、研学目标、课程设计等二级指标及其对应的三级指标。这就便于我们对三个表格中一致部分的指标进行横向对比分析,从而发现不同主体对同一指标给出不同分值的原因,既为进一步的数据分析提供支撑,也可以更精确地发现问题并及时进行有效的调整。

(三)对二级指标的纵向分析

这项工作是对同一门户外研学活动课程不同时期的评价数据进行时间序列上的分析。例如,当同一所学校的同一年级连续多年参与某一门户外研学活动课程后,对每年积累的评价数据展开纵向对比,便属于此类分析。对同一门课程进行多次评价,不仅使得评价结果更有说服力,还能帮助户外研学活动课程研发团队系统审视课程改进的实际成效。针对那些多年来评价结果始终未达预期的项目,研发团队需深入反思、全面总结,督促研发团队创新或完善课程改进的思路。

(四)对定性评价的分析

定量评价部分需要评价主体依据表格设计者预先拟定的指标进行打分。这些指标虽由设计者筛选出认为重要的内容,但难以涵盖所有评价维度。这时候就需要给评价表"留白",留出一部分空间让评价者来发挥,即定性评价部分。评价表中最后一栏"请写出您对本次户外研学活动课程的其他意见和建议"即定性评价部分,这部分内容虽然不能以定量的数据形式呈现,但一定会有很多中肯的建议,甚至会有犀利的语言出现,这些都是推动户外研学活动课程改进与提升的宝贵意见。

此外,需要注意的是,评价表中"请您对本次研学活动的整体满意度进行打分(满分100分)"一项可以作为户外研学活动课程实施评价的参考指标。不过,即便部分评价者给出满分,也不能就此忽视其他具体指标。因为整体满意度往往反映的是综合印象,不能替代对其他分项指标的记录、整理与分析。

总之,研学评价结果出来以后并不意味着研学工作就告一段落了,还需要召开研学总结交流会。一是工作总结会,主要是对户外研学活动课程评价数据结果进行进一步的梳理和总结,明确存在的问题,总结经验,反思改进。二是专题研讨会,主要是针对课程评价中存在的问题展开专门的研讨,责任到人,落实并反馈问题的真实性,制定后续改进方案。三是经验交流会,主要是组织全体研学旅游指导师召开经验交流会,先邀请典型代表分享实践经验,再由每位研学旅游指导师依次发言进行自我剖析,以此搭建起助力自我反思与能力提升的良性互动平台。

模块小结

在模块一中,课程学习主要围绕认知户外研学活动的基础知识展开,如户外研学活动的类型与特点、意义与价值,与此同时也对户外研学活动策划与组织的一般流程展开探究,旨在让学生在成为专业的户外研学活动策划与组织者前打好基础,明确户外研学活动与一般研学旅游活动的区别与联系,以及在策划与组织过程中需要注意的要点。

知识训练

1.户外活动重点体现出的要素不包括(　　　)。

A.自然环境　　　B.开放空间　　　C.运动体验　　　D.竞技为本

2.户外研学活动不包括(　　　)。

A.营地教育　　　B.户外运动　　　C.拓展训练　　　D.室内授课

3.户外研学活动的特征不包括(　　　)。

A.体验性　　　B.趣味性　　　C.固定性　　　D.专业性

4.户外研学活动策划的过程中最主要的内容是(　　　)。

A.调研用户需求　　　　　　　　B.策划研学内容

C.确定研学主题　　　　　　　　D.调研研学资源

5.与一般的研学活动相比,户外研学活动组织过程中更注重以下哪一方面?(　　)

A.做好场地准备　　　　　　　　B.保障活动安全

C.实现学科关联　　　　　　　　D.实施过程管理

能力训练

　　学习完项目二,请尝试绘制户外研学活动策划与组织过程的整体流程图,并进行小组汇报及讨论。

模块二

自然教育项目研学

项目一
生物观察认知类研学活动

项目概述

项目引入

生物观察认知类研学活动旨在通过实地探索与专业指导,提升参与者对生物多样性的理解与保护意识。在专业导师的带领下,参与者将深入自然栖息地,如森林、湿地、草地等,运用望远镜、显微镜、记录本等工具,观察并记录野生动植物的特征与行为模式。活动融合了实地考察、样本采集、数据分析等多元形式,使参与者不仅能感受大自然的魅力,还能学习系统的生物学知识与研究方法。无论是对自然充满好奇的初学者,还是希望深入了解生态系统的爱好者,这类活动都可以为其提供与大自然亲密接触、学习新知识的绝佳机会,同时可以促进人与自然和谐共生。

项目目标

知识目标

1. 掌握生物观察认知类研学活动的概念和内涵。
2. 掌握生物观察认知类研学活动的类型和内容。
3. 理解生物观察认知类研学活动的意义和价值。

能力目标

1. 能够正确认识户外研学活动的概念和内涵。
2. 能够初步策划生物观察认知类研学活动。
3. 能够初步组织生物观察认知类研学活动。

素养目标

1. 通过对生物观察认知类研学活动的基础学习,培养学生热爱大自然的意识。
2. 通过对生物观察认知类研学活动的内涵理解,培养学生形成科学的生态观。
3. 通过策划与组织生物观察认知类研学活动,培养学生精益求精的工匠精神。

任务一 生物观察认知类研学活动的类型与内容

🔵 任务描述

生物学是研究生命现象和生命活动规律的科学,包括植物、动物、微生物,以及它们与环境的关系等。生物观察与认知类研学活动是依托生物学开展的研学活动,通过观察各种生物的结构、习性以及生物与环境之间的关系,让研学对象对生物多样性的内涵以及保护生物多样性的意义有更加清晰的认知。

🔵 任务目标

知识目标

1. 掌握生物观察认知类研学活动的概念。
2. 了解生物观察认知类研学活动的类型。
3. 熟悉生物观察与认知活动的主要内容。

能力目标

1. 能够列举植物、动物和微生物的分类。
2. 能够详细说明植物体的基本结构层次。
3. 能够举例分析说明动物的生命周期。
4. 能够在生活中发现微生物的应用案例。

素质目标

1. 增强学生尊重生命、热爱自然、保护环境的意识和责任感。
2. 激发学生对生物科学的学习兴趣以及进行科学探究的热情。

一、认识生物观察认知类研学活动

生物观察认知类研学活动是通过观察、记录、实验等方式对生物及其与所处环境的关系进行探究,来提升研学主体的实践能力与科学素养。观察是科学研究的一种基本方法,科学观察可以直接用肉眼,也可以借助放大镜、显微镜、望远镜等仪器,或者照相机、摄像机等工具,来辅助我们更好地进行观察和记录。科学观察是带有明确目的的观察,观察的时候不仅要细致入微、实事求是,更要有计划、有耐心,并要及时记录。全面、深入、正确地观察和认识事物,不仅有助于学生认知生物的本质特征和发现生命之美,同时还可以提升学生的学习动力和兴趣。

生物观察认知类研学活动旨在培养学生的观察能力、分析能力和批判性思维能力,通过这样的实践活动,学生不仅能够获得生物知识,还能够激发对生物多样性的探索热情,增强环境保护责任感。

二、生物观察认知类研学活动的内容

生物学是研究生命现象和生命活动规律的科学,其研究对象包括植物、动物、细菌、真菌、病毒,以及它们与环境的关系,还包含人的身体等,都是生物学研究的对象。对人类来说,生物学与现代农业、医药卫生、环境保护、生物技术等密切相关。依据研学活动的实践性特征,通常可以从以下三个方面开展生物观察认知类研学活动。

(一)植物观察与认知研学活动

植物观察与认知研学活动以植物为观察对象,通过一定的方式对植物的分类、植物的结构组成、植物的生长发育过程内容等进行观察和记录。

(二)动物观察与认知研学活动

动物观察与认知研学活动通过系统地观察动物的自然行为和环境互动,了解动物的分类、动物的生活习性、动物的生长发育过程等方面的内容,旨在增进学生对动物的认知。

(三)微生物观察与认知研学活动

微生物是指形体微小、结构简单的低等生物,包括单细胞生物、个体结构较为简单的多细胞生物,甚至无细胞结构的生物,简单来说是指细小到肉眼无法看见、必须借助显微镜才能观察到的生物。微生物个体微小,必须借助光学显微镜、电子显微镜等专业工具,才能细致观察其形态、结构,深入研究其生态作用。通过这些研究,人们得以了解微生物的分类、生长条件、代谢过程及其在自然界和人类生活中的重要性。

三、任务实施

步骤一:观察与认知植物

(一)认知植物体的结构层次

植物体的结构层次从小到大依次是细胞、组织、器官、植物体。植物体的结构层次体现了其从简单到复杂的演化过程,以及生物体内部各组成部分之间的有序组织和协同工作的精密机制。

(二)认知藻类植物

藻类植物是主要生活在水中的微型植物,在生态系统中扮演着极其重要的角色。藻类植物结构简单,没有真正的根、茎、叶的分化,主要以单细胞或多细胞的形式存在。藻类植物含有叶绿素等光合色素,能进行光合作用,是自养有机体。藻类植物的种类繁多、分布广泛,是地球上极为古老的生物类群之一,对地球生态系统的运转和人类社会的发展作出了巨大贡献。

（三）认知苔藓类植物

苔藓类植物是一类生活在湿润环境中的小型绿色植物,它们结构简单,没有真正的根和维管束,通常生长在裸露的石壁上、潮湿的森林和沼泽地里。苔藓类植物一般都很矮小,通常具有类似茎和叶的分化,但是茎中没有导管,叶中也没有叶脉,根非常简单,被称为假根。

（四）认知蕨类植物

蕨类植物的叶常常呈羽状,背面会长出许多褐色的斑块,茎大多生长在地下。与苔藓类植物相比,蕨类植物高大很多,结构也复杂得多。蕨类植物有根、茎、叶的分化,在这些器官中有专门运输物质的通道,即输导组织。蕨类植物叶片背面的褐色隆起是孢子囊群,里面有多个孢子囊,每个孢子囊中有很多孢子。孢子成熟后从孢子囊中散放出来,如果落在温暖潮湿的地方就会萌发并生长。

（五）认知种子植物

能结种子的植物称为种子植物。种子植物是地球上分布最广、数量最多的高等植物,种子植物的主要结构包括根、茎、叶、花、果实和种子。种子中含有丰富的营养物质,具有适应环境的结构特点,即使在比较干旱的地方也能萌发。如果环境过于寒冷和干燥,种子可以进入休眠状态,等待气候适宜的时候再萌发。种子在适宜的条件下萌发长成幼苗,幼苗进一步长成植株,植株都有明显的根、茎、叶分化,植株长到一定的程度又可以结种子。

（六）认知植物与环境的关系

1. 绿色植物与生物圈中的水循环

绿色植物通过根系从土壤中吸收水分。根吸收水分的主要部位是根尖成熟区,根尖成熟区有大量的根毛,因而具有强大的吸水能力。水分在植物体内通过导管与筛管输送,导管从下往上输送水分和无机盐,筛管从上往下输送叶片光合作用产生的有机物,水分最终通过蒸腾作用释放到大气中。植物的蒸腾作用有利于水分与无机盐在植物体内的运输,降低叶片表面的温度。从生物圈的水循环角度来说,植物蒸腾作用能够提高大气湿度,增加降水。

2. 绿色植物是生物圈中有机物的制造者

绿色植物在生物圈中扮演着多种角色,其中最重要的就是生产者。它们通过光合作用将太阳能转化为化学能,存储在有机物中。这些有机物随后被其他生物所利用。光合作用是绿色植物进行有机物合成的基础过程。在这一过程中,植物利用太阳光能,将二氧化碳和水转化为葡萄糖和氧气。光合作用不仅为植物本身提供能量和物质,同时也为其他生物提供食物和氧气,滋养生物圈中的其他生物。

Note

步骤二：观察与认知动物

我国的动物种类极为丰富，其中，脊椎动物中的鱼、鸟类和哺乳动物的种数都位于世界前列。根据共同的特征和进化关系，科学家对动物进行了分类。动物分类是根据动物的形态结构、生理特征、遗传关系等特征进行的，其可划分为门、纲、目、科、属和种等不同级别。在观察与认知动物的研学活动中，我们可以从动物的行为、生活习性、生命周期等方面入手进行观察和认知。

（一）观察动物的行为

在自然环境下或者实验室控制条件下观察动物的行为，记录其行为模式、频率和环境因素。观察内容包括动物的节律行为、社群行为、定向行为等。以观察蚂蚁的社群行为为例，将蚂蚁引入一个密封的玻璃或塑料容器中，给它们提供一些食物和生活空间，可以观察到蚂蚁互相合作、传递食物和建筑巢穴等行为。蚂蚁是一种社会性昆虫，通过观察蚂蚁的行为，可以让学生了解蚂蚁的社会组织和分工合作。

（二）观察动物的生活习性

观察动物的生活习性是了解动物如何适应其生活环境的重要途径。有多种方法可用来研究动物的生活习性，包括野外观察、实验室观察、行为实验等。观察动物的生活习性不仅能使我们深入理解动物行为，还能推动生物多样性保护工作。以观察蚯蚓的生活习性为例，蚯蚓是一种常见的土壤动物，在实验中，可以将蚯蚓放入透明的容器中，给它们提供适宜的土壤和食物。观察蚯蚓的生活习性，如它们如何在土壤中掘洞、进食、排泄等。通过观察蚯蚓的生活习性，学生可以了解蚯蚓的生活环境和摄食习惯等。

（三）观察动物的生命周期

动物的生命周期指的是动物从出生到死亡的整个过程。动物的生命周期具有阶段性、连续性和规律性。在生命周期的每个阶段，动物都有其特定的生理、行为和生态特征。观察、了解动物的生命周期对于科学研究、生态保护和动物保护具有重要意义。

根据繁殖方式的不同，动物可分为卵生和胎生等类型。卵生动物是通过产卵繁殖后代的动物，如鸟类、爬行动物和两栖动物等。胎生动物的胚胎在母体内发育并直接产出幼体，包括绝大多数哺乳动物，也包括某些鱼类和少数两栖动物。动物的发育方式分为不完全变态（渐变态）和完全变态两大类，不完全变态（渐变态）动物从幼体到成体形态逐渐发生变化，如蝗虫、蟋蟀、蝉、蚜虫等。完全变态动物从幼体到成体形态发生显著变化，如蝴蝶、蝇等。

步骤三：观察与认知微生物

微生物主要包括细菌、真菌和病毒，对微生物的观察与认知包括微生物的形态观察、生理生化反应、遗传学分析等多个方面。在实验室环境下,观察微生物通常需要借助特定的仪器设备和方法,比如显微镜、培养基、染色技术等。

(一)微生物形态观察与认知

微生物形态观察是指对微生物的大小、形状、排列方式、染色特性等方面的观察,这些特征对于微生物的识别、分类和鉴定至关重要。微生物的形态观察通常依赖于显微镜这一关键工具,同时结合多种染色方法来实现。通过不同的染色方法可以突出微生物的某些结构,便于观察和分析。在观察微生物形态时,应注意微生物的大小、形状、排列方式,是否存在鞭毛、芽孢、荚膜等特殊结构。这些特征有助于了解微生物的生活习性、适应环境和分类地位。以观察酵母菌为例,取一滴酵母菌培养液,滴在载玻片上,用显微镜观察,就能看到一个个椭圆形的细胞,细胞中有明显的液泡,这就是酵母菌。还可以对酵母菌进行染色,在显微镜下能看到酵母菌细胞中染上颜色的细胞核和淀粉粒。

(二)微生物生理生化反应观察与认知

微生物生理生化反应是指微生物在代谢过程中发生的化学变化,这些变化对于微生物的生长、繁殖和环境适应能力至关重要。微生物生理生化反应的研究可以帮助我们深入了解微生物对有机物质的利用与转化机制,以及它们与外界环境的互动方式。以淀粉水解试验为例,这是一种通过检测微生物是否能够产生分解淀粉的酶(淀粉酶)来进行的生理生化反应测试。在这个实验中,常用的微生物有大肠杆菌、枯草杆菌等。在淀粉培养基上接种微生物,培养一定时间后,加入碘液,如果菌体周围出现无色透明圈,说明淀粉已经被水解,透明圈的大小反映了该菌株分解淀粉的能力。

(三)微生物的作用观察与认知

微生物虽然不像动植物那样引人注目,但它们在生物圈中的作用却是不可低估的。大多数细菌和真菌是生态系统中的分解者,如果没有这些分解者,动植物的遗体没办法分解,生态系统的物质循环也会停滞。有些细菌和真菌与动植物共生,如在牛、羊等食草动物的胃肠内,共生着一些细菌,它们帮助动物分解草料中的纤维素。人类的肠道中也有多种多样的细菌,大部分都是正常菌群,对人体没有危害,有些细菌还对健康有益。许多食品的制作都要利用细菌或真菌,乳酸菌含有的酶能够把葡萄糖转化为乳酸,酵母菌可以把葡萄糖转化为酒精并产生二氧化碳,制作馒头或面包时,酵母菌产生的二氧化碳气体会在面团中形成许多小孔,使馒头或面包变大且蓬松。在医学上,人们利用某些真菌产生的物质抑制致病细菌,由此研发出抗生素。此外,城市污水处理厂也借助细菌净化生活污水和工业废水。

任务二　生物观察认知类研学活动的策划与组织

任务描述

　　生物观察认知类研学活动有体验性、参与性、探究性和协作性特征,围绕培养研学对象的生命观念、科学思维、科学探究意识与社会责任感的目标,从拟定主题、确定目标、选择地点、匹配资源、商讨计划、制定方案、做好活动准备等方面进行生物观察认知类研学活动的策划与组织。

任务目标

知识目标

1.了解生物观察认知类研学活动的特征。

2.熟悉生物观察认知类研学活动的目标。

3.掌握生物观察认知类研学活动的策划流程。

能力目标

1.能够依据研学对象的认知特点拟定生物观察认知类研学活动主题。

2.能够依据主题选择合适的生物观察认知类研学活动的研学地点。

3.能够按照规范的流程进行生物观察认知类研学活动方案的策划。

素质目标

1.培养学生严谨细致的规范意识。

2.培养学生精益求精的学习态度。

3.培养学生良好的团队合作意识。

一、生物观察认知类研学活动的特征

(一)体验性

　　生物观察认知类研学活动通过组织学生前往自然保护区、动物园、植物园等地进行实地考察,引导学生运用视觉、听觉、嗅觉等多种感官,直接观察生物的形态特征和生活习性,并及时记录下来,这种基于实地考察的五感体验,具有较强的体验性特征。

(二)参与性

　　生物观察认知类研学活动会设计一些实验操作环节,在实验室或野外环境下,带领学生进行各种生物实验,如制作植物标本、观察昆虫行为等,这些实验操作环节凸显了生物观察认知类研学活动的参与性。

（三）探究性

生物观察认知类研学活动通过数据分析和报告撰写的方式培养学生的科学探究精神。学生将收集的实验数据进行分析,通过图表、模型等形式展示研究成果,在活动结束后撰写研学报告,总结自己在活动中的发现,并在班级或学校中进行分享和讨论。

（四）协作性

生物观察认知类研学活动能带领学生在观察、实验、体验等过程中达成知识目标,在与他人的合作中分析材料,在总结归纳中提升能力,在交流分享中获得感悟。这些都体现了研学活动的协作性特征。

二、生物观察认知类研学活动的目标

（一）生命观念

引导学生通过观察和实验,了解生物的结构和功能,认识生物的生态和进化观念,了解生命现象和生命活动规律,加深学生对生命的价值、特征、本质和起源等的认识和理解,培养学生的生命观念。

（二）科学思维

通过设计富有吸引力的问题和情境,引导学生产生对事物的好奇心,激发兴趣,培养学生独立思考的能力,使学生能针对体验的活动或知识主动提出问题,并通过观察、实验、分析和推理等方式解决问题。

（三）科学探究意识

通过任务设计培养学生的科学探究意识,引导学生通过观察、学习提出问题,运用阅读文献、访谈、观察法等获取信息。通过探究式学习,学生能学习如何提出问题、收集数据、分析结果,并将这些技能用于解决实际问题,使学生形成科学探究意识。

（四）社会责任感

引导学生了解生物与环境的关系,培养他们保护生物多样性的生态意识。让学生在学习生物知识的同时,认识自身对于社会和环境应承担的责任,鼓励他们积极参与社会事务的讨论与实践。例如,组织学生参观自然保护区,参与环境保护活动,并围绕全球变暖、生物多样性保护等议题进行讨论,促使学生深刻认识自身的行动对社会和环境的长远影响。

三、任务实施

下面以植物的观察和认知为例,阐述生物观察认知类研学活动策划与组织工作的实施。

步骤一：拟定研学活动主题，确定活动目标

（一）拟定研学活动主题

依据研学需求，针对研学活动对象的特点和研学活动开展所依托的资源，确定研学活动的主题。以小学阶段为例，可将植物观察和认知类研学活动主题确定为"寻找植物小精灵""探究植物的秘密""发现植物之美""感知多彩大自然"等，这些活动主题符合研学对象的认知特点和规律，具有一定的吸引力。

（二）确定研学活动目标

研学旅行属于综合实践活动，根据《中小学综合实践活动课程指导纲要》的相关要求，该课程目标包括价值体认、责任担当、问题解决和创意物化四个方面，且纲要针对不同学段制定了具体规定。因此，在确定研学旅行活动目标时，尽可能覆盖各项目标层面，同时突出重点，找到具体的实施落脚点。下面以小学阶段为例进行研学活动目标的说明。

1. 价值体认

通过观察不同生态环境中的植物，认识生物的多样性，引导学生学会尊重生命、爱护自然。

2. 责任担当

对植物进行观察可以获得认知，这有助于增强学生对植物的兴趣，引导学生热爱大自然，通过了解濒危植物的保护工作，培养学生的环保意识和社会责任感。

3. 问题解决

研学旅游指导师通过引导，鼓励学生提出问题。学生在研学旅游指导师的引导下提出问题、思考问题、解决问题，培养学生的科学思维和科学探究精神。

4. 创意物化

通过动手操作实践，初步掌握植物观察的基本技能，在研学旅游指导师的引导下设计与制作植物标本，培养学生的实践动手能力。

步骤二：选择合适的地点，匹配研学资源

依据研学活动主题选择合适的场地，一般来说，国家公园、自然保护区、森林公园或者当地的公园都是适合观察植物的场地，这些地方不仅植物种类丰富，还配备专业解说与标识，便于研学活动的开展。在进行户外地点选择的时候要考虑以下几点。

（一）生物多样性

场地应具有丰富的生物种类，能够提供多样化的观察对象，如各类动植物、生态系统等。

（二）环境适宜性

场地应具备良好的自然环境和气候条件,有利于生物的生长和繁殖,同时也适宜学生开展户外活动。

（三）教育资源丰富

场地应拥有足够的教学资源,如专业的指导老师、完善的实验设施和丰富的生物标本等。

（四）安全性

户外场地需保证学生观察和实验时的人身安全,避免潜在的危险和风险。

（五）交通便利性

场地应具有可达性,交通便利,配套设施完善,以节省时间和精力,确保研学活动的顺利进行。

步骤三:商讨活动计划,制定活动方案

在研学活动正式开展前,要依据研学活动目标和研学活动开展的场地和资源,商定活动的详细计划,并制定活动方案。活动方案应包括时间表、路线图、活动流程等。在具体方案中,可以参照活动的开展流程,按照行前、行中、行后设计撰写方案。

（一）行前安排

行前是指研学活动正式开展之前,行前安排主要包括知识准备、安全准备、物品准备三部分内容。

1. 知识准备

开展行前课,介绍植物的分类、结构、功能,以及植物在生态系统中的作用,通过提出驱动问题、播放视频、观看图片、参与游戏等方式,激发学生的好奇心,为即将开展的植物观察与认知活动做好准备。

2. 安全准备

开展行前安全宣讲,依据研学地点的环境特点和活动开展要求,向学生详细说明户外研学过程中的安全注意事项,明确所需准备的安全防护用品及其使用规范,让学生了解安全行为规范并遵守安全规则。

3. 物品准备

需依据研学活动地点的环境特点、气候条件及当地生活习惯等因素,指导学生准备相应物品,如个人卫生用品、雨具、防晒衣等。针对特殊需求物品,如药品、个别学生的生活必需品等,需进行特别提示。

（二）行中安排

依据研学活动的资源特点与场地特点，设计行中活动计划。以小学阶段为例，我们可以从以下几个方面开展植物观察认知类研学的行中活动。

1. 植物观察实践

组织学生在植物园内进行实地观察，记录植物特征，在研学旅游指导师的引导下，运用五感（视觉、听觉、味觉、嗅觉、触觉）进行观察，辨识植物的根、茎、叶、花、种子等形态结构，了解植物的生长环境、生长习性等基本知识，进行简易的植物生理实验，如光合作用实验、蒸腾作用实验等，以加深对植物生理机制的理解。活动开展过程中应鼓励参与者多交流、分享自己观察到的现象和学习到的知识，这可以提高研学活动的乐趣和成效。

2. 植物鉴赏与植物制品制作

参观植物园，观赏各种植物，并制作植物相关的艺术品，如植物拓印、叶脉书签、落叶画等。可根据研学对象特点和研学地点环境选择适宜的活动，以便于活动的实施，并达到较好的活动效果。

3. 环境保护实践活动

组织学生开展植物种植、养护与环境清洁实践活动，如植树、浇水、除草、清理垃圾等，增强学生的植物保护意识和环境意识。

（三）行后安排

1. 总结与交流会议

研学活动结束后，组织总结会议是行后安排的首要任务。在会议上，学生分享研学过程中的感受和收获，教师则给予适当的点评和指导，共同回顾研学过程中的亮点和不足，总结经验教训。

2. 成果展示与评估

引导学生整理观察笔记，将自己的研学成果以绘画、手工创作、文字报告、图片集、视频短片等形式展现出来，由专门的评审团进行评价。这样的展示不仅能够巩固和检验研学活动的效果，还能有效激励学生积极投入研学活动，提升他们的参与热情与实践能力。

3. 后续学习

植物观察是一个持续的过程，应鼓励学生在日常生活中保持对植物的关注，不断拓展对植物世界的认知。

步骤四：依据活动内容，做好活动准备

（一）研学活动资料准备

根据研学活动的目标和主题选择适当的资源和材料。植物观察与认知类研学活

动需要准备与植物相关的科普图书、实验手册、实地考察所需的测量工具等。

（二）研学物料准备

根据植物观察与认知类研学活动需要,准备放大镜、显微镜、采集盒、标本制作工具、实验道具、笔记本和相机等工具,这些工具可以帮助学生更细致地观察植物特征,记录观察内容。还需要准备安全防护和应急救护需要的物料,如防晒帽、雨衣、应急药品等。

（三）研学活动手册

根据研学活动计划,设计制作研学活动手册,内容包括活动介绍、活动目标、行程安排、活动实施、活动评价等,帮助学生更好地了解研学活动安排,并根据手册内容完成相应的研学活动任务。此外,手册中提供行前准备、物品清单、应急预案等实用信息,确保研学活动的顺利进行。

任务三　生物观察认知类研学活动的实施

🔵 任务描述

生物观察认知类研学活动的实施要做好充分的准备,安排好人员分工,并对相关人员进行有针对性的培训,确保实施过程中的环境安全、实验安全与生物安全,按照研学活动的策划方案组织活动的具体实施。

🔵 任务目标

知识目标

1. 熟悉生物观察认知类研学活动实施的基本要点。
2. 掌握生物观察认知类研学活动实施的安全事项。
3. 掌握生物观察认知类研学破冰环节的实施方法。

能力目标

1. 能够依据研学策划方案设计相关人员的培训内容。
2. 能够针对研学活动地点的环境特征制定安全预案。
3. 能够依据研学活动主题组织研学团队的破冰活动。

素质目标

1. 提高学生的环保意识、文明旅游意识。
2. 培养学生热情友好、不卑不亢的服务态度。
3. 培养学生沉着冷静、处变不惊的应变能力。

一、生物观察认知类研学活动实施的要点

（一）做好充分准备

在活动正式开始之前,组织者要做好充分的准备工作,组织团队分析和研读研学活动方案,熟悉活动的每个环节和要求,必要时进行方案预演,提前发现和解决研学活动中可能存在的问题。检查研学场地的准备情况,以及研学活动中需要使用的工具、器材、手册等物料的准备情况,按照活动需要对物料进行分类摆放,尤其是生物观察认知活动中实验环节用到的实验器材和物料,提前做好调试准备,确保所有器材都能正常使用。

（二）人员分工与合作

做好人员的分工,研学旅游指导师、安全员、领队、志愿者、基地工作人员等需要密切配合,做好研学的组织和接待工作。为了确保活动的顺利进行,活动组织和接待团队的每一名成员都需要明确自己的角色和责任,建立良好的沟通渠道,确保信息的畅通和交流的及时性。同时,团队成员之间应该相互理解、互相支持,共同完成研学活动的各项任务。

（三）组织接待培训

召集研学组织和接待团队进行培训,针对研学活动内容和安排,提高团队成员的专业素养和服务意识,提高沟通能力和应变能力,增强他们的安全意识和风险意识,确保研学活动顺利进行,提升研学效果。

二、生物观察认知类研学活动实施的安全注意事项

（一）环境安全

在活动开始之前,组织者需要进行充分的调研和准备,包括了解目的地的天气变化、地形地貌等,并根据这些信息制订详细的活动计划。户外研学活动开始前,还应对学生进行必要的安全教育和培训,包括急救知识、野外生存技能等。

在活动进行中,应严格遵守既定的安全规程,如分组行动、定时汇报位置、使用专业装备等。对于可能遇到的危险物种,如毒蛇、野兽等,应有明确的识别和应对策略。同时,组织者应保持与外界的通信畅通,一旦发生紧急情况,能够迅速求助。

（二）实验安全

针对生物观察认知类研学活动中的实验环节,要提前熟悉实验室环境与实验室的管理规定,确保实验室有足够的灭火设备和应急出口,以应对突发情况。进入实验室前应做好个人防护,包括穿戴适当的防护服、手套、护目镜等。实验正式开始前要进行

实验工具的使用与操作流程的示范与培训,确保学生正确使用实验工具,并按照规范的流程进行实验操作。

（三）生物安全

在开展生物观察活动前,需先对学生进行生物安全知识培训,使其充分了解活动中可能存在的风险及相应的预防措施。同时,必须在活动开始前完成生物安全培训,严格要求学生遵守生物安全操作规程,以保障活动安全有序地进行。

三、任务实施

步骤一:破冰活动

破冰活动可以通过游戏和集体讨论等方式,让学生在轻松愉快的气氛中相互了解,建立信任,以良好的状态投入到接下来的学习和实践中。下面以植物观察与认知类研学活动为例,阐述破冰活动的实施过程。

（一）游戏选择

选择的游戏要适合研学对象的特点,符合研学目标。通过精心设计的团队游戏,让学生在趣味中感受团队协作的重要性,同时在游戏中拉近与团队成员的距离。植物观察与认知类研学活动可以选择与植物相关的游戏活动,如"树叶运水""树叶赛跑""树叶拼图""树叶面具制作""树叶服装制作"等。

（二）团队组建

鼓励学生使用幽默风趣的方式进行自我介绍,加深团队成员之间的印象。分组并推选组长,创建团队文化,如组名、口号等,并通过展示各队伍的特点来增强团队认同感。

（三）游戏实施

按照预订计划开展游戏活动,引导学生积极参与,享受游戏过程。以"树叶运水"游戏为例,需要准备的材料和工具包括树叶、水桶,每个团队选择不同类型的树叶,合作搭建成"水渠",将一只水桶里的水通过"水渠"运到另一只水桶中,比拼运水的时间长短和运水量的多少。

（四）总结反思

游戏结束后,组织团队成员交流讨论、分享感受、总结收获,为接下来的研学活动做好准备。

步骤二:研学活动实施

(一)植物观察实践

研学旅游指导师带领学生在植物园内进行实地观察,辨识植物的根、茎、叶、花、种子等的形态结构,了解植物的生长环境与习性特点等。这里以"植物的叶子"为例,引导学生重点观察不同植物的叶子,以体验和探究式的学习方式认识自然界各式各样的叶形。

(二)观察植物叶子的不同形状

植物叶子常见的形状有椭圆形、三角形、圆形、扇形、剑形、条形、刺形、针形、锥形、匙形、卵形、菱形、心形、肾形等。带领学生在植物园中寻找和收集不同形状的叶子,通过绘画的方式记录下来。研学旅游指导师通过图片讲解不同形状叶子的代表植物,并通过叶子的数量及排列,带领学生认知单叶和复叶。复叶可以分为羽状复叶、掌状复叶、三出复叶等。

(三)观察植物叶子的结构

带领学生观察收集到的不同类型的树叶,通过看、闻、触摸不同质感的叶子,观察和了解叶脉、叶序。叶脉是叶内的维管束,主要分为平行脉和网状脉。平行脉主要出现在单子叶植物中,而网状脉则多见于双子叶植物。二叉脉序通常见于蕨类植物和某些裸子植物。叶序指的是叶在茎枝上的排列方式,主要有互生、对生、轮生和簇生等形式。引导学生观察不同类型植物的叶序,认识植物的神奇和多样性,并选择一种类型的叶子填写植物观察记录卡(表2-1-1)。

表2-1-1　植物观察记录卡

观察者姓名			观察日期		
植物名称					
别称		科		属	种
分布区域			环境特征		
生长习性					
形态特征					
叶子特征	形状		结构		叶序
养护方法					
主要价值					
备注					

Note

（四）认知植物叶子的功能

通过观看叶子的光合作用和蒸腾作用的视频，引导学生了解叶子的功能。叶子是绿色植物进行光合作用和蒸腾作用的主要器官。绿色植物的叶能吸收日光能量，利用二氧化碳和水合成有机物质，并释放氧气，这个过程就是光合作用。同时，叶子通过气孔散失水分，这是绿色植物的蒸腾作用。

可以通过一个简易的实验，让学生了解叶子的蒸腾作用。选择一株植物，用两个白色塑料袋罩住它的两根枝条，将一根枝条上的叶子摘除，另一根枝条上的叶子保留，过一段时间后，保留叶子的枝条上密封的塑料袋内壁出现了小水珠，而摘除叶子的枝条上密封的塑料袋内壁没有出现小水珠。通过两根枝条的对比实验引导学生了解叶子的蒸腾作用。

（五）植物鉴赏与植物制品制作

参观植物园，观赏各种植物，并制作与植物相关的艺术品，如植物拓印、叶脉书签、落叶画等。

以制作叶脉书签为例，选择叶脉粗而密、网眼细，叶表皮及叶肉组织容易解离的叶片，如桂花叶、石楠叶等。需要准备的材料及工具有胶手套、玻璃杯、玻璃棒、烧杯、铁架台、清水、氢氧化钠、石棉网、酒精灯、镊子、3％～10％双氧水、毛质柔软的旧牙刷。

第一步：把约90毫升水倒入烧杯，在水中加入10克氢氧化钠，放入叶片，铁架台上放石棉网，把烧杯搁在石棉网上，用酒精灯加热，煮沸溶液。注意：氢氧化钠是一种高腐蚀性的强碱，制作时务必戴好胶手套。

第二步：煮沸后再煮10～15分钟，并使用玻璃棒不断搅拌，使叶表皮和叶肉组织分离，腐蚀均匀。

第三步：当叶片变色、叶肉软烂时，用镊子取出叶片，放在盛有清水的玻璃杯内，用流水多次换水冲洗6～12小时，把残存在叶脉内的碱洗净。

第四步：处理恰当的叶片，用旧牙刷在流水中轻轻地刷叶片的正面和背面，刷去叶片的柔软部分，露出白色的叶脉。

第五步：把叶脉片浸入3％～10％的双氧水中漂白8～24小时，使它们变成纯白色，再取出叶片，用清水洗净，沥去水滴，放在旧书或旧报纸里压干。

第六步：装饰与保存，使用喜欢的彩色丝绸带进行装饰，或者用塑封膜进行塑封，以便于叶脉书签的保存。

项目二
地理观察认知类研学活动

项目引入
▼

项目概述

　　地理观察认知类研学活动意义非凡。学生走进自然,通过实地观察、样本采集与数据分析,深入了解地理现象和生态环境,掌握地理知识与研究方法。此类活动不仅能激发学生对地理学科的兴趣,开阔视野,还能培养科学思维、实践能力和环保意识,将书本知识与生活实践相结合,为实现学生的全面发展奠定坚实基础。

项目目标

知识目标

1.掌握地理观察认知类研学活动的概念和内涵。

2.掌握地理观察认知类研学活动的类型和内容。

3.了解地理观察认知类研学活动的意义和价值。

能力目标

1.能够正确认识地理观察认知类研学活动的概念和内涵。

2.能够初步策划地理观察认知类研学活动。

3.能够初步组织地理观察认知类研学活动。

素养目标

1.通过对地理观察认知类研学活动的基础学习,培养学生热爱大自然的意识。

2.通过对地理观察认知类研学活动的内涵理解,培养学生形成科学的生态观。

3.通过策划与组织地理观察认知类研学活动,培养学生精益求精的工匠精神。

任务一 地理观察认知类研学活动的类型与内容

任务描述

在当前教育体系中,地理观察认知类研学活动正逐渐成为培养学生实践能力和创新精神的重要途径。这类活动旨在通过实地考察和科学探究,让学生深入理解地理学的基本概念和原理,同时提升他们的观察、分析和解决问题的能力。

在实施研学活动时,教师和组织者应注重培养学生的团队合作精神和科学探究能力。通过设计合理的任务和挑战,激发学生的好奇心和探索欲,使他们在实践中学习,在学习中实践。同时,结合国家教育政策和地方实际情况,可以引入相关的案例分析,如当地历史地质事件、气候变化对区域水文的影响等内容,以此增强研学活动的现实针对性与教育实效性。

总之,地理观察认知类研学活动是连接理论与实践、课堂与自然的重要桥梁。通过这类活动,学生不仅能获取宝贵的知识与技能,还能培养对环境的责任感和对科学的热爱之情。

任务目标

知识目标

1.了解地质地貌、气象水文和土壤植被的基本概念和分类。

2.掌握地质罗盘仪、地质锤、气象监测设备、水文监测设备和水质监测设备的使用方法。

3.学习岩石分类、地质构造分析、气象水文要素数据获取和土壤植被调查的基本技能。

4.了解水质监测设备在监测水体各项指标(如水温、溶解氧、pH值、浊度、电导率)中的应用。

能力目标

1.培养使用基本地质工具进行实地考察和数据收集的能力。

2.提升分析和解释地质地貌、气象水文和土壤植被数据的能力。

3.增强团队合作和科学探究的能力,通过小组活动和项目实施掌握协作和解决问题的技巧。

4.培养科学思维和批判性思考能力,能够对收集到的数据进行合理分析和有效解释。

素质目标

1.增强环境保护意识,通过实地观察和研究,理解自然环境的重要性和脆弱性。

2.培养科学精神和探索精神,激发对地球科学和自然环境的兴趣和热情。

3.提高实践操作技能,通过动手实践来加深理论知识的理解。

4.强化责任感和使命感,通过研学活动让学生认识到作为地球公民的责任,以及保护和改善自然环境的重要性。

一、地理观察认知类研学活动的概念

地理观察认知类研学活动是一种将地理学习融入自然环境中的教育实践活动。这类活动强调通过亲身体验和直接观察自然世界,增进学生对地理知识的理解与掌握。在活动中,学生会在研学旅游指导师的带领下,走进山川、河流、森林、草原等自然环境中,从地理学的视角观察、分析和理解自然界的运行规律、地理现象的形成与演变,以及人类活动与自然环境的相互关系。

二、地理观察认知类研学活动的内容

地理学是一门研究地理环境以及人类活动与地理环境相互关系的科学,基于自然教育的地理观察认知类研学活动具有综合性和地域性两个显著特点。它融合自然地理要素,为学生提供了理解和分析地球上多样的自然现象及其相互关系的综合性视角。按照地理学科的课程体系和发展前沿,对地理观察认知类研学活动内容进行归类,可以总结出适宜开展研学旅行的活动内容。

(一)地质地貌

地质地貌是地理观察认知类研学的基础组成部分,包括认知山脉、河流、湖泊、沙漠、平原、海岸线等自然地理特征。在研学过程中可通过两类活动加深认知:一类是进行标本采集分析,如采集分析岩石和土壤样本;另一类则是通过地貌记录分析,如绘制地形地貌图,进行地理特征的对比与分析。

(二)气象水文

气象水文涉及天气现象、气候类型、水文循环、水资源分布等方面。在研学中可以通过以下两个部分加深认知:一是气象观测,比如使用气象仪器观测风速、气温、湿度等气象要素,了解天气变化并进行简单的气象预测或趋势分析;二是水文监测,通过观测河流的流量、水位、水质等,了解水文循环的过程和水资源的开发利用与保护。

(三)土壤植被

土壤植被是地理环境的重要组成部分,对生态环境和农业生产有重要影响。在研学过程中主要开展以下实践活动:一是土壤采样与分析,如采集不同类型的土壤样本,进行成分分析,了解土壤性质;二是植被调查,如观察并记录不同植被的分布、种类、生长状况等。

综上所述,在自然教育场景下,可从地质地貌、气象水文、土壤植被等多个方面开展具有实践性、探索性的地理观察认知类研学活动。这些研学活动不仅能够帮助学生掌握地理学科的基本知识和技能,还能够培养他们的观察能力、思考能力、实践能力,增强他们的社会责任感。

三、任务实施

步骤一:学习技能——地质地貌识别

在地理学研究中,地质地貌识别是为了理解地球表面的形态特征及其背后的成因,这有助于揭示地球内外力作用的过程,评估自然资源分布,预测自然灾害,指导工程建设,并为解决环境问题和实现可持续发展提供科学依据。在户外研学活动中,指导学生掌握识别地质地貌的方法,不仅能够增强他们对自然世界的感知能力,还能够将地理知识与生物、物理等学科知识相结合,促进跨学科思维的培养和发展。在进行地质地貌识别时,需要掌握基本工具的使用方法,以及岩石分类与识别技术及地质构造分析技术等。

(一)基本工具的使用

1.地质罗盘仪

地质罗盘仪是地质勘探、调查和野外考察中常用的工具,主要用于确定方向、测量岩层产状(如走向、倾向、倾角)等。

2.地质锤

地质锤是地质勘探、野外考察及实验室研究中常用的工具,主要用于对岩石、土壤等地质样品进行打击和破碎,以便进一步观察和分析。

(二)岩石的分类与识别

岩石是天然产出的一种或几种矿物或玻璃组成的、具有稳定外形的固态集合体。根据成因,岩石可以分为沉积岩、岩浆岩和变质岩三大类。

1.沉积岩

沉积岩是在地表或近地表处,由风化产物、火山物质、有机物质等碎屑物质在常温常压下经过搬运、沉积和石化作用形成的岩石。它们常具有层理构造,即岩石内部呈现出的层状结构,这是沉积岩独有的特征。

2.岩浆岩

岩浆岩也称为火成岩,是由地壳深处的岩浆沿地壳裂隙上升后冷凝而成的岩石。根据生成条件,岩浆岩可分为喷出岩和侵入岩。喷出岩多为火山喷发而形成的,而侵入岩则多为沿地壳裂隙而生成。

3.变质岩

变质岩是岩浆岩、沉积岩甚至是变质岩本身在地壳中受到高温、高压及活动性流体的影响而变质形成的岩石。变质岩是大陆地壳中的主要岩石类型之一,具有独特的矿物组合和结构构造,常见的变质岩包括大理岩、板岩、片麻岩等。

(三)地质构造分析

地质构造是地理观察认知类研学活动的重要内容,因此学生需要掌握地质构造的基本知识,如褶皱、断裂、节理等构造类型的识别和分析方法。通过实地考察和记录,可初步判断地质构造的类型、规模、产状及其对地貌形态的影响。

1. 了解地质构造的基本类型

需要熟悉地质构造的基本类型,包括水平构造、倾斜构造、褶皱构造和断裂构造。每种构造类型都有其独特的成因和形态特征。

2. 观察地质现象

在实地考察中,通过观察地质现象来初步判断地质构造类型,具体观察内容包括以下两个方面:其一,观察岩层的倾斜方向和倾斜角度,判断其是否为水平构造(岩层近于水平)或倾斜构造(岩层与水平面有一定夹角);其二,观察岩层是否发生弯曲变形,判断其是否存在褶皱构造。

在进行地质结构判断时,要结合地形地貌特征进行综合判断。例如,在褶皱构造区,背斜常形成山岭,向斜则形成谷地或盆地;在断裂构造区,断层崖、断层三角面等地貌现象也是重要的判断依据。

3. 使用工具进行测量

在研学考察中,使用地质罗盘仪等工具测量并记录岩层的产状(走向、倾向、倾角),这些数据对于判断地质构造类型至关重要。将观察记录和测量数据进行整理,形成系统的地质资料库,便于后续分析。

步骤二:学习技能——气象水文监测

(一)了解常用的监测工具

1. 气象监测设备

在气象监测领域,多种设备被广泛应用于收集、记录和分析各种气象要素。下面主要介绍三种适合开展研学旅行的气象监测设备。

(1)便携式综合气象仪。

便携式综合气象仪是一种集成了多种气象测量功能的设备,能够对温度、湿度、风速、风向、气压和降水量等气象参数进行测量。便携式综合气象仪通过内置的多种传感器来测量不同的气象参数。

(2)雨量计。

雨量计主要用于测量降水量,包括降雨、降雪等形式的降水。通过测量降水量,可以了解降水量的变化和起止时间,为气象预报、水资源管理、农业生产等提供重要数据支持。

（3）风速风向仪。

风速风向仪是用于测量风速和风向的仪器,广泛应用于气象、航空、农业等领域,为天气监测及相关行业提供风数据支持。

2.水文监测设备

在水文监测领域,有多种设备被广泛应用于收集、记录和分析各种水文要素。以下是两种水文监测设备的介绍。

（1）水位计。

水位计是用于测量水体水位高度变化的设备,广泛应用于河流、湖泊、水库、地下水等水体的水位监测。通过实时监测水位变化,可以了解水体的蓄水量、洪涝风险以及水资源的利用情况。

（2）流量计。

流量计是用于测量水流速度和流量的设备,广泛应用于河流、渠道、水管等水体的流量监测。通过测量水流速度和流量,可以了解水体的水量变化、水资源利用情况以及评估洪水风险等。

3.水质监测设备

水质监测设备用于监测水体的各项水质指标,如水温、溶解氧、pH值、浊度、电导率等。这些设备能够实时监测水质的变化情况,提供水质数据,为水资源管理和环境保护提供重要依据。

（二）获取气象水文要素数据

气象水文的监测方法多种多样,这些方法旨在全面、准确地获取气象和水文要素的数据,以支持科学研究、水资源管理、灾害预警等工作。气象水文的监测方法主要有以下几种。

1.地面观测

传统仪器观测是通过使用各种气象仪器（如温度计、湿度计、气压计、风速风向仪等）和水文仪器（如水位计、流量计、流速仪、水质监测仪等）在地面站点进行定时或连续的观测。这种方法在研学过程中易于操作,结果较为直观,且能够直接获取即时的气象和水文数据,但受站点分布和数量的限制,可能无法全面反映大范围的气象水文状况。

2.遥感监测

水文气象数据可以利用气象卫星和水文卫星搭载的各种传感器（如红外辐射计、微波辐射计、雷达高度计等）对地表和大气进行广泛的监测。卫星遥感技术具有覆盖范围广、监测频率高、数据获取快等优点,能够实现对全球范围内气象水文要素的动态监测。例如,卫星遥感设备可以监测降水分布、云量、风速风向、海洋表面温度、海平面高度等气象水文要素。小尺度的监测可利用飞机等航空器搭载遥感设备对特定区域进行高分辨率的监测。航空遥感设备主要用于海岸带和资源监测、赤潮和溢油等突发事件的应急监测等。

3. 雷达监测

天气雷达用于监测降水、风暴等气象要素。天气雷达通过发射电磁波并接收其回波来探测降水粒子的分布和强度。水文雷达(如多普勒流速仪)则用于监测水流速度、河流断面流量等水文要素。通过测量水流中散射体(如水滴、泥沙颗粒等)对雷达波的反射来估算水流速度。

4. 浮标与潜标观测

浮标包括锚系浮标和漂流浮标。锚系浮标能在固定位置观测风速、温度、湿度、气压、海水照度、流速、水温、盐度和波浪等气象水文要素;漂流浮标则用于观测海表层温度,并通过位置变化计算表层洋流。潜标是放置在海底的观测系统,用于探测海底附近的海洋参数以及海洋的剖面参数。

5. 船舶与海洋平台观测

船舶观测以船舶为平台,进行海洋气象和水文要素的观测。这种方法适用于离岸较远海域的监测。海洋平台观测将观测点布设于海洋中的石油平台或航标塔台上,利用平台上的设备进行气象水文监测。

在户外研学活动中,学生通过监测水文气象,不仅可以直观地了解自然环境的动态变化,还培养了观察能力、数据分析能力和环保意识,为未来的科学研究和社会实践奠定坚实基础。通过亲自操作监测设备,学生能够直观地感受自然环境的微妙变化,从而深刻理解气候变化、水资源管理等问题的紧迫性。这一过程不仅锻炼了他们的观察能力、动手能力和团队协作能力,更重要的是,增强了他们对环境保护的责任感,为成为未来社会的环保先锋和科学研究的中坚力量奠定了坚实基础。

任务二　地理观察认知类研学活动的策划与组织

任务描述

地理观察认知类研学活动不仅是一种教育方式,更是一种将知识与实践紧密结合的学习过程。本任务深入探讨地理观察认知类研学活动的特征,包括实践与实地考察的深度融合、跨学科综合学习、学生主体性的充分发挥,以及社会实践与环境保护意识的结合。在策划与组织这类活动时,须遵循地理学科特性,制定安全预案,并精选研学内容。通过梳理地形地貌、气候气象、水文水资源等资源,设计符合层次性、开放性、系统性、科学性和可操作性原则的探究型问题,以激发学生兴趣。研学活动应匹配探究型问题,包括实地观察、动手操作、研究分析和角色扮演等多种形式,以促进学生的全面发展。

任务目标

知识目标

1.了解地理观察认知类研学活动的特征,包括实践与实地考察的深度融合、跨学科综合学习的重要性。

2.掌握研学活动策划与组织的要点,如遵循地理学科特性、制定研学安全预案、精选研学内容。

3.学习如何梳理和利用地形地貌、气候气象、水文水资源等地理资源。

4.掌握设计探究问题的原则和思路,包括层次性、开放性、系统性、科学性和可操作性。

能力目标

1.提升学生在实地考察中运用地理学知识分析和解决问题的能力。

2.增强学生跨学科整合知识并进行综合分析的能力。

3.发展学生的自主学习能力和创新思维,特别是在实地研学活动中主动探索和研究。

4.培养学生的团队合作能力,通过小组活动和项目实施来锻炼协作和沟通技巧。

素质目标

1.增强学生的环境保护意识和社会责任感,通过研学活动让学生认识到自然环境的价值。

2.培养学生的实践操作技能,通过动手实践来加深理论知识的理解。

3.提高学生的安全意识和自我保护能力,确保他们在户外研学活动中的安全。

4.培养学生的批判性思维和科学探究精神,鼓励他们对观察到的现象进行深入分析和质疑。

一、地理观察认知类研学活动的特征

(一)实践与实地考察的深度融合

地理观察认知类研学活动通过实地考察的方式,让学生亲身接触和感知地理环境。例如,学生可以参观地理景观、进行野外调查、采集样本等,从而直观地了解地理现象和过程。这种亲身体验的方式比单纯的课堂教学更能激发学生的学习兴趣,加深他们对地理知识的理解。在活动中,学生需要进行实地操作,如使用测量工具、采集样本、观察记录等。这些操作不仅锻炼了学生的动手能力,还培养了他们的观察能力和分析能力。

(二)跨学科综合学习的体现

地理观察认知类研学活动常常涉及生物、化学、物理等多学科的知识。学生在活动中需要运用多学科的知识和技能来解决问题,这种跨学科的学习方式有助于拓宽学生的知识面,促进知识的融合和拓展。通过跨学科的综合学习,学生能够将不同学科的知识和方法结合起来,形成综合性的解决方案。这种综合应用能力和创新思维的培养是地理观察认知类研学活动的重要目标之一。

(三)学生主体性的充分发挥

地理观察认知类研学活动鼓励学生主动参与、自主探究地理问题。在活动中,学生需要自己提出问题、设计方案、实施调查并得出结论。这种主动参与和自主探究的方式能够激发学生的学习兴趣和动力,培养他们的自主学习能力和探究精神。同时,活动也注重培养学生的合作精神和团队意识。学生需要在小组中相互协作、分工合作,共同完成任务。这种合作方式不仅提高了学生的团队协作能力,还促进了他们之间的交流和沟通。

(四)社会实践与环境保护意识的结合

地理观察认知类研学活动常常与社会实践紧密结合。通过参观社会机构、企业、自然保护区等,学生能够更深入地了解社会问题和环境问题。这种社会实践有助于培养学生的社会责任感和使命感,促使他们更加关注社会发展和环境保护。同时,活动也注重培养学生的环境保护意识。通过了解地理环境的脆弱性和人类活动对环境的影响,学生能够认识到环境保护的重要性,并树立可持续发展的观念。这种环境保护意识的培养对于学生未来的学习和工作都具有重要意义。

二、地理观察认知类研学活动策划与组织要点

(一)遵循地理学科特性

地理学科是一门综合性强、实践性强的学科,它涉及自然、人文、经济等多个领域。因此,在研学活动的策划中,必须充分考虑地理学科的这些特性。研学活动应涵盖地理学的多个分支,如自然地理、人文地理、经济地理等,以全面培养学生的地理素养。通过实地考察、观察、测量等多种方式,让学生深入了解地理现象和问题的复杂性,培养他们的综合分析能力。同时,地理学科强调实践,研学活动应突出实践性特点。通过实地考察、野外观察、实验操作等方式,让学生亲身体验地理现象和过程,加深对地理知识的理解和记忆。同时,实践活动还能培养学生的动手能力、观察能力和问题解决的能力。地理学科具有空间性特点,研学活动应注重培养学生的空间思维能力。通过地图阅读、地形识别、空间定位等训练,帮助学生建立空间概念,掌握空间分析方法,提高他们解决空间问题的能力。

(二)做好研学安全预案

安全是研学活动顺利进行的保障,特别是地理观察认知类研学活动多在自然环境较为原生态的条件下进行,因此在策划与组织时,必须高度重视安全问题,做好研学安

全预案。在活动前,应对研学地点、交通方式、活动内容等进行全面的风险评估,识别可能存在的安全隐患和危险因素;应对参与研学活动的学生和教师进行安全教育,提高他们的安全意识和自我保护能力。在活动现场,应安排专人负责安全监管工作,确保活动有序进行。监管人员应密切关注学生的安全状况,及时发现并消除安全隐患。

(三)精选研学内容

在地理观察认知类研学活动的策划与组织过程中,研学内容应紧密围绕地理课程标准进行选择和设计,确保活动的教育性和科学性。通过对照课程标准,明确学生需要掌握的核心概念和技能,以此为基础设计研学活动和任务,使学生在实践中巩固和深化课堂所学知识。同时,研学内容应当充分考虑地方特色和时代性。结合当地的自然环境、人文景观、经济发展等实际情况,设计具有地方特色的研学活动,使学生更好地了解和认识自己的家乡。同时,关注地理学科发展的最新动态和热点问题,如气候变化、环境保护、资源利用等,将这些内容融入研学活动中,培养学生的社会责任感。

三、任务实施

地理观察认知类研学活动内容主要围绕地理学科展开,包括但不限于地形地貌观察、气候气象观测、植被生态调查、人文景观考察等。

步骤一:梳理研学资源

自然地理环境作为研学旅行的重要载体,承载着培养青少年综合素质、传承优秀文化、提升国家竞争力的重要使命。在对研学基地资源进行开发时,首先要对资源的基本情况进行分析,如资源的性质、内涵、功能、所处的位置,以及资源的教育价值。通过梳理研学资源,涵盖与研学主题相关的各种知识、技能和经验,有助于确定学生需要掌握的核心概念和技能,从而确保研学活动具有明确的目标和针对性。例如,广东引导自然保护地、国有林场、动植物园等基地挖掘当地自然资源的文化内涵,建设涵盖动植物、地质气候、森林海洋等多种主题的自然教育场馆。以华侨城湿地为代表的湿地类自然教育场馆生动展示红树林湿地、深圳湾的变迁过程;以丹霞山世界地质公园为代表的地质类自然教育场馆深入挖掘丹霞山文化特色,展示当地地质地貌特色。这些实践充分证明,地理观察认知类研学活动资源丰富多样,对其进行系统梳理和整合,有助于进一步提升研学活动的质量与教育价值。

(一)地形地貌资源

地形地貌资源包括山地、高原、平原、丘陵、盆地、河流、湖泊、海岸等不同类型的地形地貌。通过实地考察、观测和测量等方式,学生能够直观地了解地形的特征和变化规律。

（二）气候与气象资源

气候与气象资源涉及不同气候类型的分布、特点及其对地理环境的影响,可以通过观测气象数据、分析气候图表等方式,加深学生对气候现象和气候变化规律的理解。

（三）水文水资源

水文水资源包括河流、湖泊、海洋等水体的分布、特征及其对人类活动的影响。通过水文观测、水质检测等实践活动,学生可以深刻认识到水资源的珍贵性,以及保护水资源的重要性。

步骤二：设计探究问题

研学课程的探究问题选取是一个关键且细致的过程,它直接关系到课程的质量、学生的参与度和学习成效。

（一）设计探究问题的原则

1. 层次性原则

探究问题应具有层次性,从简单到复杂、从具体到抽象逐步推进,帮助学生逐步建立知识框架,逐步深入探究。初始问题可以设置得较为简单,引导学生进入探究情境;随后的问题可以逐渐加大难度,引导学生深入思考和分析。

2. 开放性原则

探究问题应具有一定的开放性,鼓励学生发挥想象力和创造力,提出多种可能的答案或解决方案。同时,问题也应具有一定的引导性,确保学生的探究方向不偏离学习目标。教师可以通过问题中的关键词、提示或限制条件来引导学生思考和探究。

3. 系统性原则

探究问题之间应具有一定的关联性和连贯性,形成一个有机的探究体系。这样可以帮助学生更好地理解知识之间的内在联系,构建完整的知识网络。在设计问题时,教师可以考虑将多个问题串联起来,形成一个探究链或探究序列。

4. 科学性原则

选取的探究问题应该具有科学性和严谨性,即问题的表述要准确、清晰,不能存在歧义或误导;问题的探究过程要遵循科学方法和原则,确保结论的可靠性和有效性。

5. 可操作性原则

在选取探究问题时,还需要考虑其可行性和可操作性。具体而言,须评估问题是否能够在有限的时间和资源条件下得到解决,以及学生是否具备相应的探究能力和条件等。只有确保探究问题可行且具有可操作性,才能保障研学课程顺利实施并取得良好效果。

（二）探究问题的设计思路

1. 明确探究目的

在设计探究问题之前，首先要明确探究的目的。这通常与研学课程的总体目标和具体目标紧密相关。探究目的是指导问题设计的核心，确保问题能够引导学生达到既定的学习目标。

2. 贴近学生实际

探究问题应当贴近学生的生活实际和认知水平，避免过于抽象或远离学生经验的问题。通过选择与学生日常生活、兴趣爱好或社会热点相关的问题，可以激发学生的学习兴趣，增强他们的参与感和代入感。探究问题应该贴近学生的生活实际，与他们所熟悉的地理环境、社会现象和热点问题紧密相关。这样的问题能够激发学生的学习兴趣和探究欲望，使他们更加积极地参与到研学活动中来。

3. 考虑难易程度

探究问题的难易程度应该适中，既要有一定的挑战性，又不能过于复杂。过于复杂的问题可能会让学生感到挫败和无力，而过于简单的问题无法激发学生的探究兴趣。因此，在选取探究问题时，需要充分考虑学生的认知水平和能力差异。

4. 关注跨学科整合

研学课程通常具有跨学科的特点，因此在选取探究问题时，可以关注地理学科与其他学科的交叉点。通过跨学科整合，引导学生从多个角度思考问题，培养他们的综合素养和创新能力。

5. 参考多方资源

在选取探究问题时，研学旅游指导师可以参考教材、教学参考书、学术文献及网络资源等多种渠道资料。这些资源能提供丰富的素材和案例，帮助研学旅游指导师设计出更加生动、有趣且具有探究价值的研学课程。

6. 及时反馈与调整

在设计探究问题环节时，研学旅游指导师还需要考虑如何及时反馈学生的探究过程和成果。通过及时的评价和反馈，研学旅游指导师可以帮助学生发现问题、纠正错误、总结经验并持续改进。同时，研学旅游指导师也可以根据学生的反馈情况对探究问题进行适当的调整和优化，以确保探究活动的顺利进行并达成预期的学习效果。

步骤三：匹配研学活动

地理观察认知类研学课程可以根据教学方法分为四种形式：实地观察类、动手操作类、研究分析类、角色扮演类。通过对此类课程活动进行研究，总结其设计方法，就可以解决研学课程内容设计的问题。

（一）实地观察类

这类活动强调直观性和实践性,通常要求学生亲自前往地理现象或地理景观的现场,进行直接的观察和体验。例如,安排学生前往自然地理、人文地理等实际场景进行观察和体验,包括地质考察、生态观察、文化遗产探访等。实地观察能够培养学生的观察能力和感知能力,有助于加深学生对地理知识的理解和记忆,使他们更直观地了解地理现象的形成、变化及其与周围环境的关系,从而更准确地把握地理现象的特征和规律。

（二）动手操作类

这类活动通常涉及一系列动手操作的任务,涵盖实验操作、模型制作、地理工具使用等丰富内容,如地质样本采集与分析、模型制作、地理实验、气象观测、地图绘制等。学生需在研学旅游指导师的指导下亲自动手完成各项任务,以深化对地理知识的理解与应用。这类活动注重实践性与参与性,既能激发学生的学习兴趣和动力,又能培养其动手操作能力,帮助学生将地理知识更好地运用到实际生活中。

（三）研究分析类

这类活动通常要求学生围绕某个地理问题或现象进行深入的研究和分析。学生需要收集相关资料、数据,运用地理学的理论和方法进行综合分析,得出结论,如研究某地区气候变化的原因及影响、分析某城市人口分布的特点及原因等。该类活动强调探究性和创新性,有助于提升学生的综合分析能力、批判性思维和解决问题的能力,使其能够更全面地认识和理解地理问题。

（四）角色扮演类

在这类活动中,学生扮演不同的角色,如地理学家、环保志愿者、城市规划师等,模拟解决实际的地理问题或进行地理调查。活动强调趣味性和参与性,激发学生的学习兴趣。通过角色扮演,学生能更好地理解不同职业在地理领域中的作用和价值,同时培养其解决实际问题的能力。

任务三　　地理观察认知类研学活动的实施

🌀 任务描述

本任务聚焦于地理观察认知类研学活动的实施要点,强调课程深度、学科关联、新兴技术应用,提升课程趣味性。在行前准备阶段,指导学生做好行前准备,包括物资、知识和安全准备,确保研学活动顺利进行。在行中活动阶段,学生通过实地操作与团队协作,将理论知识与实践紧密结合,培养团队协作和实践操作能力。在行后总结阶段,通过个人反思、小组评价和教师反馈,促进学生的知识内化和技能提升。本任务旨在通过全面的研学体验,培养学生的终身学习能力和自我发展素养。

任务目标

知识目标

1.了解地理观察认知类研学活动的实施要点,包括课程深度、学科关联、新兴技术应用和课程趣味性的提升。

2.掌握行前准备阶段的物资准备、知识准备和安全准备的具体内容和要求。

3.学习行中活动阶段的组织和实施方法,以及行后总结的个人反思、小组评价和教师总结的流程。

能力目标

1.能够提升学生在行前准备阶段有效管理研学用品和生活用品的组织和规划能力。

2.能够增强学生在行中活动阶段的实践操作和团队协作能力。

3.能够发展学生在行后总结阶段的自我反思和总结能力,以及评价时的沟通和表达能力。

4.能够培养学生运用新兴技术进行地理观察和数据收集的能力。

素质目标

1.培养学生的安全意识和自我保护能力,通过安全教育和风险评估提高应对突发事件的能力。

2.增强学生的责任感和团队精神,通过团队安全协作和小组评价与互评提升团队合作的效率和质量。

3.提高学生的自我管理和自我激励能力,通过个人反思和总结促进自我成长和进步。

4.培养学生的创新精神和批判性思维,通过全面分析和精准反馈不断改进和优化研学活动。

一、地理观察认知类研学活动的实施要点

(一)关注课程深度

课程深度是确保研学活动质量的关键。通过深入探究地理现象背后的原理、规律及内在机制,帮助学生构建系统、完整且深入的地理知识体系,避免学习仅停留在零散的知识点层面。这要求研学活动设计不能仅局限于表面现象的观察,更要引导学生进行深度思考和探究。课程深度强调对知识的深入挖掘和理解,帮助学生从表面现象触及本质原理。例如,在"河流地貌与水文过程"的研学活动中,可以组织学生实地考察不同河段的河流形态、流速、河床变化等特征,并引导他们通过测量、取样、实验等,探究河流侵蚀、沉积等水文过程对地貌形成的影响。同时,可以引入相关数学模型和地理信息系统技术,让学生学习使用这些工具进行数据分析,从而更深入地理解河流地貌的演变规律。

Note

（二）关注学科关联

地理学科与其他学科（如生物、化学、物理、历史、经济等）之间存在广泛的联系。在户外研学活动中关注学科关联，可以帮助学生建立跨学科的知识体系，提升他们的综合素养。通过跨学科的学习，学生可以更全面地理解地理现象背后的复杂关系，提高他们的综合分析和解决问题的能力。例如，在开展"气候变化与生态系统"研学活动时，可以结合生物学知识，探讨气候变化对动植物分布、物种多样性等的影响；结合物理学知识，分析温室效应的原理及其对气候的影响；结合经济学知识，讨论应对气候变化的政策与措施。通过跨学科学习，学生可以更深入地理解气候变化对生态系统的影响，以及人类应该如何应对这一全球性挑战。

（三）关注新兴技术应用

随着科技的快速发展，新兴技术在教育领域的应用日益广泛。在地理观察认知类研学活动中引入新兴技术，如无人机、虚拟现实（VR）、增强现实（AR）、地理信息系统（GIS）等，可以为学生提供更加丰富、直观的学习体验，激发他们的学习兴趣，从而提高学习效果。例如，利用无人机进行空中拍摄，可以让学生从全新的视角观察地形地貌、植被分布等；通过VR技术，学生可以身临其境地探索遥远的地理景观，如极地、深海等；利用GIS，学生可以学习收集、处理和分析地理数据的方法，从而更深入地理解地理现象的空间分布和变化规律。这些新兴技术的应用不仅增强了学习的趣味性，也提高了学生的信息素养和科技应用能力。

（四）关注课程趣味性提升

当学生在轻松愉快的氛围中学习地理知识时，他们的大脑会更加活跃，对所学内容的记忆也会更加深刻。这种基于兴趣的记忆方式比单纯的机械记忆更加有效和持久。同时，趣味性的研学课程鼓励学生发挥想象力和创造力，去探索和发现新的知识和问题。这种学习方式能够激发学生的创新思维，培养他们的创新意识及解决问题的能力，这将成为他们宝贵的财富。在轻松愉快的氛围中，教师可以更加自然地引导学生学习，而学生也更愿意与教师分享自己的学习心得和体会。这种积极的师生互动能够促进师生之间的情感交流，为教学相长创造有利条件。例如，在"地质探秘"的研学活动中，可以设计寻宝游戏环节，让学生在寻找"宝藏"（地质样本或化石）的过程中学习地质知识；在"气象观测"的研学活动中，可以组织学生进行气象预报比赛，让他们通过观测、分析数据来预测天气变化；在"生态考察"的研学活动中，可以引导学生进行生态摄影比赛或生态文学创作比赛，让他们通过不同的方式记录和表达自己对自然的感悟和理解。这些趣味性活动设计能够极大地提高学生的学习兴趣和参与度。

二、任务实施

地理观察认知类研学活动是一种将理论知识与实践探索紧密结合的教育形式，旨在通过实地考察、观察分析、互动讨论等方式，加深学生对地理环境的理解，培养其空间思维能力、科学探究精神及环境保护意识。这类研学活动的实施步骤分为行前准备、行中活动、行后总结评价三个阶段。

步骤一:行前准备

行前准备阶段是地理观察认知类研学活动成功开展的关键环节,它涵盖了物资准备、知识准备、安全准备三个方面。下面对这三个方面的准备工作进行详细论述。

(一)物资准备

1. 研学用品准备

(1)基本学习工具。

笔记本与笔:每位学生应携带至少一本笔记本和几支笔(包括铅笔、签字笔和彩笔),用于在研学过程中记录观察结果和统计数据,以及绘制草图、做笔记等。

相机或手机:用于拍摄研学过程中的重要景观、生物、地质现象等,作为后期学习和研究的资料。手机还需确保有足够的存储空间和电量,并安装好地图导航App,此外,还可依据课程主题与实际需求,选择性下载"形色""全球潮汐""奥维互动地图"等App,为研学课程提供辅助支持。

地图与指南针:根据研学地点及研学主题,准备相应的地形图、地质图或城市地图,并配备指南针,帮助学生了解地理位置、确定方向。

(2)专业观察工具。

放大镜:用于观察植物细节、昆虫形态等微小物体。

地质锤:针对地质类研学活动,准备地质锤以便采集岩石样本或观察岩石结构。

测量工具(如卷尺、测高仪等):根据需要,准备相应的测量工具,用于测量距离、高度等。

样本收集袋与标签:准备足够的样本收集袋和标签,用于采集植物、土壤、岩石等样本,并标注好采集时间、地点和其他相关信息。

(3)其他辅助设备。

望远镜:如果需要远距离观察,如观察鸟类、地形地貌等,望远镜是非常有用的工具。

手电筒或头灯:在夜间或光线不足的情况下,手电筒或头灯是保障安全与观察效果的必备工具。

便携式座椅或坐垫:长时间户外观察容易使人疲劳,便携式座椅或坐垫可以提供舒适的休息条件。

2. 生活用品准备

(1)服装与鞋袜。

衣着舒适:应选择透气、吸汗、快干的户外活动服装,避免穿着过于紧身或束缚的衣物。

防晒防雨：出行前查看天气预报，提前备好防晒衣、遮阳帽、太阳镜及防晒霜，做好紫外线防护；同时携带轻便雨衣或防水外套，应对可能出现的降雨天气。

合适鞋袜：穿着舒适、防滑、耐磨的徒步鞋或运动鞋，并准备几双吸汗、透气的袜子。

（2）饮食与饮水。

饮用水：准备足够的饮用水，每人每日准备 2~3 升足量饮用水，并携带几个空水瓶，方便在途中有安全水源时及时补充。

干粮与零食：准备便于携带的提供高能量的干粮（如面包、饼干、坚果等），以及一些小零食（如水果干、能量棒等），以补充体力。

餐具与保温壶：如果有热食或热水需求，可以准备便携式餐具和保温壶。

（3）个人卫生用品。

纸巾与湿巾：携带足够的纸巾和湿巾，用于日常清洁和卫生。

个人卫生用品：根据个人实际需要，备好牙刷、牙膏、漱口水等口腔护理用品，以及防晒霜、防蚊液等防护用品。

环保垃圾袋：随身携带多个环保垃圾袋，确保妥善收集个人活动产生的垃圾，维护环境整洁。

（4）急救药品与工具。

急救包：研学前需要根据团队人数准备足量的急救包，以应对研学过程中出现的特殊情况，急救包内应包含创可贴、纱布、绷带、消毒棉球、碘伏、云南白药等基本急救用品。

常用药品：根据学生的健康状况，提醒其携带充足的日常用药。此外，还应准备一些常用药品，如感冒药、止泻药、晕车药、抗过敏药等。

综上所述，研学装备与生活用品的准备需要全面考虑学生的实际需求和安全需求，确保每位学生都能在活动中得到充分的支持和保障。同时，也要注意环保和节约资源，尽量减少对自然环境的影响。

（二）知识准备

知识准备是研学活动前不可或缺的一环，它直接关系到学生在研学过程中的参与度和收获，知识准备的具体内容如下。

1. 明确研学目标与内容

需要明确研学活动的主题和目标，包括在知识增长、技能提升、情感态度及价值观的培养等方面的预期成果，以便对即将探索的领域有大致的了解。同时，还应了解活动的整体流程和各环节安排，合理规划时间并做好心理准备，对即将探索的领域形成初步认知。

2. 梳理相关学科知识

根据研学主题，回顾并梳理与之相关的学科知识。这些知识可能是学生在学校已经学过的，也可能是需要额外学习的。对于研学活动中可能涉及的新知识，学生可以通过阅读书籍、查阅网络资料、观看学习视频等方式进行预习和拓展。若条件允许，还可以将已有知识和新知识进行整合，构建出一个清晰的知识框架，有助于学生更好地理解和记忆。例如,"地上悬河"研学活动可以从地貌、地质、水文以及环境等多个地理学科角度进行知识准备。

3.培养实践技能

观察技能:研学活动往往需要学生进行实地观察,因此学生需要掌握有效的观察方法,如定点观察、流动观察等,并注意记录观察结果。

记录技能:学生应熟练运用笔记本、相机、录音笔等工具,通过文字撰写、图片拍摄、视频录制等方式,完整记录研学过程中的关键信息。

分析技能:在研学过程中,学生需要对观察到的现象和收集到的数据进行分析,找出其中的规律和特点,这有助于深化学生对研学主题的理解。

合作技能:研学活动通常是以小组形式进行的,学生需要与团队成员合作,通过分工协作、沟通交流和互相支持,共同完成研学任务。

(三)安全准备

1.安全教育

在研学活动开展前,组织者应对所有参与者进行全面的安全教育,包括但不限于交通安全、饮食安全、防溺水、防中暑、防蚊虫叮咬及紧急避险等知识。可以开设专门的安全教育课程,通过讲解、演示、互动问答等方式,提高参与者的安全意识和自我保护能力。此外,在研学过程中,研学旅游指导师需多次强调纪律要求,如服从指挥、团队互助、严禁擅自离队等,确保研学活动安全有序进行。

2.安全风险评估与防范

在活动前,组织者应对研学活动的各个环节进行全面的风险评估,识别可能存在的安全隐患和风险因素。针对评估出的安全隐患和风险因素,制定相应的安全预案和应急措施,明确责任分工和应急处置流程。确保在发生紧急情况时能够迅速启动预案,有效保护学生的安全。在研学活动开始前,组织者应前往活动现场进行勘察,了解地形地貌、交通状况、天气变化等情况,为活动安排和风险控制提供依据。

3.团队安全协作

安全准备也可以从学生组织角度进行安排,对于参与人数较多的研学活动可采用分组管理的办法保障学生安全,将参与者分为若干小组,每组指定一名负责人,负责小组内的安全管理和协调工作。各小组负责人应定期向组织者汇报小组的安全状况和活动进展,以便组织者及时了解情况并做出相应调整。鼓励参与者之间相互照应,特别是在进行高风险或需要协作的活动时,要相互提醒、相互帮助。

步骤二:行中活动

在行中活动阶段,需要按照研学课程安排进行,以确保研学活动的有序性、有效性和安全性。研学课程安排是经过精心设计和规划的,旨在通过一系列有序的活动,使学生能够在实践中学习和掌握地理知识,培养观察、分析和解决问题的能力。

为了让学生更好地"带着任务去,载着收获归",教师可在研学途中,与学生交流、巩固本次研学涉及的知识点,同时再次讲解研学目标和户外安全防护知识。

地理观察认知类研学活动的策划与组织已在前一任务中进行过讨论。下面以"地上悬河"研学活动为例,提供一个具体实施方案供参考,详细内容如表2-2-1所示。

表 2-2-1　实施方案设计[①]

研学旅行实施方案		
学习目标	主题为"探究地上悬河"。探究开封段出现"地上悬河"的原因、黄河中下游出现大量泥沙淤积的原因、黄河开封段的"地上悬河"对城市造成的影响、为居民的生活带来哪些影响、提出治理黄河泥沙的建议等问题	
活动准备	教师提前对研学旅行中将要用到的知识进行整合、梳理。通过教师讲解、学生分小组讨论、自主查阅资料等方式,对研学课程所提出的问题进行初步探究。 准备地图、刻度尺、帐篷、温度计、湿度测量仪、指南针、GPS测量仪等专业地理测量工具	
活动内容		
活动行程安排	时间	内容设置
	第一阶段	师生从学校出发,奔赴黄河开封段。 借助专业地理测量仪器对黄河所处地区的经纬度、海拔等地理数据进行测量和记录。 将学生分成学习小组,分组探究"地上悬河平均高出开封市区多少米""黄河大堤的布局与普通河堤有哪些区别"等课前预置的自然地理相关的探究内容,教师对学生的探究过程进行指导,并对探究结果加以点评
	第二阶段	学生深入黄河开封段附近居民家中,探究"黄河每年的增高给附近居民的实际生活带来哪些影响""为规避黄河泥沙带来的对环境的负效应,当地居民采取了哪些措施"等人文地理相关的探究内容,教师对学生的探究进行辅助指导、点拨与纠正
	第三阶段	学生对本组所探究的问题结果进行展示,并由教师组织学生进行分组交流,分享每位同学在研学旅行过程中的新发现。教师对学生的发言和探究内容进行整合、梳理,及时为学生答疑解惑,并对学生的合作探究成果进行归纳与总结。教师通过小测试的方式检测学生的学习是否达到了预设的研学课程目标。 返程。由随行教师带领,学生有序返回学校
学习效果检测	通过小组讨论发言、试卷测试等方式对学生在研学活动过程中的学习效果进行检测与评估,教师进行考核评价	

步骤三:行后总结

(一)个人反思与总结

1.深度反思

引导学生深入思考"地上悬河"现象背后的地理原理,如河流侵蚀、沉积作用、地壳

① 盛捷.初中地理研学旅行的实施现状与对策研究[D].郑州:河南大学,2018.

运动等,并结合实地考察经历,分析这些原理在现实中的具体表现。鼓励学生反思自己在研学过程中的学习方法和态度,如是否充分利用了现场资源、是否主动提出了有价值的问题、是否积极参与了小组讨论等。

2.多维度总结

在知识层面,总结"地上悬河"相关的地理知识,包括其定义、成因、特点、影响及治理措施等。在技能层面,反思在实地考察、数据采集、资料分析、报告撰写等方面的技能提升情况。在情感与态度层面,分享自己在研学过程中的情感体验,如对自然的敬畏、对团队合作的认可、对地理学科的兴趣等。

3.展示与分享

除了PPT、海报等展示方式外,还可以鼓励学生尝试制作三维模型、动画等更具创意的展示作品,更直观地展现"地上悬河"的复杂性和多样性。通过学校网站、微信公众号等渠道广泛宣传研学成果,邀请校内外专家、学者进行点评和指导,进一步激发学生的探索欲和求知欲。

(二)小组评价与互评

1.细化评价指标

在团队合作方面,可以从沟通协作能力、任务分配合理性、冲突解决能力等维度,对小组成员进行具体评估。在任务完成方面,可以关注小组研究成果的创新性、准确性、完整性以及与实际问题的关联性。在贡献度方面,要公平地评估每位成员在研学过程中的实际贡献,避免出现"搭便车"现象。

2.促进深度交流

在小组内部评价环节,鼓励团队成员坦诚相待,既要肯定彼此的成绩,也要指出不足,共同寻找改进方向。在班级小组互评过程中,可以设置专门的讨论环节,让不同小组就"地上悬河"的研究方法和成果进行深入交流,相互启发和学习。

(三)教师总结与反馈

1.全面分析

教师需对本次研学旅行的整体情况进行全面梳理和分析,包括活动目标的达成情况、学生参与度与表现、教学资源的使用情况、安全管理措施的有效性等。针对"地上悬河"案例的特殊性,教师还需重点关注学生在理解复杂地理现象、运用地理知识解决实际问题等方面的能力提升情况。

2.精准反馈

教师应根据学生的个人总结报告和小组评价结果,为学生提供个性化的反馈意见。对于表现突出的学生或小组,要给予充分的肯定和表扬;对于需要改进的学生或小组,则要指出具体问题并提出改进建议。同时,教师还应关注学生在研学过程中的情感体验和成长变化,鼓励学生保持对地理学科的兴趣和热情。

3.持续改进

基于本次研学旅行的经验和教训,教师应不断完善和优化研学旅行活动方案。例如,针对"地上悬河"案例的研究深度和广度进行适当调整,加强对学生实地考察前的培训和指导,优化教学资源配置和安全管理措施等。

此外,教师还应积极收集学生、家长和其他利益相关者的反馈意见,为未来的研学旅行活动提供有益的参考和借鉴。

模块小结

本模块课程学习主要围绕自然教育类研学活动展开。自然教育类研学活动目前是户外研学活动中发展较为成熟也是较为热门的活动类型,因其对环境的要求较低,同时强调课程的教育性,受到了学生及其家长的广泛青睐。本模块对于自然教育研学活动的探究以生物观察、地理观察两项较为热门的主题作为参考,学生在学习过程中可以发挥自主性,将传统研学活动与自然教育相结合,策划设计出更新颖、有创意的自然教育研学产品。

知识训练

1.通过观察、记录、实验等方式对生物及其与所处环境的关系进行探究,来提升研学主体的实践能力与科学素养被称为(   )。

A.生物观察认知类研学活动   B.地理观察认知类研学活动

C.户外拓展活动   D.以上都不是

2.生物观察认知类研学活动内容不包括(   )。

A.动物观察类活动   B.植物观察类活动

C.微生物观察类活动   D.地理环境观察类活动

3.地理观察认知类研学活动内容不包括(   )。

A.地质地貌观察   B.气象水文观察

C.土壤植被观察   D.动植物观察

4.要求学生亲自前往地理现象或地理景观的现场,进行直接观察和体验,这种研学活动被称为(   )。

A.实地观察类   B.动手操作类   C.研究分析类   D.角色扮演类

5.自然教育类研学课程的实施要点不包括(   )。

A.体现课程深度   B.体现学科关联

C.体现新兴技术应用   D.强调课程的专业性

能力训练

请收集我国濒危动物的相关资料,了解我国濒危动物的生存和保护现状,针对收集到的资料进行交流与分享,并讨论保护濒危动物有哪些好的举措。

模块三

户外营(基)地教育项目研学

项目一
户外生存技能类研学活动

项目概述

项目引入

户外生存技能的意义和价值在于它能够帮助人们在野外环境中维持生存和应对紧急情况,同时提升个人的综合素质和心理素质,对于青少年成长有非常重要的帮助。此外,它还能培养团队合作精神,增强学生的团队协作能力和社交能力。通过挑战自我,学生可以突破自身的局限,激发潜能,培养积极向上和勇往直前的心态。同时,户外生存技能的研学活动有助于增进学生对自然环境的认识,培养环保意识和尊重自然的情感。

项目目标

知识目标

1. 掌握户外生存技能类项目的基础知识。

2. 掌握户外生存技能类研学旅行活动的策划要点。

3. 掌握户外生存技能类研学旅行活动的实施流程。

能力目标

1. 能够正确认识户外生存技能。

2. 能够完成户外生存技能类研学活动的策划。

3. 能够组织实施户外生存技能类研学活动。

素养目标

1. 通过户外生存技能类知识的学习,培养学生热爱大自然的意识。

2. 通过户外生存技能类研学活动的策划,培养学生形成科学的生态观。

3. 通过户外生存技能类研学活动的组织实施,培养学生精益求精的工匠精神。

任务一　认知户外生存技能类研学活动

任务描述

认知户外生存技能类研学活动旨在通过理论与实践相结合的方式，帮助学生掌握在野外环境中生存的基本技能。活动中，学生将学习如何搭建帐篷、寻找食物和水源、生火，以及进行简单的野外求救等。这些技能不仅能够提升他们的生存能力，还能增强应对突发情况的自信心。此外，通过团队合作完成任务，能够培养学生团队协作精神，提高其沟通能力。在与大自然亲密接触的过程中，学生能增强对环境的尊重和保护意识。这种研学活动不仅丰富了学生的课外生活，也为他们提供了宝贵的实践经验和成长机会。

任务目标

知识目标

1. 认知户外生存技能类项目的概念、分类。
2. 掌握户外方向辨别等户外生存知识点。

能力目标

1. 能够掌握不同户外生存技能类项目的特点。
2. 能够顺利开展以户外生存技能为内容的相关户外活动。

素质目标

1. 培养学生创新实践的能力。
2. 培养学生统筹规划的能力。
3. 培养学生团队协作和沟通协调的能力。

一、户外生存技能类研学活动的概念

户外生存技能类研学活动依托于某种具体的户外活动开展，可以是在地面、地下、峡谷、水上、荒漠等多种地形环境中开展的各类主题活动或运动项目。对于学生来说，不仅要了解户外旅行的基础知识，还需要掌握多种户外生存技能，以应对复杂的地理环境。这些户外生存技能也构成了极具价值的研学课程内容，学生在户外实践体验中熟练运用这些技能，受益良多。

二、户外生存技能类研学活动的内容

户外生存技能涉及户外的衣、食、住、行等方面，将这些技能进行分类，同时结合户外营地发展的现状，可以总结出适宜开展研学旅行活动的相关课程内容。

（一）户外辨别方向

户外辨别方向是基础的户外生存技能之一。这类技能一般又可以分为两类。一类是使用可携带户外装备进行方向的辨别,如指北针、指南针、传统手表、智能运动手表等,学习这类装备的特点及相关使用方法是关键。另一类是依据地理、物理等知识,在特定的户外环境下,依托具体对象进行方向的辨别。

（二）户外取火与用火

在户外学会科学地取火和用火也是基础的户外生存技能之一。取火包括使用可携带的户外装备(如打火石等)取火,利用适当的物理、化学知识,在特定的户外环境,依托具体对象进行取火。用火包括搭建灶台、安全用火,以及正确灭火等具体内容。

（三）户外获取食物与取水

学会在户外获取食物与水是较为进阶的生存技能。这类技能分为获取食物和取水两部分。获取食物主要包括设计陷阱捕捉小动物、制作特定装备捕鱼等。取水主要包括寻找水源、水的净化。要说明的是,将户外获取食物设计为研学课程,不仅内容复杂,还存在一定风险,在课程设计中需要慎重考虑。

（四）户外求救

户外求救可以帮助户外旅行者在必要的时候脱困。这类技能主要包括利用烟火信号求救、利用地面标志信号求救、留下求救信息等具体内容。需要说明的是,尽管这类户外生存技能在日常生活中较少用到,但在研学课程设计中,可通过创设特殊情境,模拟户外求救任务来增强课程的趣味性与挑战性。

（五）户外渡水

在户外行走过程中,渡水是常见的挑战。如果没有使用科学、正确的渡水方法,可能会发生危险,如导致失温等。因此,渡水技能也是户外生存技能中非常重要的内容,主要包括制作渡水工具渡水、直接渡水两种方式。

（六）户外绳结

户外绳结主要是指利用户外绳索或在户外制作绳索,通过学会不同的绳结打法,完成在户外对特定对象的连接和固定。户外绳结是户外生存技能中较为进阶的技能,在研学课程中可以作为独立或辅助的课程内容进行设计。

（七）户外庇护所搭建

户外庇护所搭建主要是指利用户外环境及户外环境中的物品,通过适当的方法搭建临时庇护所。这类技能是户外生存技能中较为进阶的技能,主要包括简易雨披帐篷搭建、A形支架庇护所的搭建等。

　　要说明的是,户外生存技能的内容和形式十分丰富多样,本教材仅针对户外研学旅行、营地教育等活动中适宜设计和实施相关课程的内容进行列举和展示,随着户外研学产业的发展,将会有更多体验性及内容更为丰富的户外生存技能类课程出现。

三、任务实施

步骤一:学习技能——户外辨别方向

　　在徒步、登山等户外活动中,随时随地判断方向、确定正确行进路线,是最基础且必备的技能。在户外环境中,运动手表、指南针、地图是非常有用的辨别方向的工具。但是,在没有这些装备的年代,人们如何辨别方向呢? 这些知识对当下有何意义呢? 在户外研学活动中,教授学生户外辨别方向的知识,能够与他们在课堂上学到的地理、生物、物理等学科知识相互关联,完全可以作为研学课程设计的基础内容。

(一)利用传统手表辨别方向

　　准备一块带有指针和表盘且能正常使用的手表,注意电子手表不符合要求。同时,这一方法需要在白天有明显日光的户外环境中进行。具体操作方法如下:表盘水平向上放置,时针指向太阳,时针与12点刻度夹角的平分线即为南北方向线,可结合时间和太阳位置进一步判别南北。

(二)利用日影辨别方向

　　找一根1米左右长的木棍,垂直插到一处空旷的水平地面上,在晴朗的白天这根木棍可以投射出清晰的阴影。用一块石子标记阴影的顶端,记为A点。15至60分钟后,阴影位置发生变化,再次用石子标记新的阴影顶端,记为B点。双脚分开,左脚踩在A点,右脚踩在B点,此时面朝的方向即为北方。

(三)利用星座辨别方向

　　前两种方法都要求在白天进行,同时还需要有较为明显的日光。那么当夜晚来临时,有没有可以使用的方法呢? 在夜间,如果遇到晴朗夜空,可根据星座来进行方向的辨别。具体操作方法是通过寻找北极星来辨别方向。首先,找到北斗七星,它属于大熊座,形状像一把勺子。从勺边两颗星(天玑和天璇)向勺口方向延伸,约为两星间隔五倍距离处,有一颗较亮的星即北极星,北极星所在的方向即为正北方向。南半球可以通过寻找南十字星座来进行方向辨别。

(四)利用地物辨别方向

　　有时野外的一些地物和植物生长特征是良好的方向辨别标志,增加这方面的知识可以帮助人们快速地辨别方向。具体操作方法:就植物而言,可以根据一棵树树枝生长的茂密程度、树叶成长或花开的方向、树木年轮,以及树根或石头上的青苔辨别,向阳的南侧枝繁叶茂,年轮较为稀疏;就地物而言,冬天屋顶北面积雪较多、居民房屋门窗多向南开放、在我国,古庙、古塔、祠堂等建筑物都是坐北朝南的。这些特点都可以用来辨别方向。

（五）利用地磁引力辨别方向

利用地磁引力辨别方向的关键在于自制指南针,自制指南针在小学科学课程中有所涉及。具体制作步骤如下:首先,选取一根轻薄且有硬度的金属,如缝衣针;其次,将缝衣针在磁性材料上沿着一个方向反复摩擦,将其磁化。然后,可将磁化后的缝衣针放置在轻薄物体上,或使其漂浮于平静水面,或将其悬吊在空中静置。最后,当缝衣针停止偏转并稳定下来时,所指方向即为南(北)方向。

步骤二:学习技能——户外取火与用火

在户外环境中,失温随时可能威胁人类安全,而火能为人们提供温暖,有效预防失温。此外,火还具备驱散野兽、烹饪食物、照明等重要功能。因此,掌握取火和用火技能,是开展户外活动的必备能力。

（一）户外取火

1. 使用户外装备取火

（1）使用打火石取火。

打火石是基础户外装备之一,主要由镁等金属制成。使用时,将打火石自带的金属片与镁棒迅速用力刮擦,二者快速摩擦会掉落大量高温燃烧的金属屑,从而产生火花,引燃易燃物。打火石体积小、重量轻、便于携带,能够在各类户外环境中使用,是十分重要的户外装备。

（2）使用户外专用火柴、防风打火机取火。

这类装备不仅与日常生活紧密相关,在户外场景中也极具实用性,适合作为取火工具进行认知教学与讲解。在教学过程中,可以引导学生对比户外专用火柴与打火机的差异,并注意讲解其使用方法和操作要点。

（3）使用户外炉具取火。

户外炉具是常用的取火工具,主要包括煤油炉、燃气炉等类型。这类炉具大多配备电打火装置,操作便捷,常用于户外烹饪,是户外取火的实用装备。

2. 使用户外技能取火

（1）凸透镜取火。

这种方法利用了聚光生热的原理。实际操作中,可以利用放大镜或望远镜、照相机的凸镜,在阳光强烈时将聚焦的光点对准引火材料。此外,也能把手电筒的光碗朝向太阳,使其反射光线形成光点,再放置引火材料。不过,这种方法容易受天气影响,同时耗费的时间较长。

（2）"钻木取火"。

"钻木取火"是一类取火方法的统称,其原理是摩擦生热,通过对木材进行持续快速的摩擦,将产生的木屑引燃形成火种。作为人类最古老的取火方式,"钻木取火"凝结了古人的智慧,具有丰富的操作形式和强烈的体验感。然而在实际操作中,这项技能不仅难度较大,而且耗时较长。

（3）电池取火。

电池取火主要是应用物理中电流热效应的原理。电池具有正极和负极两极,当使用一根金属导线直接将正负两极相连时,即可引发电路短路,导致导线发热发红,产生高温,进而直接引燃蓬松的麻绳绒等引火材料。需要注意的是,普通五号电池就能通过这种方式实现取火,但该方法存在一定危险性,电池的电压和电流越高,短路产生的发热效应就越剧烈。

（二）户外用火

1. 准备生火材料

在户外用火,不仅要掌握取火技能,还要准备相应的生火材料。生火材料分为引燃材料和耐燃材料两种。引燃材料需要具备三个特征,即干燥、蓬松、油脂含量高。干燥、油脂含量高是易燃物的必备特征,蓬松可以为燃烧创造空间,使物质与氧气充分接触,从而促进燃烧。常见的引燃材料包括木屑、蒲苇、干草、麻绳绒等。这类材料主要作引火使用,但要使火长时间稳定燃烧,还需要耐燃材料。耐燃材料主要包括木柴、煤炭等。待取火成功、燃烧相对稳定后,可以根据情况添加耐燃材料。

2. 搭建灶台

户外生火多用于野炊、取暖、照明等。因此,保持稳定的火源是十分必要的。成功点燃火种后,需要考虑搭建灶台,保持火的稳定燃烧。搭建灶台要充分利用所在地的地形、地物。如果使用户外炉具则不需要考虑这一问题。

3. 用火注意事项

（1）在户外活动中,火是潜在的危险来源。因使用不当,极易引燃衣物、装备、草地、树木等,引发安全事故。因此,用火时必须将安全放在首位。

（2）严禁在设有禁火标识或禁止火种的区域用火。

（3）用火时应注意风向,尽量避风,同时准备一桶水,以便在突发火情时能够迅速灭火。

（4）在户外研学活动中,如果涉及生火或使用炉具野炊等环节,必须安排专人全程看管,明确责任,确保用火安全。

4. 灭火方法

用火结束后,可以用水喷洒火堆,通过降低温度灭火,这是最基本的灭火方法。如果周围没有可用水源,可使用沙土覆盖燃烧物,隔绝氧气使其熄灭。确定火已全灭后,再仔细清扫灰烬残渣,然后覆上土,避免出现"死灰复燃"的现象。

步骤三:学习技能——户外取水与用水

(一)利用自然资源取水

1. 在户外寻找水源

在户外,河流、湖泊和溪流是常见的水源。取水时,应选择水流平缓、水质清澈的区域,优先考虑上游或远离人类活动的地段,以保障水质安全。在寻找水源时,可先观察周围地形与植被。水往往流向低洼地带,因此山谷、河床、溪谷等低洼区域通常是寻找水源的理想地点。茂密的植被通常预示着附近有水源,如芦苇、莎草、柳树、杨树等植物通常生长在水源附近。生长旺盛、叶片鲜绿的植物分布区,也可能存在水源。另外,还可以观察动物的行动轨迹。许多动物会定期前往水源地饮水,因此跟随动物的足迹可以找到隐藏的水源。注意寻找新鲜的足迹,尤其是大型哺乳动物的足迹。昆虫和鸟类的活动也可以提供水源的线索,如蜜蜂和蝴蝶通常会在水源附近活动,而鸟类在清晨和傍晚时分会飞往水源地。

2. 植物取水

在野外,部分植物的汁液能够作为应急水源使用,但并非都可直接饮用。一些植物的汁液含有毒素,取水前应谨慎辨别植物种类,确认其安全性,避免误饮引发中毒。

3. 收集雨水、露水、冰雪融水

在雨季,可以利用塑料布、水桶等工具收集雨水。雨水通常较为清洁,可以直接饮用或经过简单过滤、煮沸后饮用。在清晨,植物表面会凝结露水,可用干净的布或海绵擦拭植物表面收集,然后挤入容器中,虽然每次收集的量较少,但积少成多也是一种有效的取水方法。在寒冷地区,雪和冰是重要的水源。将雪或冰放入容器中,通过阳光照射或者用火加热使其融化。需要注意的是,直接食用冰块或雪可能会导致体温下降,因此建议加热后饮用。

4. 海水淡化

在户外环境中,将海水转化为可饮用的淡水是一项重要的生存技能。无论选择何种海水淡化方法,都需对处理后的水质进行检测,以确保其安全可靠。此外,养成节约用水的习惯,合理规划用水,也是野外生存的关键原则。掌握这些要点,有助于在户外高效淡化海水,获取清洁的饮用水。

(二)植物蒸腾取水法

植物蒸腾取水法是一种利用植物蒸腾作用在户外环境中获取水源的有效方法。这种方法的核心原理是利用植物通过叶片蒸腾作用散失水分的生理过程,结合物理冷凝原理收集其释放的水蒸气,从而获取可饮用的淡水。

（三）制作简易过滤器

在户外环境中,当缺乏专业净水设备时,制作简易过滤器是净化水的有效方式。具体步骤如下。第一步,需要准备一个干净的塑料瓶或金属罐作为容器(确保容器没有裂缝或破损),并备好多层布、纱布、棉花、沙子、活性炭等过滤材料。这些材料可以有效过滤掉水中的杂质和部分微生物。第二步,在容器的底部或侧面开一个小孔,用于收集过滤后的水。如果使用塑料瓶,可以在瓶盖上开一个小孔,使过滤后的水从瓶盖处流出。第三步,在容器内依次放置过滤材料,确保每层材料之间紧密接触,防止水直接从材料之间的缝隙流过。从上到下依次为沙子、活性炭、干净的棉花或布,每一层材料的厚度可以根据实际情况调整,但建议每层厚度至少为2厘米。沙子可以过滤掉较大的杂质;活性炭可以吸附水中的异味和部分有害物质;干净的棉花或布可以进一步过滤细小的颗粒。最后在容器的顶部放置一层布或纱布,用于初步过滤较大的杂质。第四步,将需要净化的水倒入过滤器中,观察水流经过过滤材料的情况。过滤后的水应从容器底部或侧面的小孔流出。如果过滤后的水仍然浑浊,可以多次过滤,直到水变得清澈为止。需要注意的是,简易过滤器虽能去除水中大部分杂质,但可能无法完全去除细菌和病毒。因此,建议使用便携式水质检测工具对过滤后的水进行检测,以确保水质安全。

步骤四:学习技能——户外求救

（一）烟火信号求救

1.点燃火堆

制作烟火信号时,选择合适的燃料是关键。桦树皮、干柴等燃料既容易获取,又能稳定燃烧,提供持久的火焰与烟雾。火堆应堆成三角形或锥形,以确保火焰能够向多个方向扩散,增加可见性。在白天,可以添加湿润物质如苔藓,以产生更浓的烟雾;而在夜晚,则应添加足够的干柴,使火焰更加明亮。同时,要确保火堆结构稳定,避免在燃烧过程中倒塌。

2.维持信号的稳定性

使用防风打火机或火柴等工具点燃火堆时,要选择合适的点火位置,以便火焰能够迅速蔓延至整个火堆。成功点燃后,要密切注意火焰状态,及时添加燃料以保持火焰的旺盛。若火焰变弱,应立即添加干柴等易燃物质,防止火堆熄灭。此外,安全问题不容忽视。可以利用周围的石头、土壤等构建隔离带,将火堆与周边的易燃物隔开,防止火势失控引发火灾。在整个点火和维持火堆的过程中,务必保持冷静、耐心,规范操作,确保人身与环境安全。

3.火堆摆放与调整

火堆的摆放位置直接影响烟火信号的效果。首先,应将其设置在开阔地带,避免被树木、建筑物等遮挡,以确保火焰和烟雾的可见性。同时,要确保火堆与周围的易燃物质保持一定的安全距离,防止火势蔓延。在燃烧过程中,可以根据需要调整火堆的结构和燃料分布。例如,若火焰过于集中在一侧,可以添加燃料到另一侧以平衡火焰;若烟雾不够浓密或火光不够明亮,可以调整燃料的种类和数量,以达到更好的效果。通过合理的摆放和调整,能让烟火信号更明显。

4.安全注意事项

在制作和点燃烟火信号时,务必注意个人安全。避免在易燃易爆的环境中点燃火堆,以免引发火灾或爆炸。同时,要遵守当地的法律法规和环保要求,不要随意丢弃垃圾或破坏环境。在点燃火堆前,要检查周围是否有易燃物质,并清除障碍物以确保安全。在燃烧过程中,要时刻关注火势变化,及时采取措施防止火势蔓延。此外,还要准备好灭火工具,以便在紧急情况下迅速扑灭火源。通过遵守这些注意事项,可以确保烟火信号的制作和点燃过程安全、有效。

(二)地面标志信号求救

在使用地面标志信号求救时,关键在于制作清晰醒目、易于识别的标志,以便救援人员能够快速发现。常见的地面标志包括"SOS"字母、大型箭头、直升机起降点标记等。为增强可见性,制作标志时应选用对比鲜明的颜色组合,如在深色背景上使用白色或亮色,或者在浅色背景上使用深色。

(三)反光信号求救

在户外遇险时,使用反光信号求救是一种高效且实用的方法。这种方法利用光线的反射原理,通过镜面或高反光材料将阳光、手电筒光等光源反射出去,形成强烈的反光信号,以便远处的救援人员发现。

(四)留下信息求救

当在户外遇险求救时,如果其他方法无法顺利实施,可以通过留下一些信号物来引导救援人员。地面信号物能使救援人员了解遇险者的行动轨迹和所在位置,制作方向指示标有助于救援人员寻找遇险者的行动路径。操作时,可利用草、碎石、树枝等材料,在行进途中持续留下指示标记,形成连贯的行动序列。这不仅可以让救援人员追踪位置,对于遇险者而言,也是防止迷路的一种有效手段。

步骤五:学习技能——户外渡水

对于户外探险者而言,掌握户外渡水技巧至关重要。这些技巧不仅能大幅提升他们在复杂自然环境中的安全系数,有效降低意外风险,还能增强其应对河流涨水、漩涡等突发危险情况的能力,以便在关键时刻实现迅速自救与互救。掌握这些技巧,户外探险者能更加从容地面对河流等自然障碍,在享受征服自然带来的成就感的同时,深度融入自然环境,充分领略大自然的独特魅力。此外,户外渡水活动还能培养团队协作能力和领导能力,通过共同面对挑战,增强团队凝聚力。从健康角度看,这类活动有助于提升体能和耐力,同时还能帮助人们释放压力,促进身心健康。

步骤六:学习技能——户外绳结

户外绳结技能是一项至关重要的生存与探险技能,它不仅能够实现物体之间的有效连接与固定,为搭建帐篷、制作简易桥梁等奠定坚实的基础,还能在紧急情况下发挥救生作用,如制作吊床、担架或进行拖拽救援,为户外探险者的安全提供有力保障。此外,这项技能在日常生活中也大有用处,比如整理杂物、固定和保护物品等场景都能派上用场。从能力培养角度来看,这项技能能够锻炼个人动手能力与思维能力,同时还能促进团队协作精神的养成,对于提升个人综合素质和团队协作能力具有不可忽视的作用。因此,户外绳结技能具有实用性、安全性和培养价值,无论是户外探险者,还是注重生活实践的人群,掌握这一技能都至关重要。

步骤七:学习技能——户外庇护所搭建

户外庇护所搭建的意义在于提供安全庇护以抵御恶劣天气和野生动物侵扰,确保个人生命安全。庇护所能为户外探险者创造良好的休息环境,以便于户外探险者恢复体力。此外,搭建庇护所的这一过程能锻炼个人生存技能,增强自信心;在团队协作搭建时,成员间的沟通与协作能力也能得到提升。总之,户外庇护所搭建是一项集生存保障、个人成长与自然体验于一体的综合性活动。

任务二　户外生存技能类研学活动的策划与组织

任务描述

户外生存技能类研学活动的策划与组织,旨在通过模拟真实野外环境,让学生亲身体验并掌握野外定向、水源寻找、简易户外庇护所搭建等关键生存技能。活动需精心规划路线,确保在安全的前提下融入户外生存技能元素,配备专业研学旅游指导师团队,全程指导与监督。通过团队协作激发学生潜能,培养他们独立思考与解决问题的能力。同时,注重环保意识培养,引导学生尊重自然,实现知识积累与技能提升的双重收获。

Note

任务目标

知识目标

1. 了解户外生存技能类研学活动的特征。

2. 掌握户外生存技能类研学活动的策划与组织要点。

能力目标

1. 能够掌握户外急救技能类研学活动的课程策划。

2. 能够掌握实施户外急救技能类研学活动的方法。

素质目标

1. 培养学生创新实践的能力。

2. 培养学生统筹规划的能力。

3. 培养学生团队协作和沟通协调的能力。

一、户外生存技能类研学活动的特征

（一）实践性

实践性是户外生存技能类研学活动最为显著的特征。户外生存技能类研学活动中几乎所有的项目都要求学生亲自动手实践，且注重团队合作。其知识与技能大多源自人类社会发展过程中所积累的生活经验，且与中小学生的知识体系相连接，因此，在策划及组织实施的过程中，强调让学生从实践中获取相应的知识与技能，而非单靠理论知识学习。在户外生存技能类研学活动的组织实施过程中，要求研学旅游指导师尽量通过引导、指导的方式组织学生开展研学活动，而非简单地先讲解技术要领，让学生重复相关的技术步骤去完成某项任务。研学旅游指导师通过引导和指导的方式开展课程，目的在于让学生在理解原理的基础上实现自我启发，从而真正掌握知识与技能，甚至能够举一反三，将所学运用到现实生活中。而这一切，都离不开学生在活动中实实在在的体验与探究过程。

（二）挑战性

挑战性是户外生存技能类研学活动的重要基础特征之一。在户外生存技能类研学活动中，学生往往面临亟待解决的问题，而解决问题的方式在于学生的自我探索与研学旅游指导师必要的引导，因此，这些待完成的问题就构成了研学课程中的挑战。例如，在户外庇护所搭建的课程中，学生可以事先了解搭建所需的知识与技能，同时可以在脑海中构想出一个完备的户外庇护所的样子。然而，在课程实际操作时，学生不仅需要想办法获取并选择合适的物料，还需要熟练运用打结、固定、支撑等相关的户外知识与技能，最终能否成功搭建好户外庇护所，考验的正是学生克服困难、完成挑战的能力，而这也是户外生存技能类研学活动的魅力所在。

（三）综合性

综合性是户外生存技能类研学活动的另一重要基础特征,主要体现在户外生存技能类研学活动内容的综合性上。在其他类型研学旅行课程中,一旦课程主题确定,课程内容往往容易偏向某一特定学科,例如,在历史博物馆开展的研学活动,课程内容往往与历史这一学科紧密关联;在自然景观景区开展的研学活动,课程内容往往与地理、生物等学科自然关联。在户外生存技能类研学活动中,研学课程会与多种学科进行综合关联。以户外辨别方向的技能学习为例,学生不仅要掌握地理、生物、物理、天文等学科知识,还要掌握历史、英语等学科内容,如古代司南等仪器的设计原理,以及南半球利用南十字星辨别方向等相关知识,通过对这些内容的学习,学生能够融合现有的知识体系,综合运用知识与技能的能力也能得到有效锻炼和提升。

（四）趣味性

趣味性是户外生存技能类研学活动的显著特征之一。与学校课堂不同,户外研学让学生置身于大自然中,感受别样的学习氛围。同时,户外生存技能类研学活动,以其丰富的动手体验、多样化的课程内容,易激发学生的学习兴趣。甚至,户外生存技能类研学活动的趣味性还体现在课程内容实施过程中的未知性。例如,在制作自制净水器净化饮用水的课程实施过程中,当教会学生物理过滤、吸附作用的原理之后,学生会根据自己的理解,甚至创造性地选择不同的过滤介质,制作各种各样的过滤装置,体现出学生独特的创意和理解。而在设定这一课程目标时,研学旅游指导师也不会刻意强调某一种过滤装置绝对正确,而是会引导学生根据日常生活经验进行设计和制作。因此,在课程实施过程中往往会起到出其不意的效果。

（五）协作性

协作性也是户外生存技能类研学活动的显著特征之一。户外生存技能类研学活动围绕户外生存知识与技能展开,从策划到组织实施,均强调以团队形式开展。这主要是因为中小学生正处于性格形成期,需要通过必要的社交活动、团队协作来锻炼和提升自身的社交能力、协作能力与领导力。此外,户外生存技能类研学活动具有一定的挑战性和实践性,单靠个人努力往往难以完成课程目标,需要分工协作才能在短时间内完成任务。例如,在搭建户外庇护所的研学活动中,从材料获取、物料处理到搭建完成,过程复杂,超出学生个人的能力范畴。虽然实际户外生存中许多工作需独立完成,但在研学课程中,考虑到研学目标的多维度和时间的局限性,课程策划与实施中还是多以团队协作的方式开展。

二、户外生存技能类研学活动策划与组织要点

（一）注重课程的可操作性

户外生存技能类研学活动因其内容具备挑战性和综合性,在策划与组织过程中要

十分注意课程内容的可操作性,这主要体现在两个方面。其一,户外生存技能类研学活动内容要与学生的知识技能水平相适配。这类研学活动因其主要针对户外生存相关的知识与技能,因此具备一定的学习门槛,同时相关的内容涉及的知识面较广。在研学课程策划过程中,若课程内容超出学生现有知识技能范围,活动的效果会大打折扣,学生可能难以掌握知识与技能要点,只能被动地跟随研学旅游指导师参与活动;反之,若活动内容对于相应学龄段学生来说过于简单,则无法激发学生兴趣,研学效果同样会大打折扣。其二,部分户外生存技能类研学活动虽然有趣且具备挑战性,但在实际操作中仍需精心设计,否则即便创意新颖,也可能因缺乏可行性而难以落地实施。

(二)做好课程安全准备

户外生存技能类研学活动因其活动内容具备一定的危险性,因此在策划与组织过程中需要做好充分的安全准备,这主要包括三个方面。其一,要让学生熟悉户外活动的基本安全规则,培养学生的安全防护意识,并具备一定的安全防护技能。例如,在户外行走、渡水的过程中,要掌握一定的技术要领,以规避潜在的伤害风险。其二,要准备安全的户外活动装备,尽可能降低风险。在户外生存技能类研学活动中,很多物料在使用过程中可能存在一定的安全风险,如户外烹饪课程中的刀具、炉具,在使用前需向学生详细说明使用注意事项。另外,在实际操作时,可通过看护学生使用塑料安全刀、小型户外炉具等方式,在保障安全的同时让学生获得实践机会。其三,要制定完善的前、中、后期安全保障预案,细致梳理活动各环节安全风险,并有针对性地制定应对策略,确保活动安全开展。

(三)做好理论知识储备

户外生存技能类研学活动因其内容的挑战性和综合性,在策划与组织过程中,课程策划人员和研学旅游指导师都要注重理论知识的积累,这主要体现在两个方面。其一,在户外生存技能类研学活动中,研学旅游指导师主要以引导的方式来开展活动,因此要十分熟悉相关户外知识与技能的原理,这样才能以恰当的方式引导学生达成课程目标,如果只懂得操作方法但不明白原理,则无法在活动过程中有效启发学生。其二,在户外生存技能类研学活动中,活动的复杂性可能会导致在活动的组织过程中出现各种超出预期的问题,这就要求研学旅游指导师能够随机应变,解决出现的问题,这就要求研学旅游指导师具备扎实的职业素养,熟练掌握相关的户外生存知识与技能,从而更有效地引导学生开展研学活动。

三、任务实施

户外生存技能类研学课程的策划与组织与一般研学旅行课程的策划与组织相比,在流程及内容上具有许多相似之处,但同时也具备其独特性。下面以"扎筏泅渡"课程为例,对这一类型研学活动的策划与组织工作进行介绍。

步骤一：进行研学场地勘察

在户外生存技能类研学活动的策划与组织过程中，首先进行的是场地勘察。一般就此类课程而言，应当先就活动开展的区域进行详细的地理环境勘察，再针对场地的实际情况策划相应的户外生存技能类研学活动。

户外生存技能类研学活动的自然地理环境勘察，与一般的自然地理环境勘察类似，但要重点突出与研学课程活动内容的结合，这是一项复杂且全面的工作，需要对某个区域的自然环境进行详尽的调查和分析。其主要内容包括两类：一类为必要的勘察要素；另一类为选择性的勘察要素。

（一）必要的勘察要素

1. 地形地貌

研究区域的地形地貌特征，包括山脉、河流、平原、盆地等，进而可以根据情况选择开展适宜的课程。例如，"扎筏泅渡"课程需选择有适当面积的静水区域，同时深度不宜过深，两岸方便上岸和入水。

2. 气候条件

记录和分析区域的气候类型、温度变化、降水量、湿度、风速和风向等，要留意该区域的气候情况，尽量不选择降雨量较大的地区，如山地阴坡等。

3. 水文特征

研究区域的水文特征，包括河流、湖泊、地下水等水资源的分布、水质和水文循环特征。

4. 土壤特性

研究土壤的类型、肥力、pH值、有机质含量等。

5. 植被类型

调查区域内的植被分布、主要植物种类及其生态特征。

6. 动物生态

了解区域内的野生动物种类、数量及其栖息地，可以将一些户外生存类课程与自然教育类课程相结合进行综合分析。

7. 地质结构

分析区域的地质构造，包括岩石类型、断层、褶皱等，如在登山等户外活动中，自然岩壁构造的分析是十分必要的。

8. 自然灾害

评估区域内可能发生的自然灾害，如地震、洪水、滑坡、泥石流等，自然灾害情况的分析可以有效保证活动的安全性。

（二）选择性勘察要素

1. 环境质量

监测空气、水、土壤的污染情况，评估环境质量。

2. 资源分布

识别和评估区域内的自然资源，如矿产资源、水资源、森林资源等。

3. 人文地理

虽然更偏向于社会科学，但人文地理环境也是自然地理环境勘察的一部分，包括人口分布、文化特征、经济发展水平等。

4. 土地利用

研究土地利用现状，包括农业用地、工业用地、住宅和商业用地等。

5. 生态系统服务

评估生态系统服务，如空气净化、气候调节、生物多样性保护等。

6. 环境变化

监测和分析环境变化趋势，如全球变暖、海平面上升等。

7. 法律法规

了解与勘察区域相关的环境保护法规和政策。

这些要素主要是针对不同类型的课程，必要时需开展相应的环境勘察。例如，在"扎筏泅渡"课程中，除考虑必要因素，还需分析区域水质是否适宜开展课程，当地人文地理要素是否存在特色"筏"文化，以便将其融入课程内容。

步骤二：策划研学活动内容

完成场地勘察的工作后，对将要开展的户外生存技能类研学活动有初步的认知，同时对应当准备的物料要心中有数。但是，要真正开展研学课程，还需要策划具体可行的研学活动内容。户外生存技能类研学活动内容的策划与一般研学课程内容的策划从流程到主要结构基本相似，下面主要针对此类课程的特点，就核心的课程内容策划进行描述。

（一）课程名称

课程名称为"扎筏泅渡"（又名"抢滩登陆"）。

（二）课程类型

户外生存体验类研学项目。

（三）课程简介

要求团队在规定的时间扎制一只可以承载人渡河用的竹筏，所有人坐在扎好的筏子上，研学旅游指导师检查竹筏的安全性与牢固度。确认无误后，小组成员操控竹筏在河流或湖泊中漂流，并划至指定地点，即视为挑战成功。

（四）课程目标

（1）感受集体利益和个人利益的关系，使学生认识到集体利益和个人利益息息相关。

（2）分工协作是项目完成的保障，使学生在实践中理解团队协作的道理。

（3）团队成员能够根据资源情况，匹配人员和物料，明确分工的科学性和合理性。

（4）培养学生解决问题的能力，与团队成员共同策划、共同学习、统筹决策。

（5）使学生学会并懂得沟通的重要意义，掌握沟通技巧。

（6）锻炼应对和克服压力的意志品质，增强个人自信心。

（五）基础准备

1. 人员要求

适宜20~60人，每个小队10人左右，适合初中以上学段学生。分组时考虑男女比例及学生的体重情况，尽量平均分配。

2. 物料准备

救生衣（每人一件），长粗毛竹（长约4米，直径约10厘米）4根，短细毛竹（长约2米、直径约6厘米）5根，大塑料圆桶（高约95厘米、直径约50厘米）6个，长绳（长约6米）6条，短绳（长约2米）8条，船桨6把；每组分发塑料手工刀1把、剪刀1把。

3. 场地准备

活动在户外场地进行，要求有足够大的自然水面或标准游泳池；自然水面堤岸质硬、平坦、开阔，便于观察和救护；水域深度适中，尽量选择静水水面；户外气温20℃以上。

步骤三：准备研学课程物料

完成场地的勘察后，基本可以确定这一区域可以开展户外生存技能类研学活动，在此基础上，可依据场地勘察结果确定研学课程的主题。在进行研学活动具体内容的策划之前，还需要根据场地的情况，提前准备研学课程所需的物料，包括必备物料、可选物料、安全物料等，以保障课程的顺利进行。要注意的是，这里所说的研学课程物料是针对某项固定的户外生存类研学活动中所需要的固定的物料，而非一般研学课程中都需要准备的一些基础材料。

步骤四：制定安全保障方案

户外生存技能类研学活动在策划与组织环节中，对于安全的重视程度是十分必要的，此类课程虽然体验探究性较强，但存在着一定的风险，需要在活动的每个环节都做好充足的安全准备。

"扎筏泅渡"课程对技巧和经验的要求较高，在没有充分准备和指导的情况下，不建议轻易尝试。在研学课程中，初学者可以在有经验的团队成员的引领下开展，同时研学旅游指导师及场地安全员也会为学生的人身安全提供必要的保障。

（一）行前安全保障

1. 安全教育与培训

在活动开始前，对所有参与者进行安全教育，强调安全规则和紧急情况应对措施。对学生进行能力评估，确保他们具备参与活动所需的基本技能。活动全程由经验丰富的教练或研学旅游指导师指导，严格执行安全规则。

2. 物料的准备与检查

确保塑料桶、绳子、竹竿等所有器材良好，无损坏或磨损。提前告知工作人员和学生，在搬运器材时需轻拿轻放，并在使用后清点数量。

3. 场地的安全检查

根据水域实际情况，包括水流速度、水深、障碍物分布等，选定合适的扎筏与划行区域。配备有效的现场通信系统，保障在紧急情况下能迅速联系救援人员。活动前密切监测天气，严禁在恶劣天气下开展"扎筏泅渡"活动。

4. 学生个人装备检查

确保每名学生所使用的救生衣完好无损，符合活动开展的要求，重点检查救生衣腰带是否牢固。

5. 为活动人员购买保险

确保所有参与人员都有相应的活动保险。

（二）行中安全保障

1. 现场安全监控

研学旅游指导师需穿戴救生衣，提前备齐救生圈、系有漂浮物的绳索、竹竿、木板等救护用品，全程待命。泅渡环节开启后，研学旅游指导师或场地安全员须跟随竹筏行进，出发与返回时严格清点人数，严禁非本队学生参与活动。

2.做好现场应急准备

活动前,研学旅游指导师需掌握学生游泳能力等信息,以便在突发状况下重点保护。若活动中竹筏散落,工作人员应保持冷静,密切关注不会游泳的学生,一旦出现紧急情况,立即使用器材施救或入水救援。同时,现场需配备医疗救护人员,备足医疗设备与急救药品。

3.规范学生行为

完成扎筏泅渡后,学生须将竹筏划回出发岸点,严禁在划行途中跳离竹筏游泳;活动全程禁止在竹筏上嬉戏打闹。

（三）行后安全保障

活动结束后,参与此次课程的工作人员应当开展总结会议,讨论活动中的安全问题,收集反馈意见,以便未来改进。

任务三 户外生存技能类研学活动的实施

任务描述

户外生存技能类研学活动的实施,需要研学旅游指导师从理论讲解到实践操作步步深入。在研学旅游指导师的带领下,学生以小组为单位合作实践,直面挑战、坚持不懈,逐步掌握户外生存技能。活动结束时,通过分享总结,加深理解,确保每位参与者都能将所学技能内化于心、外化于行,既为未来的户外探险积累信心与能力,也提升个人综合素养,从容应对学习与生活中的各类挑战。

任务目标

知识目标

1.了解户外生存技能类研学活动的实施要点。

2.掌握户外生存技能类研学活动的实施步骤。

能力目标

1.掌握如何开展户外生存技能类研学活动的破冰活动。

2.掌握如何开展户外生存技能类研学活动的课程内容。

素质目标

1.培养学生创新实践的能力。

2.培养学生统筹规划的能力。

3.培养学生团队协作和沟通协调的能力。

一、户外生存技能类研学活动的实施要点

（一）提前准备合适的物料

提前准备合适的物料是确保户外生存技能类研学活动安全性和实效性的关键。合适的物料准备具体如下。

1. 基础装备

基础装备包括背包、帐篷、睡袋、防水衣物、徒步鞋等，以适应不同的户外环境。

2. 工具与器械

工具与器械包括指南针、地图、刀具、火种、绳索、急救包等，用于应对紧急情况，满足基本生存需求。

3. 食品与水

携带高能量、易于储存的食物和足够的饮用水，必要时还需携带水净化设备。

4. 导航设备

导航设备包括GPS、卫星电话等，用于确保即使在偏远地区也能与外界保持联系。

5. 其他防护物品

其他防护物品包括依据活动地点的气候和地形准备的防护用品，如防晒霜、驱虫剂、防滑设备等。

充分的物料准备是学生应对突发状况的安全保障。在准备与使用物料开展户外生存技能类研学活动的过程中，学生既能学习并掌握实用的户外生存技能，还能在团队协作中增进默契，提升合作能力。此外，此类研学活动还有助于培养参与者的环保意识、独立能力与问题解决能力。

（二）做好适当的引导工作

研学旅游指导师在活动实施中扮演着至关重要的角色，他们需要通过专业的引导技能确保活动的顺利进行。首先，作为实施中的核心角色，研学旅游指导师应熟悉活动流程和安全规范，提前制定各类应急预案。在活动进行过程中，他们应清晰地传达指令，确保学生都能理解活动目的和规则。同时，研学旅游指导师需要密切关注学生反应和情绪，及时为遇到困难的学生提供帮助。此外，研学旅游指导师应具有高度的责任感和耐心，积极鼓励学生参与活动，营造良好的团队氛围。通过这些方式，研学旅游指导师能够有效把控活动进程，帮助学生成长，增强团队凝聚力。

（三）做好临时应变的准备

研学旅游指导师在活动实施中要做好应变准备。首先，需要对活动方案有深入的了解和掌握，明确活动流程、潜在风险点和安全措施。其次，研学旅游指导师应具备基

本的急救知识和技能,熟练操作急救设备,确保在紧急情况下能够迅速有效地响应。最后,研学旅游指导师需要具备良好的观察力和预判能力,及时发现问题并采取措施。同时,应制定包括恶劣天气应对、人员受伤处理、迷路应对等方面的详尽应急预案,确保所有学生了解预案内容。通过以上措施,既能保障活动安全,又能提升突发事件的处理能力,保障户外生存技能类研学活动顺利进行。

二、任务实施

户外生存技能类研学课程的实施与一般研学旅行课程的实施在流程及内容上具有许多相似之处,但同时也具备其独特性,下面以"扎筏泅渡"课程为例,对这一类型研学活动的实施工作进行介绍。

步骤一:开展破冰活动

破冰活动旨在帮助参与者快速熟悉彼此,建立团队精神,营造积极、合作的氛围。破冰活动没有固定的方法,应根据所在场景的情况、课程的内容、学生的学龄段、相互熟悉程度等方面进行策划和设计。这类活动不仅能有效打破初次见面的隔阂,还能锻炼学生的社交能力,强化团队合作理念,为后续研学活动的顺利开展奠定坚实基础。以上介绍的就是破冰与导入的环节。

步骤二:实施研学课程

户外生存技能类研学活动的实施包括破冰与导入、主要课程活动的组织与实施、课程的分享与回顾三个主要环节,这可以理解为常见的活动组织与实施的前、中、后三个环节。破冰与导入环节我们在步骤一中已经介绍过,下面介绍主要课程活动的组织与实施,以及课程的分享与回顾两个环节。

（一）主要课程活动的组织与实施

主要课程活动的组织与实施,通常占用较长时间,即针对本次户外生存技能类活动的主要内容,开展相应的实践探究活动。此类课程注重体验与实践,在实施过程中,大部分时间由研学旅游指导师引导,学生动手操作。为了确保学生的学习体验,研学旅游指导师在实施过程中应当积极做好引导工作。首先,详细说明课程内容,必要时进行实操模拟示范;其次,在活动过程中注意观察学生的实践情况,并进行适度的有针对性的指导;最后,要把握好课程实施的节奏,通过鼓励等方式调动学生的积极性,推动课程目标的达成。由于不同课程特性存在差异,具体实施时需结合实际情况灵活调整。

（二）课程的分享与回顾

课程的分享与回顾是整个活动的重要环节,有助于学生巩固学习成果、分享个人体验,并从活动经历中获得更深层次的洞察。

案例共享

下面以"扎筏泅渡"课程为例,介绍户外生存技能类研学课程的主要设计与实施环节。

1.破冰环节

根据实际情况设计并完成破冰小游戏,活跃课程氛围、增强团队凝聚力。

2.扎筏环节(60～90分钟)

首先,研学旅游指导师向学生介绍课程目标:在规定时间内完成竹筏制作,并尝试让竹筏入水,最终所有人都乘坐竹筏,划到既定位置,先完成的小组即获胜。其次,研学旅游指导师向学生分发所用到的物料。最后,在扎筏环节中,研学旅游指导师不得直接帮助学生制作,但可以在旁进行指导,并履行必要的安全监督工作。

3.泅渡环节(30分钟)

各小组将制作好的竹筏放入水中,运用科学方法,有序安排组内成员乘坐竹筏,并使用船桨将竹筏划向既定终点位置。在此过程中,研学旅游指导师进行必要的引导,并随时做好安全救援准备。

4.分享回顾(30分钟)

组织学生对本队任务的完成过程进行回顾,做出相应的简短评价。由队长对整个项目以及自身在活动中的领导表现进行复盘,总结成功经验与失败教训。同时,鼓励学生互相评价,分享对彼此表现的看法与建议。研学旅游指导师应当分析课程所牵涉的户外知识,帮助学生深入理解。对于在活动中表现优异的学生,研学旅游指导师应给予充分肯定与鼓励,激发其学习热情和积极性。

项目二
户外急救技能类研学活动

项目引入

项目概述

　　户外急救技能至关重要,它能够使人们在紧急情况下迅速响应,为伤者提供及时的基础生命支持与保护,有效减轻伤害,甚至挽救生命。掌握这些技能,个人在参与户外活动时能更有安全保障,减少意外风险带来的恐慌和不安。此外,普及户外急救技能有助于提升整体安全意识与应急处理能力,培养公众在突发事件中的冷静应对和自救互救能力,对构建安全和谐的社会环境意义深远。因此,通过研学活动来学习和掌握户外急救技能是开展户外研学活动的重要内容。

项目目标

知识目标

1. 掌握户外急救技能的基础知识。
2. 掌握户外急救技能在研学旅行活动开展中的意义和价值。
3. 掌握户外急救技能类研学旅行活动的实施流程。

能力目标

1. 能够正确认识户外急救技能,如动物咬伤急救、中暑急救等。
2. 能够完成户外急救技能类研学活动的策划与组织。
3. 能够理解户外急救技能在户外研学活动中的实际应用。

素养目标

1. 通过户外急救技能类知识的学习,使学生敬畏生命、热爱生命。
2. 通过学习和掌握必备的户外急救技能,培养学生精益求精的工匠精神。
3. 通过户外急救技能类研学活动的策划与组织,培养学生的科学思维。

任务一　认知户外急救技能类研学活动

📖 任务描述

　　认知户外急救技能是提升个人安全意识和应急处理能力的重要环节。了解并掌握这些技能,在户外探险或遭遇紧急情况时,能够迅速判断形势,采取合理措施进行初步救治,为专业救援争取宝贵时间。这不仅有助于提升个人的自我保护能力,更能让人们在危急时刻伸出援手救助他人,传递温暖与正能量。由此可见,深入学习并掌握户外急救技能,是每一个社会成员的必修课。

📖 学习目标

知识目标

1. 认知户外急救技能的概念和分类。

2. 掌握动物咬伤急救等常见户外急救技能知识点。

能力目标

1. 能够正确认知户外急救技能的概念和价值。

2. 能够掌握各类户外突发事件的预防及急救流程。

素质目标

1. 培养学生的安全防护意识。

2. 培养学生统筹规划的能力。

3. 培养学生的团队协作精神,以及沟通协调能力。

一、户外急救技能的概念

　　户外急救技能是指在户外环境中,遇到意外伤害或突发疾病时,能够迅速、有效地采取急救措施,以抢救生命、降低伤害程度的一系列技术和知识。这些技能包括但不限于止血、包扎、骨折固定、心肺复苏、搬运伤者等,旨在充分利用现场可用资源,对伤者进行初步救治,为专业医疗救助赢得宝贵时间。对于户外探险者、运动员以及任何可能在户外环境中活动的人来说,掌握户外急救技能具有极其重要的意义。

二、户外急救技能的内容

(一)户外环境常见伤害急救

　　户外环境常见伤害包括中暑、动物咬伤、溺水、冻伤等。掌握相关急救技能,是应对这些突发状况的重要保障。中暑是高温环境下极易出现的紧急情况,当出现头晕、恶心、呕吐等典型中暑症状时，应迅速将中暑者转移至阴凉处，及时补充水分，并通过冰敷等方式帮助降温，这些是应对中暑的关键措施。冻伤通常发生在寒冷环境中，若发现皮肤变白、麻木等冻伤症状，需采用科学的复温方法，如用温水浸泡冻伤部位，切忌直接加热，以此降低冻伤的严重程度。溺水是水上活动的常见风险，成功将溺水者救上岸后，及时进行心肺复苏（CPR）等急救操作，往往是挽救生命的关键所在。这些技能帮助户外爱好者应对极端环境带来的挑战，增添安全保障。

（二）外伤及创伤急救技能

外伤及创伤急救技能包括基础外伤急救技能和特殊创伤急救技能两方面。

基础外伤急救技能中，止血是控制出血的关键，可通过直接压迫止血、加压包扎止血或使用止血带等控制出血。包扎则用于保护伤口，防止感染和进一步出血，常用的材料包括纱布和绷带。固定技能用于处理骨折或扭伤，通过夹板或树枝等材料固定受伤部位，减少移动造成的伤害。掌握了搬运技能则可以确保伤者在移动过程中免受二次伤害。熟练掌握这些基础急救技能，不仅可以高效应对常见的户外伤害，还能为后续专业医疗救援争取更多宝贵时间。

特殊创伤急救技能是处理户外活动中常见伤害的重要手段。伤口处理是急救的第一步，应正确清洁伤口，使用碘酒等进行消毒，可以有效预防感染。处理骨折问题时，需准确识别疼痛、肿胀、畸形等症状，并及时采取固定措施，防止骨折部位移位。在扭伤问题上，遵循 RICE 原则（休息、冰敷、加压、抬高），可显著减轻疼痛与肿胀。掌握这些创伤急救技能，既能妥善处理突发伤情，还能降低长期伤害风险，保障户外活动的安全。

（三）紧急情况处理

紧急情况处理主要是应对一些特别危急的突发状况，如心搏骤停、气道异物梗阻、动脉出血等情况，面对此类紧急情况，保持镇定并迅速采取正确的应对措施，是成功处置的关键。心肺复苏（CPR）是处理心搏骤停的重要技能，熟练掌握胸外按压、开放气道、人工呼吸等操作步骤，可以在关键时刻挽救生命。海姆利希急救法用于应对气道异物梗阻，通过腹部冲击法帮助梗阻者排出气道中的异物，是避免窒息的重要手段。在处理严重出血时，正确使用止血带尤为重要，需精准把控止血带的使用时长与松紧程度，才能既有效控制出血，又避免肢体损伤。这些紧急情况处理技能，能够在生死攸关之际提供及时救助，最大限度降低伤害风险。

（四）户外急救装备配置

在户外活动中，配备急救包至关重要，因为在紧急情况下，急救包能提供必要的医疗救助物品，最大限度降低意外伤害与潜在风险。急救包应包含以下物品：一是基础急救用品，如纱布、绷带、创可贴、消毒剂、镊子和剪刀等，用于处理伤口和止血；二是常用药品，如止痛药、止泻药、抗过敏药和防蚊虫叮咬药等，应对户外活动中常见的身体不适;三是特殊急救用品,如止血带、三角巾、夹板等,用于处理骨折和严重出血;四是生存工具,如多功能军刀、哨子、反光镜等,用于求救和应急处理;五是个人防护用品,如手套、口罩等,防止感染。配备急救包时,应根据活动类型和环境选择合适物品,确保急救包轻便且实用。此外,应定期检查急救包内物品的有效期和损耗情况,及时补充更新,确保关键时刻能够正常发挥作用。

二、任务实施

步骤一:学习技能——动物咬伤急救

在户外,种类繁多的植物与各种野生动物是很常见的。有些植物可能具有一定的毒性,而有些动物不仅有毒还具有攻击性。因此,在户外活动时,做好预防动物(尤其是有毒动物)咬伤的措施,以及在被咬伤后能进行正确、及时的施救,是避免自身受到伤害的重要急救技能。

(一)毒蛇咬伤急救

1. 保持冷静

被毒蛇咬伤后,惊慌和过度活动会导致心跳加快,从而加速毒液在体内的扩散。因此,保持冷静是至关重要的一步。具体做法:深呼吸,让周围的人镇定下来,防止因过度慌张而导致场面混乱;让伤者坐下或躺下,避免站立或走动;安慰伤者,帮助其缓解紧张和恐慌情绪。保持冷静至关重要,这是因为毒液的扩散速度与血液循环密切相关,冷静的心态和减少活动量能够有效延缓毒液扩散。

2. 立即脱离危险区域

在被毒蛇咬伤后,最重要的是避免再次受伤或被蛇再次攻击,虽然毒蛇在攻击后大概率不会快速进行再次攻击,但仍要尽快离开所在区域。具体做法:迅速且平稳地离开毒蛇所在的区域。如果毒蛇仍在附近,尽量避免快速移动或做出可能激怒蛇的动作,因为此时毒蛇可能仍然处于攻击状态,一旦再次被咬,将会造成更为严重的伤害。

3. 记住毒蛇的特征

记住毒蛇的外观特征对于后续的医疗救治非常重要,因为不同种类的毒蛇需要不同的抗蛇毒血清。具体做法:尽量记住毒蛇的颜色、花纹、体型和大小;如果条件允许,在确保自身安全的前提下,可拍摄毒蛇照片;如果毒蛇已逃走,应回忆毒蛇的特征并告知急救人员或医生。在国内,常见的毒蛇包括尖吻蝮蛇、银环蛇等,由于不同毒蛇的毒液成分存在差异,准确提供毒蛇种类信息,能够帮助医生快速选择适配的抗蛇毒血清,提升救治效率。

4. 伤口处理

正确的伤口处理可以减少毒液的吸收和感染的风险。具体做法如下。首先,如果条件允许,及时清洗伤口,可用清水、冷开水或肥皂水反复冲洗,尽量清除表面的毒液和污物。其次,要尽量避免以下错误操作:一是不要尝试用嘴吸毒,因为毒液可能通过口腔黏膜进入施救者体内,尤其当口腔内本来有炎症或伤口时,后果不堪设想;二是不要切割伤口,这可能导致伤口感染或加重出血。三是尽量不要使用止血带绑扎,否则可能导致组织坏死;四是不要使用冰敷,因为低温可能加重局部损伤。清洗伤口能够减少毒液残留,从而降低中毒程度,而错误的处理方式则可能加剧伤口损伤,甚至引发其他并发症。

5. 适当绑扎

绑扎的主要目的是减缓毒液在体内的扩散,但绑扎方法必须正确。具体做法:在伤口近心端5~10厘米处(伤口与心脏之间)用布条、绳子或弹性绷带进行绑扎。绑扎的松紧度应适中,类似抽血时的压脉带,以能插入一根手指为宜。每隔15~30分钟松解绑扎1~2分钟,避免长时间绑扎导致肢体缺血性坏死。正确、适当的绑扎能够有效减缓毒液通过淋巴和血液循环扩散的速度,定期松解绑扎则能避免肢体因缺血时间过长而坏死。

6. 降低伤肢位置

降低伤肢的位置有助于减缓毒液回流至心脏的速度。具体做法:保持受伤肢体低于心脏水平高度,切忌抬高伤肢。如果伤肢是下肢,可以让伤者平躺,将伤肢置于地上;如果伤肢是上肢,可以将手臂放于身体两侧。通过这种方式,能够借助重力作用延缓毒液回流,进而减缓毒液在体内的扩散速度。

7. 固定伤肢

如果条件允许,固定伤肢可以减少肢体活动,从而减缓毒液扩散。具体做法:使用夹板、树枝、木棍或任何可用的硬物固定受伤的肢体。固定时要确保绑扎松紧适中,防止过紧导致血液循环受阻。保持伤肢静止,避免不必要的活动。

8. 立即就医

尽管现场急救很重要,但毒蛇咬伤的后续专业治疗需要在医院进行。具体做法:立即拨打急救电话,告知调度员伤者被毒蛇咬伤的情况,并尽可能描述毒蛇的外观特征。在等待救援期间,要让伤者保持安静,避免其过度活动。如有条件,详细记录受伤时间,观察并记录伤口变化情况,以便告知医生。医院可以提供专业的抗蛇毒血清治疗,这是毒蛇咬伤的关键救治措施。此外,医生还会对伤口进行全面评估,及时处理感染、出血、组织损伤等可能出现的并发症。

另外在急救过程中,如果不是专业人员,建议不要试图捕捉或杀死毒蛇,以免被毒蛇咬伤。另外要避免使用冰敷、电击、草药敷贴等未经科学验证的方法,这些处理方式不仅可能无效,还可能加重伤情。若伤口内留有异物(如毒牙),应谨慎移除,防止造成二次损伤。

9. 预防毒蛇咬伤

在户外活动时,预防毒蛇咬伤至关重要。尽可能做好正确的预防措施,降低户外活动时被毒蛇咬伤的风险。

（二）蜂类蜇伤急救

人们在户外遇到蜂类是概率很大的事情。特别是一些小朋友,他们出于好奇的心理,可能会追逐、拍打蜂类,最后招致蜂类攻击。因此,在开展户外活动前要做好预防措施,引导小朋友树立正确对待小动物的观念尤为重要。此外,蜂群具有较强的攻击性,一旦遭遇往往十分危险,应尽量避免与之接触。即便如此,意外仍可能发生,所以掌握蜂类蜇伤后的急救措施同样关键。

1. 立即脱离危险区域

如果被蜂群攻击,首要任务是迅速离开蜂群活动的区域,避免进一步蜇伤。具体做法:首先,要保持冷静,不要惊慌失措,因为快速奔跑或胡乱拍打可能会激怒蜂群,导致更多攻击。其次,要缓慢移动。应缓慢地离开蜂群所在区域,如果蜂群已经攻击,可以蹲下或趴在地上,用衣物遮盖头部和面部,尽量减少暴露部位。再次,要避免反击。不要试图用手拍打蜜蜂,以免激怒更多蜜蜂加入攻击。若附近有建筑物、车辆等遮蔽物,应尽快躲避其中,蜂类通常不会进入封闭空间。最后,要注意风向。若情况允许,顺着风向移动,由于风会影响蜂类的飞行能力,顺着风向移动可以减少被追击的可能性。蜂类发起攻击多出于防御本能,尤其是在巢穴受到威胁时。因此,及时、有效地离开危险区域,能够显著减少被蜇次数,降低中毒风险。

2. 去除毒刺

被蜂类蜇伤后,毒刺可能会留在皮肤内,而且毒囊会继续释放毒液。因此,迅速去除毒刺至关重要。具体做法:首先,检查伤口。在安全的环境下,仔细检查伤口处是否有毒刺残留。毒刺通常呈小黑点状,可能附带一个白色的小囊(毒囊)。其次,使用正确的方法拔刺。如果有镊子,轻轻夹住毒刺的根部,小心地拔出,注意不要挤压毒囊,以免更多毒液进入伤口;如果没有镊子,可以用信用卡等卡片平贴在皮肤上,轻轻刮过伤口将毒刺刮除。还可以将透明胶带粘贴在伤口处,迅速撕下,利用胶带的黏性将毒刺带出。特别需要注意的是,切忌直接用手拔刺,因为手指挤压容易导致毒囊内的毒液大量释放进入伤口。毒刺长时间留在皮肤内会持续释放毒液,加剧局部反应并增加中毒风险,而正确去除毒刺能够有效减少毒液吸收。

3. 局部处理

局部处理的目的是减轻疼痛、肿胀和炎症,同时减少毒液对身体的影响。具体做法:首先,若条件允许,先清洗伤口,用清水或肥皂水彻底清洗伤口,去除残留的毒液和污物。其次,中和毒液的毒性。通常情况下,蜜蜂的毒液呈酸性,可以用碱性溶液中和,即用肥皂水(肥皂是碱性的)或5%~10%碳酸氢钠溶液(小苏打水)清洗伤口;黄蜂的毒液呈碱性,可以用酸性溶液中和,用食用醋或1%醋酸溶液清洗伤口。再次,使用冰块或冷水浸湿的毛巾敷在伤口处,每次持续15~20分钟,间隔10分钟后再敷。冷敷可以减轻肿胀和疼痛,同时减缓毒液的扩散。最后,要避免抓挠,抓挠伤口可能会导致皮肤破损,增加感染的风险。通过清洗伤口可减少毒液残留,中和毒液能减轻局部反应,冷敷可缓解肿胀疼痛,避免抓挠则可有效预防感染。

4. 缓解症状

蜂蜇伤后,伤者可能会出现局部疼痛、瘙痒、红肿等不适症状,严重时还可能引发过敏反应。采取以下方法可以缓解症状。其一,如果疼痛明显,可以口服非甾体抗炎药(如布洛芬),按照说明书剂量服用。布洛芬不仅可以缓解疼痛,还具有抗炎作用。其二,如果出现瘙痒或过敏反应(如红斑、荨麻疹),可以口服抗组胺药物,如西替利嗪或氯雷他定。这些药物可以减轻过敏症状。其三,必要时可以使用炉甘石洗剂外敷,达到止痒、收敛的效果。也可以将蛇药片碾碎后调成糊状外敷,但需提前确认伤者是否对药物过敏。其四,如果四肢被蜇伤,应抬高患肢(高于心脏水平),以减少肿胀。可以在患肢下方垫上枕头或衣物。

5. 观察全身症状

蜂蜇伤可能导致严重的过敏反应(过敏性休克),甚至危及生命。因此,在被蜇后的30分钟内,应密切观察伤者全身症状,重点留意是否出现呼吸困难、气喘、喉咙肿胀、声音嘶哑、头晕眼花、晕厥、胸闷心慌,皮肤大面积红斑、荨麻疹,以及恶心呕吐、腹痛腹泻等情况。如果出现上述任何症状,应立即拨打急救电话,并尽快送医。在等待急救人员到来时,让伤者平躺,抬高双腿,解开紧身衣物,保持呼吸道通畅。

6. 预防蜂类蜇伤

预防蜂蜇伤的关键在于减少与蜂群接触,避免激怒蜂类。在户外活动前,了解当地的蜂类活动情况,避免进入蜂巢附近或蜂群频繁出没的区域。在进行户外活动时,尽量穿浅色、表面光滑的长袖衣物和长裤,避免穿颜色鲜艳或带有花纹的衣服,因为这些可能会吸引蜂类。同时,避免穿凉鞋或拖鞋,最好穿高帮鞋或靴子。蜂类对香味敏感,避免使用浓烈的香水、化妆品或带有花香的洗发水。在户外野餐或露营时,含糖的食物和饮料应当密封保存,吃完后及时清理垃圾。发现蜂巢,切勿擅自处理,应及时远离并联系专业人员处理,不要自行尝试移除蜂巢。此外,随身携带包含镊子、消毒用品、止痛药等物品的急救包,以备不时之需。

(三)猫、狗类咬伤急救

在户外遭遇猫、狗咬伤,通常情况下,其危险性低于毒蛇咬伤(除非遇到恶犬疯狂扑咬)。然而,不少人缺乏及时急救的意识,也未充分认识到此类问题的严重性,常导致被咬伤后未能正确处理伤口,进而引发更严重的健康隐患。因此,在户外被猫、狗咬伤后,及时处理伤口并寻求专业医疗帮助,以预防狂犬病和其他感染,是应对此类问题的关键。

1. 确保自身安全

在被猫、狗咬伤后,首要任务是确保自己和周围人的安全,避免再次受伤。若伤人的动物仍在附近徘徊,务必保持冷静,切勿做出挑衅性动作激怒它。此时应慢慢后退,不要转身奔跑,以免引起动物的追击和更猛烈的攻击。尽快转移到安全的地方,比如室内或其他动物无法进入的区域。如果现场还有其他动物或还存在其他危险因素,确保自己处于安全的环境中,避免再次受伤。若周围有其他人,尤其是儿童,要及时将他们带离危险区域,并避免其接触可能携带狂犬病病毒的动物唾液。动物发起攻击往往是出于自卫或保护领地的本能,迅速离开现场可以有效降低再次受伤的风险。

2. 及时处理伤口

清洗伤口是急救的关键步骤,可以有效减少病毒和细菌的数量,降低感染风险。在安全的环境下,尽快用流动的清水冲洗伤口,持续冲洗时间不少于15分钟,利用水流的冲刷作用,将伤口内的病毒和细菌尽可能地清除出去。在冲洗过程中,使用肥皂水(最好是医用肥皂)和清水交替冲洗伤口,能进一步清洁伤口,减少病毒和细菌的残留。如果有生理盐水,可以用生理盐水冲洗伤口,由于生理盐水的渗透压与人体相近,既能有效清洁伤口,又能减轻对伤口的刺激。需要注意的是,冲洗时力度要适中,避免过强的水流对伤口造成二次损伤。狂犬病病毒和细菌主要存在于动物的唾液中,及时、规范地清洗伤口,是降低感染风险的重要举措。

消毒伤口可以进一步减少感染的风险,但需要选择合适的消毒剂。伤口清洗后,用碘伏(碘酊)对伤口及周围皮肤进行消毒。碘伏是一种温和且有效的消毒剂,对伤口的刺激较小。如果没有碘伏,可以使用75%的医用酒精。酒精可能会对伤口造成一定的疼痛和刺激,使用时要小心。要特别注意的是,应避免使用双氧水(过氧化氢)或高浓度酒精直接接触伤口,这类强刺激性消毒剂可能损伤伤口组织,延缓愈合进程。消毒时要覆盖伤口及周围至少2厘米的皮肤,以确保全面消毒。规范消毒能够有效杀灭伤口表面的细菌和病毒,减少感染的风险,而选择恰当的消毒剂则是避免伤口二次损伤的关键。

如果伤口出血较多,必须立即采取止血措施,以防止失血过多。用干净的纱布、布料或手帕直接压迫伤口,持续施压直到出血停止。若按压的纱布被血液浸透,不要将其移除,应直接在上面叠加一层继续按压。如果伤口在四肢,将受伤的肢体抬高至心脏水平以上,以减少出血。

3. 及时就医,视情况接种狂犬病疫苗

无论伤口深浅,被猫、狗咬伤后都应尽快就医,因为动物咬伤不仅容易引发严重感染,还存在感染狂犬病的风险。要尽快前往医院或疾控中心,向医护人员提供以下信息:动物的种类(猫或狗);动物的外观特征及异常行为表现;动物当前状态,如是否已逃离现场,或已被控制;伤口的位置、大小和深度;若知晓相关信息,需告知动物的疫苗接种情况。即使伤口看似轻微,也不可自行简单处理后忽视就医。因为动物唾液中可能携带狂犬病病毒及其他病原体,潜在风险极大。狂犬病是一种致命的病毒性疾病,但通过及时的医疗干预可以预防。

医生会综合评估伤口情况与动物信息,判断是否需要接种狂犬病疫苗。一般来说,被野猫或野狗咬伤后,均需及时接种狂犬病疫苗。最佳接种时间是在咬伤后的24

小时内，但即便超过这个时间，也应尽快补种，切勿延误。狂犬病疫苗需要全程接种（通常是5针），务必按照医生的建议完成全程接种，确保免疫效果。狂犬病病毒通过动物的唾液进入人体后，会沿着神经传播至中枢神经系统，一旦发病后果非常严重。及时接种狂犬病疫苗与免疫球蛋白，是预防狂犬病最有效的手段。

（四）蜱虫咬伤急救

蜱虫叮咬在户外较为常见。蜱虫通常会附着在人体皮肤表面吸血，若处理不当，可能引发严重疾病，甚至危及生命。因此，掌握正确的急救方法和预防措施至关重要。

1. 不要强行拔出蜱虫

蜱虫叮咬时，其头部和口器会深深地扎进皮肤，并分泌一种胶状物质，使自己牢固地附着在皮肤上。如果强行拔出蜱虫，很容易导致其头部或口器残留在皮肤内，这会增加感染的风险。不要用手指直接捏住蜱虫，因为这可能会挤压蜱虫的身体，导致其携带的病原体进入人体。同时，切勿尝试用火烤、涂抹凡士林或指甲油等方式处理蜱虫，这些方法可能无效，甚至还会刺激蜱虫分泌更多唾液或更深地钻入皮肤。

2. 正确移除蜱虫

移除蜱虫的正确方法是使用合适的工具，尽量完整地将蜱虫从皮肤中取出。准备一把细尖的镊子，尽量靠近皮肤夹住蜱虫的头部（而不是夹住蜱虫的身体），缓慢、均匀地向上拉，避免扭转或猛拉，直到蜱虫被完全拔出。如果蜱虫较大，可以轻轻左右晃动镊子，待其松动后再拔出。

如果蜱虫难以移除，可以在蜱虫头部滴几滴医用酒精或碘伏，使其麻醉松口后再用镊子小心拉出。在移除蜱虫时，尽量保持环境清洁，避免污染伤口。如果蜱虫取出后仍存活，可以将其放入密封的容器中，以便后续就医时交给医生检查。规范操作能有效避免蜱虫口器残留皮下，降低感染的可能性。

3. 清洁与消毒

蜱虫叮咬后，其唾液或组织碎片可能残留在皮肤上，而这些残留物往往携带病原体。因此，及时清洁和消毒伤口是预防感染的关键步骤。用温和的肥皂和清水彻底清洗叮咬部位，清洗时间不少于15分钟。清洗时可以用手指轻轻揉搓伤口周围的皮肤，以充分清除残留的蜱虫唾液和污物。使用碘伏或医用酒精对伤口及周围皮肤进行消毒。用棉签或棉球蘸取消毒剂，轻轻擦拭伤口及周围至少2厘米的区域。如果伤口有渗血或渗液，可以先用干净的纱布将其轻轻擦拭干净，再进行消毒处理。规范的清洁与消毒能够有效降低蜱虫唾液中细菌、病毒、寄生虫等病原体侵入人体的风险，降低感染的可能性。

4. 观察与就医

蜱虫叮咬可能会传播多种疾病，如莱姆病、森林脑炎等。因此，被蜱虫咬伤后需要密切观察身体状况。在蜱虫移除后的几天内，观察伤口是否出现红肿、渗液或化脓，以及疼痛加剧等感染迹象。如果伤口周围出现红斑、皮疹,或红肿范围不断扩大,可能是感染的迹象。另外还要注意是否有发热、头痛、肌肉关节疼痛、乏力、恶心、呕吐等症状。如果出现上述症状,尤其是发热和皮疹,应尽快前往医院或疾控中心就诊。

在处理蜱虫叮咬时需要注意以下事项,防止症状加重或引发其他健康问题:移除蜱虫时,避免挤压蜱虫身体;记录叮咬的时间和地点,以便在就医时提供详细信息;将移除的蜱虫放入密封的容器中(如小瓶子或塑料袋),并标注叮咬的时间和地点。

5. 预防蜱虫咬伤

预防是避免被蜱虫咬伤的最有效方法。在进行户外活动时,尽量穿着浅色长袖长裤,将裤脚塞进袜子或鞋子内,以减少皮肤暴露面积。浅色衣物便于及时发现附着的蜱虫。此外,可在衣物表面喷洒驱虫剂,但切勿直接喷在皮肤上。尽量避免进入蜱虫活动频繁的区域,如草丛、灌木丛、树林等。如果需要进入这些区域,尽量走在道路中间,避免接触两边的植被。户外活动结束后,立即检查身体和衣物,尤其是腋窝、腹股沟、颈部等皮肤褶皱处,以及头发、衣服等。如果携带宠物,也要检查宠物的身体,防止蜱虫附着在宠物身上后被带入室内。蜱虫常栖息在草丛、灌木丛中,通过接触附着在人或动物体表,因此做好上述预防措施可以有效减少蜱虫叮咬会。

一旦被蜱虫咬伤,应立即采取正确的急救措施,包括规范移除蜱虫、清洁消毒伤口、密切观察身体状况、及时就医等。同时,在户外活动前,做好防护准备可以有效降低蜱虫叮咬的风险。如果出现异常症状,务必及时就医。

步骤二:学习技能——中暑急救

中暑是人体在高温环境下,或因长时间暴露于高温中引发的急性热损伤性疾病,严重时会危及生命。中暑分为先兆中暑、轻度中暑和重度中暑。夏季由于天气炎热及阳光长时间照射,人们很容易中暑。夏季开展研学活动时,参与者如果没有采取相应的预防措施,很容易出现中暑现象。因此,学习中暑急救技能是研学旅游指导师必备的技能之一。

(一)识别中暑的症状

1. 先兆中暑

中暑最初的表现是先兆中暑,主要症状包括头痛、头晕、口渴、多汗、四肢无力发酸、注意力不集中、动作不协调等。此时症状较轻,及时处理通常可以迅速缓解。

2. 轻度中暑

当进入轻度中暑后,人体体征会发生明显变化,出现体温升高(通常超过38 ℃)、面色潮红或苍白、大汗、皮肤湿冷、脉搏细弱、心率加快、血压下降等症状,而且容易昏厥。需要迅速采取急救措施,预防症状加重。

3. 重度中暑

重度中暑包括热痉挛(肌肉抽搐)、热衰竭(头晕、恶心、呕吐、皮肤湿冷、脉搏细弱)

和热射病（体温超过 40 ℃，无汗、意识障碍、昏迷等）。重度中暑是紧急情况，需立即拨打急救电话，并迅速采取急救措施。

（二）中暑的急救措施

1. 迅速脱离高温环境

立即将中暑者从高温环境转移到室内、树荫下等阴凉或通风良好的地方。如果可能，将中暑者转移到有空调的房间内，温度以 22～24 ℃为宜。高温是中暑的主要诱因，迅速脱离高温环境可以防止症状进一步加重。

2. 降温措施

用约 30 ℃的水浸湿毛巾，擦拭中暑者的全身皮肤，重点擦拭腋窝、颈部、腹股沟等大血管丰富的部位。在中暑者的额头、颈部、腋窝、腹股沟等部位放置冰袋或冷毛巾，帮助快速降温。使用电风扇吹风或手动摇动扇子对着中暑者吹拂，加速皮肤散热。中暑的核心问题是体温过高，快速降温可以减轻身体损伤，尤其是对大脑和内脏器官起到保护作用。

3. 补充水分和电解质

如果中暑者意识清醒且能够饮水，应尽快为其提供适量的清水或淡盐水（每 500 毫升水加入 1.5～2.5 克盐）。避免饮用含糖饮料或浓茶，因为这些可能加重脱水。还可以给中暑者提供含电解质的饮料（如运动饮料），但需注意控制饮用量，避免引起电解质紊乱。中暑者常因大量出汗而脱水和电解质丢失，补充水分和电解质可以缓解症状，促进恢复。

4. 保持呼吸道通畅

让中暑者平卧，解开其衣领、腰带，以保持呼吸道通畅。如果中暑者出现呕吐或意识不清等症状，应将其头部偏向一侧，清理口腔内的分泌物或呕吐物，防止窒息。如果中暑者呼吸停止或微弱，应立即进行人工呼吸，并尽快拨打急救电话。中暑可能导致意识障碍或呼吸衰竭，保持呼吸道通畅是维持生命的重要措施。

5. 注意事项

首先，要避免使用酒精降温。酒精挥发较快，可能导致皮肤血管收缩，反而不利于散热，还可能引起皮肤过敏。其次，要避免过度降温。过度降温可能导致中暑者体温过低，引发寒战或其他不适。最后，不要给昏迷的中暑者喂水，因为昏迷的中暑者可能无法正常吞咽，喂水极易导致呛咳或窒息。

（三）预防中暑的措施

1. 避免高温暴露

在高温天气（尤其是夏天中午 12 点至下午 3 点）尽量减少户外活动。如果必须外出，尽量选择早晨或傍晚一天中气温不是最高的时段。

2. 做好防护措施

穿着透气、宽松的衣物,选择浅色、透气的棉质衣物,避免穿着紧身或不透气的服装。戴遮阳帽和太阳镜,保护头部和眼睛免受阳光直射。在户外活动时,使用遮阳伞减少阳光直射。

3. 保持充足水分和电解质的摄入

在高温环境下,即使不感到口渴,也要定时补充水分。可以饮用含电解质的饮料,但需注意不要过量。

4. 注意休息和降温

在户外活动时,每隔一段时间到阴凉处休息。在室内使用空调或风扇,保持室内温度适宜。

中暑是一种严重的热损伤性疾病,急救的关键在于迅速脱离高温环境、快速降温、补充水分和电解质、保持呼吸道通畅,并密切观察病情变化。如果出现重度中暑症状,务必及时就医。在进行户外研学活动时,研学旅游指导师要密切关注学生的动向,尤其在高温高热环境中开展户外研学活动时,要特别注意,防止学生中暑。如果发生学生中暑情况,应尽快采取急救措施。

步骤三:学习技能——溺水急救

溺水是由于人淹溺之后,呼吸道被水、污泥、杂草等异物堵塞,或因喉头、气管发生反射性痉挛引起窒息。在户外活动组织中,一旦出现学生落水,需迅速采取恰当的方法施救。溺水急救的关键在于使用正确、合适的方法。

(一)溺水的急救措施

1. 立即呼救并拨打救援电话

发现溺水者时,应立即大声呼救,拨打救援电话并告知详细位置和溺水者的情况。

2. 确保自身安全

在实施救援前,务必充分评估自身安全,切勿贸然进入危险水域或急流区域。如果施救者不会游泳,切勿盲目下水,可使用绳索、竹竿、救生圈等帮助救援。

3. 将溺水者救上岸

如果现场有会游泳的人,可结伴入水施救,岸上人员可用绳索、木棍等协助。可向溺水者投递漂浮物(如救生圈、空矿泉水瓶等),帮助其漂浮在水面上。下水施救前做好充分准备,入水后始终保持头部露出水面,锁定溺水者目标。接近溺水者前,先大声表明施救意图。施救过程中,不要从正面接触溺水者,应游至背后以手臂挽住其胸部拖带其出水面。出水后,用手托住溺水者的下颌,使嘴鼻离开水面,采取侧身拖带的方式游回岸边。如果施救者被溺水者紧紧抱住,必须及时脱困。

4.清除口鼻堵塞物

将溺水者救上岸后,迅速清除其口鼻内的水、污物、分泌物及其他异物,保持呼吸道通畅。如果溺水者有意识,可将其置于侧卧位,防止呕吐物堵塞呼吸道。溺水者可能体温过低,需用毛巾或衣物保暖。

5.心肺复苏(CPR)

迅速判断溺水者是否有呼吸和心跳。如果无呼吸或心跳,立即进行心肺复苏。切勿进行控水(如倒挂倒水)操作,因为此类措施不仅可能引发胃内容物反流、误吸,还会延误宝贵的急救时间。

6.自救方法

当自己溺水时,如果发现周围有人应大声呼救。使身体自然漂浮于水面,确保头部露出水面,有节奏地用脚踢水,但注意避免体力过度消耗。如果在水中突然抽筋,可深呼吸一口气潜入水中,伸直抽筋的那条腿,用手将脚趾向上扳。尽量保持头向后仰、面部朝上的仰泳体位,使口鼻露出水面,有节奏地呼吸。使用"水母漂"的方式,让自己尽量浮在水面,保持呼吸通畅。

(二)预防溺水措施

1.遵守防溺水"六不准"

不私自下水游泳;不擅自与他人结伴游泳;不在无家长或教师带领的情况下游泳;不到不熟悉的水域游泳;不到无安全设施、无救援人员的水域游泳;不熟悉水性不擅自下水施救。

2.做好实时监护

研学旅游指导师应时刻看护学生,避免其在危险水体附近逗留。不得将低龄儿童单独留在卫生间、浴室或开放式水域附近。在组织水上户外活动前,必须提前制定完善的应急预案,活动期间一旦发生险情,应立即启动预案,迅速展开救援行动。

溺水急救的关键在于迅速施救、保持呼吸道通畅和及时进行心肺复苏。在预防溺水方面,研学旅游指导师应提前识别活动可能产生的安全风险,让学生远离危险水域,制定应急预案和现场施救方案,确保突发情况时能够科学、有序应对。如果遇到溺水事件,尽快拨打急救电话,在确保自身安全的前提下采取正确的救援措施。

步骤四:学习技能——外伤及创伤急救

在户外开展研学活动时,任何外伤都不容忽视,这不仅因为外伤会使身体组织受损或失血,还因为伤口有可能受到感染,血液外流甚至可能吸引其他动物。如果出现外伤,应当对伤口进行正确的处理,减少伤口感染,促进伤口愈合,避免其他可能产生的风险。

（一）初步评估和现场安全

在任何急救场景中，确保现场安全是首要任务。这不仅是为了伤者，也是为了施救者的安全。施救者到达现场后，迅速判断是否存在潜在危险，如火灾、坍塌等。如果现场存在危险因素，应先将伤者转移到安全地带，避免二次伤害。条件允许时，施救者应佩戴口罩、手套等防护装备，避免直接接触伤者的血液或体液，降低感染风险。完成现场安全确认后，施救者应观察伤者的意识、呼吸和脉搏。如果伤者丧失意识，且无呼吸或仅有喘息，立即开始心肺复苏。

确保现场安全可以避免施救者和伤者受到进一步伤害。快速评估伤者状态有助于判断伤情的严重性，并决定是否需要立即进行心肺复苏。

（二）呼叫急救

在紧急情况下，及时呼叫急救人员至关重要。第一时间拨打当地急救电话，在通话过程中保持冷静，清晰、准确地提供以下重要信息：详细的地址或位置描述，借助附近标志性建筑、街道名称或导航定位等方式精准描述位置；详细的伤者伤情描述，如出血严重、失去意识、呼吸困难等；告知本人的手机号码，方便急救人员在途中随时联系确认细节。

呼叫急救能够让专业医疗团队以最快速度抵达现场，为伤者争取更及时、有效的专业救治。

（三）止血

止血是外伤急救的关键环节，尤其对于严重出血的伤者而言，及时、正确止血关乎生命安危。使用干净的布料或纱布直接按压伤口，持续施加压力直至出血停止。如果布料被血浸透，无须取下，可直接在其上叠加新的布料继续按压。对于小伤口，直接按压通常能有效止血。如果出血过多，可以在伤口上放置厚敷料，随后用绷带或布料缠紧包扎，需注意力度，避免包扎过紧影响血液循环。对于四肢伤口，可以抬高受伤肢体（高于心脏水平），以减少出血。如果伤口出血严重且直接按压无效（如动脉出血），可以使用止血带。将止血带绑在伤者伤口近心端（靠近心脏的一端），松紧度以能止血但不完全阻断远端血液循环为宜。记录止血带的使用时间和位置，每隔10～15分钟放松一次，避免长时间使用导致肢体缺血性坏死。

止血可以防止失血过多，维持血容量和血压，避免休克的发生。

（四）消毒

正确处理伤口可以降低感染的风险，促进伤口愈合。用流动的清水或生理盐水冲洗伤口，清除表面的污物和异物。如果伤口内有较大的异物（如玻璃碎片、木刺等），切勿擅自拔除，以防造成二次出血或加重感染。冲洗完成后，用无菌敷料或干净布料覆盖伤口，避免伤口暴露在空气中，减少细菌侵入。如果伤口有渗液，可以使用具有良好吸收性的敷料，如纱布或医用棉垫等。

清理伤口可以减少细菌和污物，降低感染的风险。妥善覆盖保护，则能避免伤口遭受二次污染与损伤，为伤口愈合创造有利条件。

（五）包扎

包扎既能有效止血，又能保护伤口，降低感染的风险。对于小伤口，使用创可贴，或用纱布简单覆盖；对于较大伤口，需选用无菌敷料或医用棉垫，确保伤口得到充分保护。使用绷带或三角巾包扎伤口时，注意包扎的松紧度，过紧会阻碍血液循环，过松则无法起到固定和保护作用。包扎四肢伤口时，应从远端向近端缠绕，以促进静脉血液回流。包扎完成后，留意伤者的远端血液循环情况，如手指或脚趾的颜色、温度和感觉。如果出现发绀、冰冷或麻木，可能是包扎过紧所致，需要重新调整包扎的松紧度。

正确的包扎操作能够起到止血、保护伤口及降低感染风险的作用，而观察包扎部位的血液循环状况，则能避免因包扎过紧而引发肢体缺血问题。

（六）固定

对于疑似骨折或关节损伤的情况，固定是重要的急救措施。使用夹板或临时固定物（如木棍、树枝、硬纸板等）固定受伤部位。夹板应覆盖骨折部位的上下两个关节，以有效限制受伤部位的活动。如果没有夹板，可以使用三角巾或布料将受伤肢体固定。不可擅自尝试复位骨折部位，以免造成血管、神经等周围组织的二次损伤。

固定的主要目的是制动，避免受伤部位移动。固定可以减少疼痛，防止骨折端移动进一步损伤周围组织（如血管、神经等），并避免因活动导致的进一步出血。

（七）搬运

在搬运伤者时，正确的姿势和方法可以避免进一步损伤。搬运过程中，应尽量使伤者身体保持平直状态，防止脊柱出现扭曲或弯折。若怀疑伤者存在脊柱损伤，必须使用硬板担架进行搬运，同时要避免头部、颈部及脊柱发生任何移位。对于体重较大或伤情严重的伤者，建议多人协作完成搬运，防止单人搬运因姿势不当加重伤情。在搬运过程中，各成员保持沟通，确保动作一致。如果条件允许，使用担架搬运伤者，因为担架能够提供稳定支撑，最大限度减少搬运过程中的颠簸与晃动。尤其对于脊柱损伤的伤者而言，错误的搬运方式极有可能导致永久性神经损伤，因此规范操作至关重要。

（八）预防休克

休克是一种严重的全身性反应，可能引发器官功能衰竭，因此预防休克是急救过程中的重要环节。用毯子或衣物为伤者保暖，防止体温过低，因为低温会加重休克程度，影响血液循环。如果伤者出现休克症状（如皮肤湿冷、脉搏微弱、意识模糊等），使其平躺，并抬高下肢，使其高于心脏水平15～30厘米，以增加回心血量。当伤者出现休克症状时，切勿让其进食或饮水，以免加重胃肠道负担。通过保暖和抬高下肢可以增加回心血量，维持血压稳定，避免休克进一步恶化。

Note

外伤和创伤急救的关键在于正确评估伤情、止血、包扎、固定和搬运。掌握这些基本技能可以在紧急情况下挽救生命,降低伤害风险。如果伤者伤情严重,务必尽快送医院救治。

步骤五:学习技能——心肺复苏急救技术及自动体外除颤器(AED)的使用

心肺复苏是针对心搏骤停的伤病员进行急救的一种技能,在户外急救中具有十分关键的作用。在户外研学旅行活动中,心肺复苏急救技术和AED的使用被设计为研学课程,面向高年级学生开展。

(一)心肺复苏的原理

1.胸外按压

当心搏骤停时,血液循环停止,身体各器官因缺氧而无法正常运转。胸外按压通过人为施加压力,促使心脏收缩,推动血液流向大脑及其他重要器官,从而维持基本生命体征。按压胸骨时,心脏受到压迫,血液被推出;放松时,心脏重新充盈血液。这种机械性操作可以模拟心脏的泵血功能。

2.人工呼吸

呼吸停止时,人体无法获取足够的氧气,会造成血液中氧含量急剧下降。人工呼吸通过口对口或口对鼻的方式,将空气送入伤病员气道,使肺部扩张,氧气得以进入肺泡并被血液吸收,从而维持呼吸功能,为伤病员提供必要的氧气供给,避免因缺氧导致不可逆的身体损伤。

(二)心肺复苏的急救步骤

1.确认现场环境安全

迅速评估周围环境,排查火灾、漏电、高空坠物等潜在危险。如果现场不安全,尽量将伤病员转移到安全地带。如果无法转移,施救者应采取必要的防护措施确保自身安全,防止施救过程中出现伤害。只有保障现场环境安全,才能避免伤病员和施救者受到额外伤害。

2.判断伤病员意识和呼吸

轻拍伤病员的双肩,并在其耳边大声呼唤:"先生(女士),你怎么了?"如果伤病员无反应,表明意识丧失。将脸部靠近伤病员的口鼻,观察胸部是否有起伏,感受是否有气流吹拂脸颊,同时观察伤病员的面色、嘴唇颜色的变化。如果伤病员无呼吸,或仅有濒死样喘息(如打鼾声、微弱喘息),可判断为呼吸停止。快速且准确地判断意识和呼吸状态,是确认伤病员是否需要立即进行心肺复苏的关键步骤。

3.呼救并拨打急救电话

一旦确认伤病员无意识且无呼吸,应立即高声呼救,吸引周围人的注意。拨打当地的急救电话,并清晰地说明以下信息:事故地点、伤病员情况,以及本人的联系方式。如果有其他人在场,指定专人拨打急救电话,并尽快取得AED。及时拨打急救电话可以确保专业急救人员尽快到达现场,为伤病员提供进一步的救治。

4. 胸外按压

将伤病员平稳置于坚硬平面(如地面或硬板床)上,解开其胸部衣物,充分暴露按压区域。按压位置为胸部正中,两乳头连线水平(胸骨下半部)。施救者跪在伤病员一侧,一手掌根紧贴伤病员的胸骨,另一手叠放在上方,双手十指相扣,掌根重叠。保持双臂伸直,以髋关节为支点,利用上半身重量垂直向下用力按压。按压深度为5~6厘米,频率为每分钟100~120次。注意,按压时要保持节奏平稳、连续,中途尽量避免停顿。每次按压后,让胸部完全回弹,以保证心脏充分充盈。操作时注意避开肋骨及胸骨下缘,防止因用力不当导致骨折。持续、规范的胸外按压能够模拟心脏泵血功能,为大脑及重要器官输送必要氧气,因此需严格保持按压频率和深度,并最大限度减少按压中断。

5. 开放气道

施救者跪在伤病员一侧,将一只手放在伤病员前额,用力向下压,使头部后仰;另一只手的食指和中指并拢,放在下颏处,将下颌骨向上抬起。若怀疑伤病员存在颈椎损伤,为避免加重伤害,应改用双手托颌法。在开放气道前,检查伤病员口腔内是否有异物(如呕吐物、假牙等),若发现需立即用手指或工具小心清除,确保气道畅通无阻。正确开放气道可以确保伤病员的呼吸道通畅,避免因气道阻塞导致的呼吸困难。

6. 人工呼吸

施救者用嘴罩住伤病员的嘴,用手指捏住伤病员的鼻翼,确保气道密闭。深吸一口气,缓慢向伤病员口中吹气2次,每次约1秒,观察到伤病员胸廓明显隆起为有效。每次吹气后,松开捏住鼻翼的手指,让伤病员自然呼气。操作时需控制吹气力度和速度,避免过快或过猛导致气体进入胃部引起胃胀气。如果伤病员口腔严重受伤或无法形成有效密闭,可采用口对鼻吹气。规范的人工呼吸可以将外界空气送入伤病员的肺部,促使氧气进入血液循环,维持基础呼吸功能。

7. 循环操作

心肺复苏需按照30次胸外按压和2次人工呼吸的比例(30:2)进行循环操作。每完成5组操作(约耗时2分钟),需重新评估伤病员的生命体征。评估时,观察伤病员胸部有无自主起伏,触摸颈动脉(位于喉结旁开两横指处),判断是否有搏动。如果伤病员恢复自主呼吸和心跳,停止心肺复苏;如果仍无反应,继续进行心肺复苏。循环操作通过交替进行胸外按压和人工呼吸,为心脏和肺部提供持续复苏支持,为伤病员争取更多的救治时间。在施救过程中,需密切关注伤病员状态,如出现自主心跳或呼吸,应立即停止心肺复苏。

8. 使用自动体外除颤器

自动体外除颤器(automated external defibrillator,AED)是一种便携式、专为现场急

救设计的医疗设备,主要用于抢救心搏骤停者。它能够自动分析心搏骤停者的心律,判断是否存在可除颤的心律失常(如心室颤动、心室扑动等),并在必要时施加电击以恢复正常心律。

如果现场有AED,尽快取得并使用。具体操作步骤如下:打开设备电源,按照语音提示操作;将电极片贴在心搏骤停者胸部(一片贴在右上胸,另一片贴在左下胸),插入电极插头,AED将自动分析心律。如果设备提示需要电击,务必确保周围无人接触心搏骤停者,再按下电击按钮。电击后,需立即继续进行心肺复苏,按照30:2的比例继续操作。需特别注意,切勿自行判断是否实施电击,应以AED的分析结果和提示为准,以保证急救措施的准确性和有效性。AED可以快速识别心律失常并进行电击除颤,是心搏骤停者的重要救治设备。

(三)心肺复苏的终止条件

出现以下情况时,可终止心肺复苏操作:心搏骤停者恢复自主呼吸和心跳;有专业急救人员到达现场并接手救治;现场环境变得不安全,无法继续施救;施救者体力不支,无法继续实施CPR;医生确认伤病员死亡。

心肺复苏(CPR)是一项重要的急救技能,通过胸外按压和人工呼吸,可以维持心搏骤停者的血液循环和氧气供给,为心搏骤停伤病员争取宝贵的救治时间。规范、准确的操作可以在紧急情况下挽救生命。因此,建议研学旅游指导师要定期参加专业培训,提升应急救护能力。同时这一内容非常适合在户外研学过程中向学生普及。

步骤六:学习技能——海姆利希急救法

海姆利希急救法(Heimlich maneuver)是由美国胸外科医生亨利·海姆立克(Henry Heimlich)在1974年提出的,这一急救法已经挽救了无数人的生命。海姆利希急救法又称海姆利希手法,是专门针对气道异物梗阻导致窒息的高效急救技术。当有人因异物堵塞气道而出现呼吸困难甚至无法呼吸时,及时采用该方法,能够有效排除异物,恢复通气功能。在开展户外研学活动中,海姆利希急救法与心肺复苏同样重要,经常作为研学课程及需要掌握的户外急救技能组织学生学习。

(一)成人急救措施

1.判断情况

当有人发生气道异物梗阻时,会出现以下症状:可能无法正常呼吸,表现为喘息或呼吸急促;可能无法正常说话,甚至无法发出声音;由于缺氧,嘴唇、面部可能逐渐变紫;可能会用手捂住喉咙,做出"窒息"的手势。一旦怀疑有气道异物梗阻,应立即采取海姆利希急救法。快速准确判断气道是否被异物梗阻,是急救的关键所在,因为气道梗阻会导致严重缺氧,直接危及生命。同时,要尽快让身边的人拨打急救电话。

2.实施急救

首先,施救者站在伤病员背后,双脚前后分开,以前弓后蹬的姿势站稳。这种姿势可以增加施救者的稳定性,在操作过程中能够更好地发力,并避免因失去平衡导致伤病员受伤。

其次,施救者一手握拳,将拇指侧置于伤病员腹部中线、剑突下与脐上的腹中线上,另一手紧握握拳之手。注意切勿将手置于胸骨或肋骨下缘,以免造成内脏损伤。正确的手部位置有助于将冲击力集中于腹部,产生向上的气流,进而排出异物。

然后,施救者快速向上、向内冲击伤病员的上腹部,每次冲击应果断、有力。通常需要进行6～10次冲击,直到异物排出。在每次冲击后,密切观察伤病员反应及异物排出情况。操作时要果断发力,但也要注意避免用力过猛造成伤病员内脏损伤。冲击动作可以产生向上的气流,帮助驱出气道内的异物。正确的冲击方向和力度是成功的关键。

最后,完成冲击操作后,检查伤病员口中是否有异物排出。若异物已排出,鼓励伤病员通过咳嗽将异物彻底咳出;若异物未排出,则需继续重复冲击操作,直至异物排出或专业急救人员抵达现场。及时检查急救效果,能够有效避免因判断失误而延误救治时机。

（二）儿童急救

1. 倒置拍背法

施救时,先将儿童抱起,使其脸朝下趴在施救者的膝盖上。一只手托住儿童的头部和颈部,确保头部低于胸部,另一只手拍击儿童的背部(肩胛骨之间)1～5次,每次拍击应果断、有力。这种倒置拍背的方式,能够借助重力作用,让异物更易排出体外。

2. 胸部冲击法

如果通过倒置拍背法异物仍未排出,将儿童翻转,使其仰卧在坚硬的平面上。施救者用两根手指按压儿童的胸骨中部,快速向下冲击5次。每次按压应果断、有力,但注意避免用力过猛。通过胸部冲击可以产生向上的气流,帮助清除气道内的异物。

在实际操作中,也可以交替进行倒置拍背和胸部冲击,每次操作5次,直到异物排出。在操作过程中,密切观察儿童的反应,确保操作安全。交替操作可以更全面地帮助排出异物,同时避免单一方法的局限性。

（三）自救

如果发生气道异物梗阻且身边无人帮助时,可以采取以下方法自救。找到椅背、桌边或其他硬物,将腹部脐上两指处抵住物体,随后迅速且有节奏地用腹部撞击硬物,一般重复撞击5～6次,直至异物排出。这种借助外部物体进行腹部冲击的方式可以产生向上的气流,推动气道内异物排出。

海姆利希急救法是应对气道异物梗阻的简单高效急救技术,掌握其正确操作方法,关键时刻能挽救生命。建议研学旅游指导师定期参与急救培训,不断提升自身的急救技能与应急处理能力。

Note

户外急救技能还涉及户外活动开展过程中的其他方面,以上只列举了其中一些有代表性的户外急救技能,在实际研学活动开展过程中,研学旅游指导师不仅要熟练掌握户外急救技能,以便在危急时刻迅速施救,还需在设计与实施户外急救类研学课程时,充分考量具体环境因素,有针对性地选择教学内容,同时不断开拓创新,设计出更有新意、更有教育意义的研学课程。

任务二　户外急救技能在研学活动中的应用

任务描述

在研学活动中,户外急救技能是保障学生安全的重要防线。学生在研学过程中可能会遭遇跌倒、扭伤、昆虫叮咬、中暑等意外情况。掌握基本的急救技能,能够在突发状况下迅速采取正确应对措施,减少伤害,争取救援时间。同时,通过科学处理中暑等常见问题,有效预防和缓解身体不适。通过系统培训与实践操作,学生不仅能强化自我保护能力,还能在关键时刻帮助他人,确保研学活动的安全顺利进行。

任务目标

知识目标

1.掌握户外急救技能在研学活动不同阶段的应用。

2.掌握研学活动中安全员(急救员)的工作职责及主要内容。

能力目标

1.能够明确研学活动中不同阶段户外急救技能的使用要点。

2.能够在研学活动中正确使用户外急救技能。

素质目标

1.培养学生创新实践的能力。

2.培养学生统筹规划的能力。

3.培养学生团队协作和沟通协调的能力。

一、户外急救技能在研学活动中的实际应用

户外急救技能主要包括户外环境常见伤害急救技能、外伤及创伤急救技能、紧急情况处理、户外急救装备配置等方面,这些内容在研学活动的不同阶段,均发挥着重要的作用。户外急救装备配置主要指安全员(急救员)或研学旅游指导师要在活动前完成急救包的配置,备好常用药品和急救用品。同时,还需根据活动场地特征,配备必要的急救设施设备,并完善软性服务条件,以备不时之需。在研学活动开展过程中,安全员(急救员)或研学旅游指导师要提前预判和分析可能出现的安全危机,尽量避免活动中出现安全事故;当研学活动中出现紧急情况时,要按照正确的流程和方法施救,尽量

降低可能出现的伤亡程度。

二、研学活动中安全员(急救员)的主要工作职责

(一)安全风险评估

在活动开始前,安全员(急救员)对研学旅行的各个环节进行全面的安全风险评估,包括研学旅行路线、目的地环境、住宿条件、交通工具等方面。识别潜在的安全隐患,如交通风险、自然灾害风险、场地安全隐患等。根据评估结果,制定详细的安全预案,包括应对措施、紧急联系方式、疏散路线等内容。活动期间,根据实际情况持续更新安全预案,确保其时效性与有效性。全面的安全风险评估可以提前识别潜在风险,制定应对措施,确保活动的安全性。

(二)安全教育与培训

安全员(急救员)应当在活动前组织开展安全讲座,向学生、教师及其他参与人员传授安全知识,包括户外安全、急救等方面的知识;组织应急演练,如火灾逃生、地震避险等,提高参与人员的应急反应能力;准备并发放安全手册和急救指南,确保每个人都能随时查阅;通过问答、案例分析等互动教学方式,增强参与人员的安全意识和自我保护能力。通过系统的安全教育和培训,强化参与人员的安全意识,提高他们的应急反应能力,降低事故发生的概率。

(三)医疗准备与检查

提前备齐急救用品,包括常用药品、绷带、纱布、消毒用品等。在活动开展前,了解参与人员的健康状况,重点关注有特殊健康需求的学生,详细掌握其过敏史、慢性疾病等信息。对研学旅行活动中的安全设施、设备进行检查,确保其安全可靠的运行状态。活动期间,定期核查急救用品的使用情况,及时补充消耗品并更换失效物品。对参与人员开展急救用品使用培训,确保大家在紧急情况下能够规范操作。通过充分的医疗准备和检查,可以确保在紧急情况下能够迅速提供必要的医疗支持。

(四)交通与活动安全

选择信誉良好的交通公司,确保车辆安全性能良好,且须配备经验丰富的司机。在出发前,安全员(急救员)应当对车辆进行安全检查,包括轮胎、刹车、安全带等。同时,确保司机熟悉路线,具备良好的驾驶记录和应急处理能力。此外,还需对参与人员开展交通安全教育,着重强调乘车安全规则。交通与活动安全是研学活动的重要保障,通过严格的管理与监督,能够有效降低事故发生风险。

(五)现场安全管理

在研学活动期间,安全员(急救员)须全程跟随团队,随时关注现场情况。对参与人员的身体状况进行监测,特别是对有特殊健康状况的学生进行重点关注。及时排查并处置各类潜在安全隐患,包括不稳定设施、危险地形等风险点。同时,与目的地的医

院、急救中心、消防部门等建立联系,确保在紧急情况下能够迅速获得支援。若遇突发状况,负责组织和协调人员疏散,确保每个人的安全。现场安全管理是确保活动安全的关键环节,通过实时监控和及时处理,可以有效预防和应对突发情况。

(六)应急救援与管理

在发生意外事故或紧急情况时,安全员(急救员)应当迅速到达现场,进行初步评估和急救处理。熟练掌握并实施急救技能,如止血、包扎,以及心肺复苏、海姆利希急救法等。与救护车、消防队等专业救援力量保持联系,确保救援工作顺利进行。在紧急情况下,应对受伤人员及周边人员进行心理疏导,及时稳定情绪,避免恐慌情绪蔓延。详细记录事故经过和处理过程,为后续的调查和改进工作提供依据。应急救援与管理是应对突发情况的关键,通过快速响应和专业处理,可以最大限度地降低伤害程度。

(七)通信保障与记录

在户外研学活动中,安全员(急救员)应当确保通信设备(如手机、对讲机)的正常运作,保持与研学团队成员、家长、学校及急救部门的联系。需提前备齐并熟知紧急联系方式,包括急救电话、医院地址、当地救援部门等关键信息。活动期间,应详细记录安全相关情况,包括事故经过、处理过程、伤者情况等,为后续的调查和改进工作提供依据。在发生紧急情况时,及时向上级领导和相关部门报告,确保信息畅通。通信保障和记录是紧急情况下实现快速响应及推动后续安全改进的重要基础。

(八)安全管理规范制定与更新

安全员(急救员)应当根据活动特点和风险评估结果,制定详细的安全管理规范,包括安全操作流程、应急预案等。根据实际情况和新的安全要求,定期更新安全管理规范,确保其时效性和有效性。对参与人员进行安全管理规范的培训,确保每个人都能熟悉并遵守相关规定。活动期间,需全程监督检查规范执行情况,保障各项安全措施落实到位。通过制定和更新安全管理规范,可以确保活动的安全管理有章可循,提高整体安全水平。

在户外研学活动中,安全员(急救员)承担着重要的职责,从安全风险评估到急救措施实施,从通信保障到医疗准备,每一个环节都至关重要。安全员(急救员)凭借全面的安全管理能力与专业急救技能,可以有效预防和应对突发情况,确保参与人员的安全,保障研学活动顺利进行。

三、任务实施

在研学活动中运用户外急救技能时,安全员(急救员)需要根据研学活动在不同阶段的特征,明确相应的运用重点,制订有针对性的计划并加以实施。由于参与研学活动的群体大多是未成年人,必须特别重视户外急救技能在研学活动中的正确应用。在研学活动过程中，无论是专业的安全员（急救员），还是研学旅游指导师，都应当具备熟练应用户外急救技能的能力，切实为每一位学生在研学活动各环节提供全方位的安全保障。

步骤一：行前户外急救装备配置及安全教育

（一）急救包的配置

1. 急救药品配备

急救药品主要包括常用药品及特殊药品。常用药品主要包括：①消炎药，如阿莫西林，用于治疗细菌感染；②肠胃药，如藿香正气滴丸，用于缓解胃肠不适、腹泻等；③腹泻药，如康恩贝肠炎宁等，用于治疗腹泻；④抗过敏药，如氯雷他定，用于缓解过敏症状；⑤感冒药、咳嗽药，如康泰克，用于缓解感冒和咳嗽症状；⑥解热剂、如布洛芬，用于缓解发热和疼痛；⑦止痛药、如芬必得，用于缓解头痛、关节痛等。特殊药品主要包括：①速效救心丸，用于心脏病发作的急救；②其他特殊药品，如参与人员存在一些特殊的身体健康状况，需准备哮喘吸入剂、胰岛素、强效抗过敏药等特殊药品。

需要特别提示的是，虽然在户外研学活动中安全员（急救员）需要提前做好药物的配备，但一般情况下千万不可轻易给学生服药，尤其未成年人。如果未成年人确实在活动过程中需要用药，安全员（急救员）或研学旅游指导师、其他现场急救人员应当会同学校负责人、家长一起商议，经过监护人及活动负责人书面同意，并在用药过程中有多人在场监督的情况下用药。同时，应当确保所有药品在有效期内。每类药物明确药品名称、用法和剂量，并准备药品说明书，以便在需要时查阅。此外，在使用急救包时，还应当根据活动场地情况，配备防水袋存放药品和器材，防止受潮，还应当用不同透明塑料袋分类装药品，并在塑料袋上写明药品名称，以防止误用。

2. 医疗器材配备

医疗器材主要包括急救常用的基础器材及其他装备。常用的急救基础医疗器材包括：①创可贴，用于小伤口的止血和保护；②纱布，用于覆盖伤口，防止感染；③弹性绷带，用于包扎伤口，提供压力以减少肿胀；④急救毯，用于保暖，防止体温过低；⑤止血带，用于严重出血时的止血；⑥医用胶带，用于固定纱布和绷带；⑦医用手套，用于急救时保护施救者和伤者，防止交叉感染；⑧酒精棉片，用于消毒伤口和器材；⑨三角绷带，用于固定骨折或制作简易夹板；⑩温度计，用于测量体温，判断是否发热；⑪镊子，用于取出伤口中的异物；⑫针筒，用于注射或抽吸液体；⑬小剪刀，用于剪开衣物或绷带；⑭紧急夹板，用于固定骨折部位。特殊的急救装备主要包括一些专业急救器具，如AED，不仅需要安全员（急救员）或研学旅游指导师、其他现场急救人员提前配备，还需要检查在研学活动开展的场地是否配置了AED，以及AED的数量、分布位置等。在配备医疗器材时，应当确保所有器材均在保质期内，且包装密封良好，同时定期检查器材的完整性和功能，确保其正常使用。

在研学旅行活动中,行前配置户外急救包是保障安全的重要环节。通过详细配置急救药品、医疗器材,以及救生用品,能够在意外发生时迅速开展急救工作,保障学生的安全。同时,定期检查并按需调整急救包配置,可进一步提升其应对突发状况的实用性与可靠性。

(二)必要的户外装备的配置

除了配备急救包以应对研学活动中可能出现的危机,安全员(急救员)或研学旅游指导师还应当根据研学活动的特征,尤其户外研学活动的特殊情况,适当配备一定的户外装备,以应对可能出现的环境风险及活动风险,确保学生的安全。由于户外装备类型多样,现将其分为一般户外装备及急救户外装备两类进行简要介绍。

1. 一般户外装备

一般户外装备是为学生配备的一些基础户外装备,涉及户外"衣、食、住、行"的方方面面,主要应对环境风险。一般户外装备主要包括:①太阳镜,用于保护眼睛,防止紫外线伤害;②风镜(护目镜),用于防止风沙、灰尘等进入眼睛;③头灯,用于夜间行走或活动时提供照明;④手电筒,用于夜间照明或发出信号;⑤多功能防水袋,用于存放重要物品,防止受潮;⑥雨衣,用于防雨;⑦复合维生素泡腾片,用于补充维生素和矿物质;⑧电解质片,用于补充水分和电解质,防止脱水。这类装备需依据活动的时间、地域、环境和季节特点配置,同时要定期检查户外用具的完整性和功能,确保其正常使用。

2. 急救户外装备

急救户外装备是指在传统户外装备中,存在着一些可以用来实现急救功能的装备,可根据户外研学活动的特征适当配备。急救户外装备主要包括:①救援绳,用于救援或自救,如攀爬、过河等;②防切割手套,用于保护手部,防止割伤;③便携多功能刀,用于切割、开罐头等;④手摇充电器,用于在没有电源的情况下为手机或其他设备充电;⑤收音机,用于接收天气预报和紧急信息;⑥安全反光带,用于夜间行走或活动时提高可见性;⑦荧光棒,用于夜间标记位置或发出信号;⑧打火机,用于生火取暖或发出信号;⑨救生哨,用于发出求救信号;⑩针线,用于简单地缝合或修补衣物;⑪救生绳,用于救援或自救;⑫一次性自冷冰袋,用于局部降温,缓解肿胀;⑬驱避剂,用于防止蚊虫叮咬;⑭净水片,用于净化水源,确保饮用水安全;⑮高锰酸钾,用于消毒伤口等。这类装备的配置,同样也应当根据活动的具体需求准备,同时定期检查应急用品的完整性和功能,确保其正常使用。

(三)安全教育活动

在户外研学活动中,行前安全教育具有至关重要的意义。通过系统性的安全教育,可以有效提升参与人员的安全意识和应急处理能力,帮助他们从"要我安全"转变为"我要安全""我会安全"和"我能安全"。这种教育不仅包括普及法律法规、讲解安全常识和应急知识,还涵盖急救技能的培训和心理支持。安全教育能够帮助参与人员熟悉行程安排,了解潜在风险,掌握应对突发事件的方法,从而在活动中更好地保护自己和他人。同时,通过明确各方的安全责任和制定应急预案,确保研学旅行的各个环节都有章可循,减少管理漏洞,保障活动的顺利进行。

1. 安全思想教育

向参与人员介绍与研学旅行相关的国家文件及标准等,如《关于推进中小学生研学旅行的意见》及《研学旅行服务规范》(LB/T 054—2016)等。讲解相关国家文件及标准中学校、承办方、供应方、家长和学生各自的权利和义务,确保各方了解自己在研学旅行中的责任。通过实际案例分析,深入阐释安全思想教育工作的重要性,增强参与人员的法律意识,确保研学旅行的合法性和安全性。

通过讲解和讨论,帮助参与人员从"要我安全"转变为"我要安全",并最终达到"我会安全"和"我能安全"的目标。强调安全文化的重要性,倡导"安全第一"的理念,促使每个人在活动中都能自觉遵守安全规定。通过互动教学方式,如问答、案例分析、小组讨论等,增强参与人员的安全意识。安全意识是预防事故的关键,通过培养参与人员的安全意识,可以有效减少事故的发生。

2. 安全知识教育

向参与人员详细介绍研学旅行的行程安排,包括行程路线、停留时间、集合地点、乘坐车辆、就餐和休息地点等信息。强调时间管理的重要性,确保每个人都能按时集合,避免因迟到引发的安全问题。熟悉行程安排有助于减少环境陌生导致的安全风险,确保活动顺利进行。

讲解交通安全知识,如遵守交通规则、注意车辆行驶、规范使用安全带等;强调食品安全的重要性,如选择正规餐饮场所、注意食品卫生、避免食用过期食品等;讲解住宿安全知识,如正确使用电器、注意防火防盗、遵守住宿规定等;根据活动内容,讲解具体的活动安全知识,如户外活动的注意事项、水上活动的安全措施等。普及安全常识可以提高参与人员的安全意识,降低事故发生的风险。

讲解应对突发问题的知识,如晕车、突发疾病、摔伤、落水、交通事故等安全事件的防范和应急处理方法;提供紧急联系方式,如急救电话、当地医院地址等。通过实际演练,帮助参与人员熟悉应急处理流程,强化突发事件应对技能。应急知识教育与实操演练的结合,能够显著提升人员在紧急状态下的反应能力,最大限度减少伤害。

3. 安全技能教育

教授心肺复苏(CPR)的正确方法,包括判断意识、开放气道、胸外按压和人工呼吸;讲解止血方法,如直接压迫、加压包扎、使用止血带等;教授如何使用纱布、绷带等进行伤口包扎;讲解如何使用夹板或其他物品固定骨折部位;教授如何使用急救设备,如 AED、急救包等。掌握这些急救技能,可使参与人员在紧急状况下迅速实施有效处置,降低伤害程度并为专业救治争取时间。

组织模拟微小事故的自主救护或互帮互助演练,如小伤口清创处理、轻度扭伤应急护理等；组织紧急状况下的救援演练，如拨打急救电话、发出求救信号等。通过场景模拟，帮助参与人员熟悉应急处理流程，提高应对突发事件的能力。实操演练的强化，可显著提高人员的应急反应熟练度，确保在真实紧急情况下能精准采取应对措施。

引导参与人员保持平和的心态，以积极、友善的态度对待自身、他人和社会；提供心理辅导，帮助参与人员缓解可能出现的焦虑、恐惧等负面情绪；通过团队建设活动，提升团队协作能力和强化相互支持的意识。心理支持可以增强参与人员的心理韧性，减少因心理压力导致的安全问题。

4. 个人安全教育

教育学生注意食品安全，不食用来源不明或无安全标签的食品。强调保持良好的就餐秩序，避免因混乱导致的安全问题；提醒有特殊饮食需求（如过敏体质、素食主义者等）的学生提前报备，确保饮食符合健康需求。通过用餐安全教育，可以降低因食品安全问题导致的健康风险。

提醒学生根据天气情况适当增减衣物，避免着凉或中暑；根据活动内容，提醒学生穿着合适的衣物，如户外活动时穿着运动鞋、长裤等；根据活动需要，提醒学生携带必要的特殊装备，如雨具、太阳镜等。通过穿着安全教育，可以减少学生因不合适的穿着导致的安全问题。

指导学生妥善保管个人财物，避免丢失或被盗；提醒学生尽量不携带贵重物品及大量现金等；教育学生提高防盗意识，注意保管好自己的财物。通过财物安全教育，可有效降低因财物损失带来的不便与经济损失。

在户外研学活动中，行前安全员（急救员）的安全教育内容涵盖了安全思想、安全知识、安全技能、个人安全等多个方面。通过全面的安全教育，可以有效提升参与人员的安全意识和应急处理能力，为研学旅行的安全开展奠定坚实基础。

步骤二：行中户外环境常见伤害预防

在户外研学活动中，安全员做好行中户外环境常见伤害预防工作至关重要。安全员通过细致的风险评估和科学的预防措施，构建起守护参与者安全的坚实屏障。无论是防范自然灾害、避免野生动物侵扰，还是防止跌倒坠落等意外，安全员的专业处置都能有效降低潜在风险，保障户外研学活动安全有序推进，增强了参与成员的安全感，为研学活动的顺利进行提供了坚实的保障，让每一次探索都成为一次安心且难忘的学习之旅。

（一）提前评估环境风险

在户外研学活动开展前，应对研学地点的自然环境进行详细勘察，内容包括地质特点、气候条件、动植物分布等。识别潜在风险，如滑坡、泥石流等地质灾害，暴雨、雷电等自然灾害，以及毒蛇、毒虫、毒草等有毒动植物威胁。避免将研学基地选在地质灾害高发区、野生动物频繁活动区域、水域周边等高风险地带。

根据勘察结果，制定详细的安全评估报告，明确潜在风险点和应对措施。必要时，与地质专家、气象专家、野生动物保护专家等合作，获取专业意见和指导。通过提前评估环境风险，可以有效识别潜在危险，采取预防措施，确保活动区域的安全性。

（二）开展针对性安全教育

指导学生掌握正确的热身方法与运动装备使用规范，有效预防扭伤、拉伤等运动损伤；普及有毒动植物的识别技巧与规避方法，如毒蛇、毒虫、毒草的辨别要点；教授应对暴雨、雷电、高温等突发天气变化的安全措施。

教育学生在观赏自然景观时注意个人防护，避免靠近危险区域，如悬崖、深水区等。开展交通安全教育，包括交通规则、乘车安全、徒步安全等知识，提高学生和教师的交通安全意识。

通过模拟场景，如模拟运动损伤、毒蛇咬伤、突发暴雨等，进行实际演练。结合问答互动、案例剖析、小组讨论等多样化教学方式，增强学生的学习参与度与知识吸收效果。通过系统的安全教育和实际演练，提高学生的安全意识和应急处理能力，降低事故发生的风险。

（三）制定应急预案

针对可能出现的自然灾害、意外伤害等，制定详细的应急预案，明确应急处理流程和责任人。应急预案包括紧急联系方式、急救步骤、疏散路线、集合地点等内容。明确各参与方（学校、承办方、供应方、家长等）的安全责任，确保在紧急情况下能够迅速响应。

在活动前和活动中，定期进行风险排查，及时发现并消除安全隐患。记录排查结果，及时反馈并采取措施，确保隐患得到及时处理。通过制定应急预案和定期风险排查，可以确保在突发事件发生时能够迅速、有效地应对，减少伤害。

（四）加强现场监督

在户外研学活动中，安全员需全程跟随团队，随时关注现场情况，及时发现并处理安全隐患。利用GPS定位、监控设备等现代技术手段进行实时监控，确保团队成员始终处于安全视线范围内。

安全员应做好安全提醒工作。在开展水域活动时，提醒学生不要单独行动，确保在安全视线范围内。在进行高风险活动（如攀岩、徒步等）时，安排专人负责监督，确保安全措施到位。通过全程监督和实时提醒，可以及时发现并处理安全隐患，确保活动安全进行。

在研学活动中，安全员通过提前评估环境风险、开展针对性安全教育、制定应急预案、加强现场监督和准备急救物资等措施，可以有效预防户外环境中的常见伤害，保障研学活动的安全进行。这些措施不仅有助于减少事故发生的风险，还能在紧急情况下迅速、有效地响应，确保参与人员的安全。

步骤三：行中紧急情况处理

在研学活动中，安全员妥善处理行中紧急情况意义重大。他们是现场的应急指挥官，在突发情况下迅速响应，有效控制事态发展，最大限度地减少伤害和损失。通过专业的急救技能、冷静的判断力和高效的沟通协调能力，安全员能够为受伤或遇险的参与者提供及时的援助，保障他们的生命安全，同时保障活动平稳推进。这种应急处置能力不仅体现了对生命的尊重，更是研学活动安全有序开展的重要保障。

（一）保持冷静与迅速反应

安全员需要在日常工作中强化心理训练，确保在紧急情况下能够保持冷静，避免恐慌。在紧急情况下，安全员可以通过深呼吸来稳定情绪，保持头脑清晰。安全员应明确自己的职责和角色，知道在紧急情况下需要采取哪些具体措施。

在发现紧急情况后，安全员应立即采取行动，而不是犹豫不决。迅速评估情况的严重性，判断需要采取的紧急措施。必要时高声呼救，吸引其他人员的注意，以便获得更多的帮助。保持冷静和迅速反应能够确保安全员在关键时刻做出正确的决策。

（二）紧急通知与疏散撤离

发生紧急情况时，安全员使用手机、对讲机等通信工具，迅速通知所有参与人员和相关负责人。通知时务必保证信息简明扼要，清晰传达事故类型、发生地点、严重程度等关键信息，必要时重复通知，确保每个人都能收到。

根据应急预案，安全员引导人员有序疏散，避免混乱和踩踏事故。明确疏散路线，确保人员按照预定路线撤离到安全区域。指定集合点，确保所有人员撤离后能够快速集合，便于清点人数。及时通知和有序疏散可以减少人员伤亡，确保在紧急情况下人员安全撤离。

安全员应熟悉应急预案的内容，确保在紧急情况下能够迅速执行。严格按照预案中的流程和措施进行操作，确保各项措施落实到位。根据实际情况，灵活调整预案中的措施，以适应不同的紧急情况。在执行预案过程中，实时评估事态变化，动态优化处置方案。与其他人员保持密切沟通，确保调整后的措施能够得到理解和执行。记录预案调整的内容和原因，以便后续总结和改进。遵循应急预案可以确保在紧急情况下有章可循，同时根据实际情况灵活调整可以提高应对效果。

（三）现场处置与急救措施

首先，切断危险源。如果事故涉及电力，立即切断电源，避免触电事故。如果事故涉及气体泄漏，立即关闭气源，避免火灾或爆炸。同时应当使用警戒线或标志物隔离危险区域，防止无关人员进入。

其次，正确使用急救装备及其他户外设备。如果发生火灾，迅速使用灭火器进行灭火。如果发生化学物品泄漏，迅速使用紧急喷淋系统进行冲洗。此外，需确保现场配备的 AED、急救包等设备处于完好可用状态，并指导其他人员规范使用。

最后，正确施救。对受伤人员进行初步评估，判断伤情严重程度。根据伤情，采取相应的急救措施，如止血、包扎、心肺复苏等。立即拨打急救电话，详细说明事故地点、伤者状况等关键信息。

及时切断危险源、正确使用急救装备及其他户外设备能够有效遏制事故恶化，正确施救可最大限度降低人员伤亡风险。

（四）指挥协调与记录报告

安全员作为现场的统一指挥者，确保所有人员听从指挥，并与其他管理人员、救援人员和相关部门进行有效沟通和协调，确保救援工作顺利进行。同时，根据实际情况，合理分配任务，确保各项措施落实到位。

在处置过程中，应详细记录事故发生及处理全过程，包括时间、地点、事故类型、处理措施等信息。及时向上级领导和相关部门报告，确保信息传递及时准确。根据上级指示，进行后续跟进和处理，确保事故得到妥善解决。有效的指挥和协调可以确保救援工作有序进行，记录和报告可以为后续调查和改进提供依据。

（五）事故调查与善后处理

在事故得到初步控制后，协助相关部门进行事故调查，查明事故原因。收集事故现场的证据，包括照片、视频、目击者证言等，以便进行详细调查。总结事故处理过程中的经验和教训，提出改进措施，防止类似事故再次发生。

对受影响人员进行安抚，提供必要的心理支持。根据事故的性质和影响，处理赔偿事宜，确保受影响人员的合法权益。采取措施恢复现场秩序，确保活动能够尽快恢复正常。通过事故调查和善后处理，可以总结经验教训，改进安全管理措施，同时确保受影响人员的权益得到保障。

在研学活动中，安全员处理紧急突发情况的正确流程包括保持冷静与迅速反应、紧急通知与疏散撤离、现场处置与急救措施、指挥协调与记录报告、事故调查与善后处理。通过这些步骤，安全员可以有效应对紧急情况，最大限度地减少人员伤亡和财产损失，确保活动的安全进行。

步骤四：行后研学活动安全保障总结

在研学活动中，安全员正确做好行后研学活动安全保障总结，对于提升未来活动的安全水平至关重要。通过细致回顾活动全程，安全员能够识别存在的安全隐患与不足，总结经验教训，提出改进措施。这一总结不仅有助于完善安全预案、增强团队的安全意识，还能为今后的研学活动提供更加科学、全面的安全保障指导。安全员的专业总结是确保研学活动长期安全、顺利进行的关键环节。

（一）组织全面总结会议

全面总结会议参会人员涵盖多方主体：研学活动的主办方、承办方、供应方等主要负责人;带队教师,参与研学活动的教师,他们对学生的安全和活动细节有直接的了解;安全员,负责安全管理和应急处理的专业人员;研学旅游指导师,负责具体活动指导的人员,对活动的具体环节有深入了解;供应方代表,如交通公司、住宿酒店、餐饮服务提供商等,他们对各自服务环节的安全情况有直接责任。

全面总结会议主要内容包括:回顾研学活动的整体流程,包括行程安排、活动内容、时间安排等;评估整个活动的安全管理情况,包括安全教育的实施、应急预案的执行、现场安全管理的效果等;详细讨论活动中出现的安全问题,包括但不限于交通安全、食品安全、住宿安全、活动安全等,分析这些问题产生的原因,并提出改进措施;收集所有参会人员的反馈意见,特别是对安全措施的满意度、安全教育的有效性、应急预案的实用性等。

会议期间需做好详细记录,完整留存问题描述、原因分析、改进建议等讨论内容。明确每项改进措施的责任人和完成时间表,确保后续工作的落实。形成详细的会议纪要,分发给所有参会人员,确保信息的透明和共享。全面总结会议可以确保从各个角度对活动进行评估,查找不足之处,并收集反馈意见,为后续改进提供依据。

(二)评估安全方案执行效果

从内容、形式与成效三方面评估安全教育工作:评估安全教育的内容是否全面,包括法律法规、安全知识、急救技能等;评估安全教育的形式是否多样,如讲座、演练、互动教学等;通过问卷调查、测试等方式,评估参与人员对安全知识的掌握程度。

针对应急预案开展全流程评估:评估应急预案的完整性,包括应对自然灾害、意外伤害、公共卫生事件等的措施;评估应急预案在实际操作中的执行情况,是否能够迅速、有效地应对突发事件;评估应急演练的效果,是否提高了参与人员的应急反应能力。

聚焦现场管理效能开展多维评估:评估现场监督的有效性,是否能够及时发现并处理安全隐患;评估现场安全设备(如急救包、灭火器、安全标识等)的配备和使用情况;评估现场管理人员的职责落实情况,是否能够有效履行安全职责。

通过安全方案执行效果的评估,可以发现安全管理工作中的不足之处,为后续改进提供依据。

(三)收集反馈意见

可以通过线上线下相结合的方式收集反馈意见:设计详细的问卷,包括选择题、简答题等,收集参与人员的反馈意见;选择部分参与人员进行面对面访谈,深入了解他们的感受和建议;通过在线平台收集反馈,方便参与人员随时提交意见。

反馈内容主要包括安全保障环节的各个方面:收集关于交通、住宿、活动环节等安全措施满意度评价;收集安全教育内容和形式的反馈意见,了解其有效性;收集应急预案的反馈意见,了解其在实际操作中的适用性;收集参与人员对其他方面的建议和意见,如活动内容、时间安排等。将反馈意见进行分类整理,分析其中的共性问题和个别问题,对问卷调查的数据进行统计分析,形成直观的图表和报告。总结反馈意见中的主要问题,为后续改进提供依据。

通过收集反馈意见,可以全面了解参与人员的感受和建议,为安全管理与活动优化提供关键参考。

(四)分析事故原因

如果研学活动中出现安全事故,需要对事故的事中、事后环节进行详细的总结分析。要对事故现场进行详细勘察,收集相关证据,如照片、视频、目击者证言等。分析事故发生的直接原因、间接原因以及潜在的风险因素。根据调查结果,明确事故责任,提出处理建议。

事后要形成详细的事故报告,包括事故发生的时间、地点、经过、原因、处理措施等。报告应具有逻辑性和条理性,便于上级领导和相关部门阅读和理解。将事故报告提交给研学活动的主办方、承办方和供应方,为后续活动优化安全管理方案提供重要依据。通过深入分析事故原因,可以明确责任,提出改进措施,防止类似事故再次发生。

(五)提出安全保障环节改进措施

首先,针对整体安全保障方案的改进。可以通过根据评估结果和反馈意见,调整安全方案,优化安全措施;更新安全教育内容,确保其全面性和实用性;优化应急预案,提高其在实际操作中的适用性。

其次,安全管理措施的改进。完善安全管理制度,明确各方责任,确保安全管理有章可循;更新安全设备,确保其性能良好,满足实际需求;定期对安全员、带队教师、研学旅游指导师等进行安全培训,提高他们的安全意识和应急处理能力。

最后,应急演练的改进。优化应急演练的流程和内容,提高演练效果;增加更多实际场景模拟,提高参与人员的应急反应能力;定期评估应急演练的效果,确保其能够有效提高应对突发事件的能力。

落实上述改进措施,可进一步完善未来研学活动的安全管理工作,有效降低事故发生风险。

(六)形成全面的安全保障总结报告

安全保障总结报告涵盖以下方面的内容:研学活动的基本情况,包括时间、地点、参与人员、活动内容等;详细评估安全方案的执行情况,包括安全教育、应急预案、现场管理等;对可能出现的事故要详细描述,包括事故发生的时间、地点、经过、原因、处理措施等;提出具体的改进建议,包括安全方案、安全教育、应急预案、现场管理等方面的改进措施。

安全保障总结报告需结构清晰、条理分明,便于阅读理解。应辅以详细数据和图表,支撑评估结果与改进建议,并附事故照片、调查报告、反馈意见等相关附件。总结报告需在活动结束后尽快提交给研学活动主办方、承办方及供应方，确保信息透明共享。同时，依据报告提出的改进建议，制订详细的实施计划，明确责任主体、时间节点以及资源配置方案，推动整改措施得到有效落实。

通过形成详细的安全保障总结报告，可以为未来的研学活动提供重要的参考，确保安全管理工作更加完善。

（七）持续改进与培训

根据总结报告中的改进建议，调整安全方案，优化安全措施。完善安全管理制度，明确各方责任，确保安全管理有章可循。更新安全设备，确保其性能良好，满足实际需求。定期对安全员、带队教师、研学旅游指导师等进行安全培训，提高他们的安全意识和应急处理能力。根据最新的安全法规和实际需求，更新培训内容，确保其全面性和实用性。定期评估培训效果，确保培训能够有效提高参与人员的安全意识和应急处理能力。优化应急演练的流程和内容，提高演练效果。通过持续改进和培训，可以确保在未来的研学活动中，安全管理工作更加完善，减少事故的发生。

在研学活动中，安全员通过组织全面总结会议、评估安全方案执行效果、收集反馈意见、分析事故原因、提出安全保障环节改进措施、形成全面的安全保障总结报告、持续改进与培训等步骤，可以有效地完成行后活动的安全保障总结工作。这些步骤不仅有助于总结经验教训，还能为未来的活动提供更完善的安全保障。

任务三　户外急救技能类研学活动的实施

任务描述

户外急救技能类研学活动的实施，关键在于整合专业急救知识与户外实践场景，通过模拟真实紧急情况，提升参与者的应急处理能力。活动前应详细规划培训内容，包括心肺复苏、止血、包扎等基本急救技能，并确保师资力量充足。实施过程中，注重理论与实践结合，采用互动式教学增强参与感。同时，做好安全保障措施，确保活动安全有序地进行。通过此类研学活动，不仅能增强公众安全意识，还能在紧急时刻挽救生命，具有重要社会价值。

任务目标

知识目标

1. 了解户外急救技能类研学活动的策划与实施要点。

2. 掌握户外生存技能类研学活动的策划与实施步骤。

能力目标

1.能够策划户外急救技能类研学活动的课程内容。

2.能够组织与实施户外急救技能类研学活动的课程内容。

素质目标

1.培养学生创新实践的能力。

2.培养学生统筹规划的能力。

3.培养学生团队协作和沟通协调的能力。

一、户外急救技能类研学活动的策划要点

（一）针对不同研学主体，策划针对性的研学活动

户外急救技能作为一项研学活动进行策划设计，其最终目的在于让参与活动的学生都能够通过一定的课程活动学习，提高自身的户外急救技能水平，为今后在工作和生活过程中遇到危机时能够采取正确的处置措施打下基础。因此，设计研学课程活动前，需充分考虑研学主体的差异，其中最常见的是职业和年龄差异。以创伤急救课程为例，不同年龄段学生接受能力不同，需匹配适宜的难度和技术条件；学生、教师、志愿者等不同职业群体，对技能掌握的深度和广度要求也有所不同。

具体而言，首先应当根据学生的年龄和认知水平，设定合理的知识、技能和情感目标。例如，小学阶段的学生重点掌握基本急救知识和简单技能，如止血、包扎；中学阶段的学生则可以学习更复杂的技能，如心肺复苏和海姆利希急救法。其次应当结合学生的实际情况，选择适合他们的急救知识与技能教学方式。对于小学生，可通过故事、游戏等趣味性形式讲解急救知识；对于中学生，则可以通过案例分析、实践操作等方式进行教学。课程设计并没有绝对的内容配置标准，应当因人而异，以科学合理、可落地实施作为第一设计原则，确保活动内容与研学主体相匹配。

（二）突出户外急救技能研学课程设计的专业性

学习户外急救技能具有极其重要的意义。在户外活动中，突发伤害和意外情况时有发生，掌握急救技能，不仅能够迅速、有效地对伤者进行初步救治，为专业救援争取宝贵时间，还能提升个人在紧急情况下的应变能力和自救互救能力，增强自信心和安全感。对于社会而言，普及急救技能有助于提高公众的健康素养和安全意识，以构建更加安全、和谐的社会环境。因此，户外急救技能的学习是每个人都应该重视和积极参与的重要事项，且学习过程应该体现出科学和严谨的精神，课程设计也要充分体现专业性。

首先，这类课程设计要依托专业医疗及急救部门，将户外急救知识与研学课程实施特点有机融合，把复杂、专业的知识点设计成可互动、可体验的课程活动。其次，在有条件的情况下，邀请专业急救人员在现场辅助研学旅游指导师、安全员等进行实际操作，以确保技能传授科学、准确，让学生学到正确的户外急救技能。最后，与专业医

疗及急救部门合作,研发具有地域特色的户外急救技能课程,课程设计需充分考虑户外环境潜在风险,同时注重学生在学习户外急救过程中容易被忽略的心理因素、抗压因素,使学生在提升急救技能的同时,强化心理素质建设,并能将所学知识与生活中实际可能出现的危机相联系,增强研学课程的体验感。

(三)加强跨界融合,将户外急救技能融入各类研学活动中

目前,市场中常见的户外急救技能研学课程主要由红十字会等专业机构组织实施,课程主题往往以某个单一的户外急救技能为核心,如心肺复苏、海姆利希急救法、火灾逃生等。以单一户外急救技能为内容设计和开发研学课程,目前已较为成熟。但户外急救技能作为一项综合技能,应当更多地考虑与其他研学活动进行融合开发,才能真正实现其广泛应用与普及。

具体而言,可从三个方向推进融合。其一,可以考虑将户外急救技能与生命健康类研学活动融合,当下人们非常重视生命健康教育,而户外急救技能中关于中暑、冻伤等户外环境危害的预防知识与生命健康教育也具有一定的融通性。其二,户外急救技能也可以与科技类研学活动融合,如借助现代科学技术更快速、更专业地实施急救,这也是目前急救技术发展的重要方向。其三,户外急救技能可以与地域自然、文化背景相结合,设计特色研学课程活动。例如,对于处于火山地震带的人们而言,学习相应的急救技能是一种必要的生存手段;一些地域的民俗文化中,也蕴藏着丰富的急救智慧,这些独特资源均可转化为具有地方特色的研学内容。

二、户外急救技能类研学活动的实施要点

(一)采用多种方法开展研学活动,增加活动趣味性

研学旅游指导师可通过多样化的教学方法让户外急救技能研学活动兼具专业性与趣味性。例如,在讲授法的运用上,请专业急救人员或教师系统讲解急救知识,内容包括急救原则、常见伤害的处理方法、急救设备的使用等。同时借助PPT、视频、动画等多媒体形式,使讲解更加生动形象,帮助学生更好地理解复杂概念。在讲解过程中穿插互动提问环节,鼓励学生提问和发表见解,提高他们的参与度。讨论法也是提升学习效果的有效方式。将学生分成小组,每组讨论一个具体的急救案例,分析问题并提出解决方案。教师在讨论过程中提供引导和总结,确保讨论方向正确,帮助学生形成系统的急救知识体系。案例分析法基于真实的急救案例,能让学生了解实际情境中的急救操作和决策过程。教师引导学生分析案例中的问题,讨论可能的解决方案及其优缺点。通过案例分析,总结经验教训,帮助学生在实际操作中避免类似错误。实践操作环节不可或缺。教师提供急救设备和道具,在模拟环境中开展心肺复苏、止血包扎等实操练习,由专业人员分步指导,实时反馈纠错,强化学生的操作熟练度。此外,还可模拟户外受伤、突发疾病等真实场景,组织学生进行角色扮演,分别担任伤者与施

救者,通过沉浸式演练,提高他们的应急反应能力和团队协作能力。模拟结束后,进行评估和反馈,帮助学生总结经验,提高应对能力。

（二）注重参与者的活动体验性,增强活动实施效果

创设趣味性的学习环境。利用多媒体展示,如播放急救知识视频,帮助学生直观了解急救操作步骤和注意事项;使用动画展示复杂的急救过程,如心肺复苏的按压深度和频率,便于学生理解;借助急救知识互动软件,让学生以游戏化的方式学习急救知识;通过VR设备模拟真实的急救场景,根据不同场景切换VR环境,让学生身临其境地学习,增加学习的多样性和趣味性。

设计互动性和趣味性的活动。开展急救技能竞赛,将学生分成小组,进行心肺复苏、止血、包扎等技能比赛,设置评分标准并对每个小组的操作进行评分,鼓励学生提高操作水平,对表现优秀的小组给予"急救证书"及小礼品等奖励,增加活动的趣味性和吸引力;设计"急救接力赛""心肺复苏挑战赛"等趣味急救游戏,让师生在轻松的氛围中学习急救技能。

通过创设趣味性学习环境、设计互动趣味活动、结合实际场景教学以及鼓励学生参与反馈,可以增加户外急救技能类研学活动的趣味性,提高学生的参与度和学习效果。这些方法不仅能提升学生的急救技能,还能培养他们的应急反应能力和团队协作能力。

（三）邀请专业人员协助,突出研学活动的专业性

在开展户外急救类研学课程活动时,应考虑聘请专业急救人员现场教学,并由研学旅游指导师及安全员协同配合,以保障课程实施效果。在专业人员的选择上,可从以下三类人群着手:首先,可选择具备专业资质(如医生、护士、急救培训师)且经验丰富的急救专家,优先选择有户外急救经验的人员,因其更熟悉实际操作要点。可通过医院、急救中心、专业培训机构等渠道获取推荐人选。其次,可与当地救援队(如蓝天救援队等)合作,邀请队员参与教学和实操指导。救援队成员实战经验丰富,能提供专业的急救技能培训,同时可借助其急救设备、培训场地等资源丰富活动内容。最后,可邀请红十字会的专业人员开展急救知识和技能培训。他们拥有系统的培训课程和丰富的教学经验,学生通过培训可获得急救证书,提升活动的权威性;利用其培训教材、模拟人等资源,也能增强教学效果。

在活动实施过程中,邀请专业人员分组指导学生进行实际操作练习,确保每个学生都能正确掌握操作技能。在操作过程中,专业人员及时给予学生反馈,帮助他们纠正错误行为,并提高操作熟练度。研学旅游指导师可以适当鼓励学生与专业人员互动交流,提高学习效果。若具备专业户外急救场地,可模拟户外受伤、突发疾病等真实场景,组织学生进行角色扮演,分别扮演伤者与施救者,锻炼应急反应和团队协作能力。模拟结束后,由专业人员进行评估反馈,帮助学生总结经验。由此可见,专业人员的深度参与是保障户外急救技能研学活动成效的关键。

三、任务实施

户外急救技能类研学活动的实施与一般研学旅行课程的实施相比,在流程及内容上具有许多相似之处,但同时也具有独特性。接下来以心肺复苏与 AED 使用为例,对这一类型研学活动的实施工作进行总结。

步骤一:策划户外急救技能类研学课程活动

策划户外急救技能主题类研学课程活动,整体步骤与一般研学活动策划过程相似,在注重策划要点的基础上突出一定的专业性、趣味性和体验性。目前,市场上基于心肺复苏与 AED 使用的研学课程已较为成熟,接下来我们将通过对这一案例的学习,了解如何策划此类课程活动。

(一)设定研学课程活动目标

1.知识目标

学生能够理解心肺复苏的基本概念和重要性;学生能够掌握心肺复苏的操作步骤,包括判断意识、开放气道、胸外按压、人工呼吸等;学生能够了解 AED 的使用方法和注意事项;学生能够识别心搏骤停的常见原因和症状。

2.技能目标

学生能够在模拟人上熟练进行心肺复苏操作,包括正确的按压位置、按压深度、按压频率和人工呼吸;学生能够正确使用 AED 进行除颤操作;学生能够在模拟急救场景中,迅速判断情况并采取正确的急救措施。

3.情感目标

培养学生在紧急情况下的冷静和勇敢,增强他们的应急反应能力;增强学生的人文关怀和社会责任感,使他们在遇到紧急情况时能够主动提供帮助;提高学生的团队协作能力,通过角色扮演和情境模拟,培养他们的团队精神。

(二)研学课程活动内容设计

1.掌握心肺复苏的原理

(1)心肺复苏概述。

介绍心肺复苏的概念、重要性及操作原则。解释心肺复苏的定义和作用。强调心肺复苏在急救中的关键作用,特别是在心搏骤停后的"黄金4分钟"内。

(2)心肺复苏的操作流程。

讲解心肺复苏的基本原则,包括判断意识、呼叫急救等。详细讲解心肺复苏的具体步骤,讲解 AED 的使用方法和注意事项。

(三)研学课程活动物料准备

1.文本材料准备

选用权威、实用的心肺复苏教材作为辅助教学工具,如红十字会或专业急救培训机构的教材;编写详细的讲义,制作配套 PPT,帮助学生更好地理解理论知识;提供真实的急救案例集,用于案例分析和讨论。

2.多媒体资料准备

制作或收集高质量的心肺复苏教学视频,帮助学生直观了解操作步骤;使用动画展示复杂的急救过程,如心肺复苏的按压深度和频率,使学生更容易理解;引入急救知识互动软件,让学生通过游戏化的方式学习急救知识。

3.实验设备准备

准备多个心肺复苏模拟人,确保每个学生都有足够的练习机会;准备 AED 教学机,用于讲解和练习 AED 的使用方法;准备急救包,用于进一步实际操作和拓展知识学习练习,如止血、包扎等。

4.场地准备

选择教学环境舒适的教室或会议室进行理论讲解,同时选择适合实际操作的场地,如草坪、操场等,确保学生有足够的空间进行操作练习;场地内有必要的安全设施,如急救设备、消防设施等,确保活动安全进行。

(四)整体课程活动进程安排

1.第一课时:心肺复苏概述及操作步骤讲解

介绍心肺复苏的基本概念、重要性及操作原则。通过讲授法和多媒体辅助,帮助学生理解心肺复苏的基本知识及操作步骤。

2.第二课时:心肺复苏模拟人操作练习

学生在心肺复苏模拟人上进行实际操作练习。通过实践演练和分组指导,提高学生的操作熟练度。

3.第三课时:AED 使用方法讲解及模拟操作

讲解 AED 的使用方法和注意事项,学生进行模拟操作练习。通过示范操作和实践演练,确保学生掌握 AED 的使用方法。

4.第四课时:情境模拟及角色扮演

设置真实的急救场景,学生进行角色扮演和情境模拟。通过情境模拟和角色扮演,提高学生的应急反应能力和团队协作能力。

5.第五课时:总结与反馈

总结课程内容,进行理论考核,评估学生的学习成果。通过适当的考核和反馈,帮助学生总结经验,改进学习方法。

步骤二:实施户外急救类研学课程活动

（一）引导学生完成研学课程实践活动

1. 理论讲授

讲解心肺复苏的主要原理,以及心肺复苏的现场操作步骤和AED的使用。

2. 模拟人练习

将学生分成若干小组,每组配备一个心肺复苏模拟人,确保每个学生都有足够的练习机会。专业急救人员指导学生进行操作,及时纠正错误,确保每个学生都能掌握正确的操作技能。在操作过程中,专业人员及时给予学生反馈,帮助他们纠正错误,提高操作熟练度。鼓励学生与专业人员互动交流,提出问题并获得解答,提高学习效果。

3. 情境模拟

设置真实的、多样化的急救场景,如户外受伤、突发疾病等,包括户外活动时心搏骤停、校园内突发疾病等情况,让学生在模拟环境中进行急救操作。学生扮演施救者,通过情境模拟提高他们的应急反应能力和团队协作能力。明确任务和职责,确保学生能够充分参与。

模拟结束后,专业人员进行评估和反馈,帮助学生总结经验,提高应对能力。例如,研学旅游指导师引导学生正确完成施救,检验操作是否规范完备,主要内容包括:轻拍双肩,高声呼唤,判断伤者是否有意识;使用仰头举颏法打开气道;在两乳头连线中点进行胸外按压,按压深度5～6厘米,频率100～120次/分;进行人工呼吸,每次吹气时间超过1秒,确保胸廓起伏;如果现场有AED,立即使用AED进行除颤。每组模拟结束后,先由其他小组进行评价,再由专业人员进行评估和反馈,帮助学生总结经验,提高应对能力。

（二）对学生的研学效果进行评价

1. 平时表现评价

评估学生在课堂上的参与程度,包括提问回答、小组讨论等;评估学生在互动环节中的表现,如案例分析、问答互动等;评估学生的学习态度和积极性,鼓励学生积极参与学习。

2. 实践操作评价

通过模拟人操作,评估学生在实际操作中的表现,包括按压位置、按压深度、按压频率、人工呼吸等;评估学生使用AED的熟练程度,包括开机、电极片粘贴、分析心律、电击等步骤;通过情境模拟,评估学生在实际急救场景中的应急反应能力和团队协作能力。

3. 学生互评

组织学生进行小组互评,分享彼此的学习心得和体会;鼓励学生进行个人互评,提出建议和改进意见,促进彼此的学习和进步;收集学生的互评意见,进行总结和反馈,帮助学生改进学习方法。

(三)完成研学课程活动总结与反馈

1. 课程总结

回顾心肺复苏的基本知识和操作步骤,确保学生能够熟练掌握;总结学生在实践操作中的表现,强调操作要点和注意事项;强调在紧急情况下的冷静和勇敢,增强学生的人文关怀和社会责任感。

2. 回应学生反馈

通过问卷调查,收集学生对课程的反馈意见,了解他们对教学内容、教学方法、教学资源的满意度;组织学生进行课堂讨论,分享学习心得和体会,提出改进建议;与学生进行个别交流,了解他们的学习困难和需求,提供个性化的指导和帮助。

3. 做出实时调整

根据学生的反馈和表现,调整教学内容,确保教学内容符合学生的需求;改进教学方法,提高教学的趣味性和互动性;优化教学资源,确保教学资源的充足和适用。

通过以上详细的研学课程活动实施步骤,可以确保心肺复苏急救技能研学课程的专业性和有效性,帮助学生在理论和实践操作中掌握心肺复苏技能,提高他们的应急反应能力和团队协作能力。这同样适用于其他户外急救技能课程活动的现场实施。

模块小结

本模块课程学习主要围绕户外营地基地的研学活动展开,主要涵盖户外生存技能与急救技能两大类研学活动。户外生存技能项目旨在帮助参与者掌握野外生存的基础知识与技能,如辨别方向、取水等,并通过活动策划与实施培养学生综合素质、团队合作精神及环保意识。户外急救技能项目侧重教授基础急救知识,如动物咬伤急救、中暑急救等,使参与者能在紧急情况下迅速响应,提供基础生命支持,减少伤害,挽救生命,同时培养学生的冷静应对能力和自救互救能力。通过这两个项目的学习,使学生对户外营地基地课程体系有一定了解,能够初步具备在户外营地基地开展相应研学工作的能力。

知识训练

1. 户外生存技能类研学活动内容不包括( )。

A. 辨别方向　　　B. 野外求救　　　C. 户外运动　　　D. 户外取火

2. 以下未体现使用户外技能取火的方式是( )。

A. 使用打火石取火　　　　　B. 凸透镜取火

C. 钻木取火　　　　　　　　D. 电池取火

3. 户外取水技能中,自制过滤器利用了哪些知识?( )

A.物质状态的变化　　　　　　　　B.户外生存技能

C.密度原理　　　　　　　　　　　D.化学反应

4.户外研学活动中,安全员的职责不包括(　　　)。

A.安全风险评估　　　　　　　　　B.安全教育与培训

C.应急救援管理　　　　　　　　　D.现场引导学生

5."指挥协调与记录"体现出安全员将户外急救技能使用在研学活动中的哪个部分?(　　　)

A.行前　　　　　　B.行中　　　　　　C.行后　　　　　　D.以上都不对

能力训练

查找国内外营地教育中较为成熟的户外研学活动课程案例,并进行分享展示。

模块四

户外拓展项目研学

项目一
社交能力提升类户外拓展项目

项目概述

社交能力提升类户外拓展项目意义重大。参与者置身于户外环境中,通过精心设计的团队游戏、合作任务等环节,能够有效突破社交心理障碍,增强沟通交流能力,建立良好的人际关系。在项目开展过程中,大家需共同应对挑战,通过积极互动、分享想法、倾听建议,既能提升团队协作能力,也有助于增强人际交往的自信。同时,还能拓展社交圈子,结识志同道合的朋友,为个人的社交发展创造更多机会,在社交实践中不断成长,从而更好地适应社会。

项目引入
▼

项目目标

知识目标

1.掌握社交能力提升类户外拓展项目的基础知识。

2.掌握社交能力提升类户外拓展项目的策划要点。

3.掌握社交能力提升类户外拓展项目的实施流程。

能力目标

1.能够正确认识社交能力提升类户外拓展项目。

2.能够完成社交能力提升类户外拓展项目的策划。

3.能够组织实施社交能力提升类户外拓展项目。

素养目标

1.通过社交能力提升类户外拓展项目的学习,培养学生的科学素养。

2.通过专业研学活动的策划,培养学生的创新思维。

3.通过组织实施专业的研学活动,培养学生精益求精的工匠精神。

任务一　认知社交能力提升类户外拓展项目

任务描述

在开始策划与组织社交能力提升类户外拓展项目之前,首先需要对此类项目的基本知识进行深入学习。本任务首先剖析社交能力的构成要素,之后详细介绍户外拓展训练的理论基础,以及社交能力提升类户外拓展项目的主要类型及相应内容,最后针对社交能力提升类户外拓展项目设计的原则展开叙述,分析户外拓展项目对社交能力提升的作用机制,为后续该类项目的策划与组织打好基础。

任务目标

知识目标

1. 了解社交能力的构成要素。

2. 理解户外拓展项目对社交能力提升的作用机制。

3. 掌握社交能力提升类户外拓展项目的类型。

能力目标

识别社交能力提升类户外拓展项目的核心特点和目的,选择合适的户外拓展项目。

素质目标

1. 团队协作,精准分工,创新解决问题。

2. 树立尊重、包容的社交价值观,提升社交与协作能力。

一、社交能力的构成要素与户外拓展训练的理论基础

(一)社交能力的构成要素

1. 沟通能力

在户外拓展中,有效沟通是团队成功的关键。通过团队项目,参与者能够学习如何清晰表达,以及如何倾听他人意见,并在复杂情境中传递准确信息。

2. 团队协作

拓展项目强调团队合作,通过分工、协作和共同解决问题,参与者能够提升团队协作能力,学会在团队中发挥自己的优势。

3. 信任建立

信任是社交能力的核心。拓展训练通过设置信任类项目,帮助参与者克服恐惧,建立信任感,从而提升团队合作的效率。

Note

（二）户外拓展训练的理论基础

1. 社会学理论

（1）社会化过程。

拓展训练通过模拟社会场景和角色扮演，帮助参与者了解、遵守社会规范，提升其社交能力。这一过程基于社会学中的角色理论，强调个体在社会中通过扮演不同角色来学习和适应社会行为规范。通过拓展训练，参与者能够在安全的环境中体验和学习社会交往的规则，从而更好地适应复杂的社会环境。

（2）角色体验。

在拓展项目中，参与者通过扮演不同角色，感受社会对不同角色的期待，从而实现能力的提升。角色理论表明，个体的行为和互动受到其社会角色的影响，而拓展训练中的角色扮演能够帮助参与者更好地了解和遵守角色规范，增强角色适应能力。这种体验不仅提升了个体的社交能力，还促进了其对社会结构和人际关系的理解。

2. 心理学理论

（1）体验式学习理论。

拓展训练的设计基于体验式学习理论，强调通过具体体验、反思观察、抽象概念化和行动应用四个阶段，将感性体验转化为理性知识。这一理论认为，学习是一个循环的过程，参与者通过亲身参与和实践，能够更好地理解和掌握社交技能，增强学习效果。

（2）信任与团队凝聚力。

拓展训练通过设计信任类项目（如盲人方阵、信任背摔等），帮助参与者建立信任感，增强团队凝聚力。心理学研究表明，信任是团队合作的基石，透明沟通、尊重成员意见和一致的行为标准是建立信任的关键。这些项目可以帮助参与者克服心理障碍，参与者还能在团队互动中培养归属感和责任感。

二、社交能力提升类户外拓展项目设计的原则

在设计社交能力提升类户外拓展项目时，需要遵循以下原则，以确保活动有效、安全且具有教育意义，帮助参与者在理论学习与实践体验中提升社交能力。

（一）目标导向原则

项目设计应以明确的教育目标为核心，围绕提升社交能力展开。设计时将学习目标分解为具体的行为目标，如增强沟通能力、建立信任关系、提升团队协作能力等。通过设定清晰的目标，能更有针对性地引导参与者在实践中学习和成长。

（二）体验式学习原则

项目设计应基于体验式学习理论，强调通过"做中学"的方式提升能力。参与者在实际情境中直面挑战，通过亲身体验、反思和总结，将经验转化为知识和技能。因此，

项目应强化互动性与情境化设计,避免单纯的理论讲授,应通过实践活动让参与者在体验中学习。

(三)渐进性原则

项目设计应遵循认知发展理论,从简单到复杂逐步增加难度,帮助参与者逐步适应挑战,克服心理障碍。这种渐进性设计能够满足不同能力水平参与者的需求,避免难度过高导致挫败感或难度过低导致缺乏挑战性。例如,从简单的破冰活动到复杂的团队挑战,逐步提升任务的复杂性和难度。

(四)安全性原则

项目设计应严格遵循安全第一的原则,确保活动的安全性和可靠性。根据风险管理理论,项目设计需全面评估潜在风险,包括场地选择、设备检查、活动流程设计和应急措施等,确保在安全的环境中开展活动。同时,教练须具备专业的急救技能和安全知识,以应对突发情况。

(五)个性化原则

项目设计应基于个体差异理论,充分考虑参与者的年龄、性别、性格和能力水平。根据参与者的特点,设计多样化的活动,满足不同需求。例如,对于青少年群体,可以设计更具趣味性和挑战性的活动;对于成年人群体,则可以设计更具深度和复杂性的团队协作项目。

(六)团队协作原则

项目设计应基于社会学习理论,强调团队合作的重要性。通过设计分组竞赛、团队挑战等活动,培养成员之间的信任和默契。团队协作不仅能够提升社交能力,还能增强团队凝聚力和归属感。例如,信任背摔和盲人方阵等活动,通过设置信任类任务,帮助参与者建立信任关系。

通过遵循以上原则,社交能力提升类户外拓展项目能够更好地结合理论与实践,帮助参与者在安全、有趣且富有挑战性的环境中提升社交能力,增强团队凝聚力和整体素质。

三、任务实施

步骤一:分析户外拓展项目对社交能力提升的作用机制

户外拓展项目通过多种机制对参与者的社交能力进行提升,这些机制不仅基于实践体验,还结合了心理学和社会学的理论基础。

(一)提供实践场景

户外拓展项目通过构建真实且充满不确定性的场景,为参与者提供了模拟社交挑战的机会。例如,在野外定向越野中,参与者可能遭遇迷路、恶劣天气等突发状况,必须依靠与队友的沟通与协作来解决问题。这种实践场景的设计基于体验式学习理论,强调通过具体体验和行动应用,将感性体验转化为理性知识。研究表明,参与此类活动有助于提升参与者在日常生活中解决社交问题的能力。

(二)增强自我认知

通过项目表现与反馈,参与者能够清晰地认识到自己在社交方面的优缺点。例如,在团队讨论项目中,有人意识到自己表达意见时过于强势,有人发现倾听能力不足。这种自我认知的提升基于角色理论,强调通过角色扮演和团队互动,参与者能够更好地了解自己在社交情境中的行为模式。通过这种方式,参与者可以有针对性地完善自己的社交技能,进而提升整体社交能力。

(三)促进情感连接

共同克服困难能够显著加深参与者之间的情感。例如,在高空断桥项目中,队友的鼓励和支持可以帮助参与者完成挑战。这种情感的建立基于社会支持理论,强调在高压力情境下,团队成员的支持能够增强彼此的信任和归属感。多数参与者表示,通过此类项目,他们与队友的关系更加亲密,团队凝聚力大幅提升。

(四)建立信任

户外拓展项目中的信任类活动(如信任背摔)通过设计高挑战性任务,帮助参与者建立信任感。心理学研究表明,信任是团队合作的基石,坦诚的沟通和一致的行为标准是建立信任的关键。通过这些项目,参与者不仅克服了心理障碍,还在团队互动中获得了归属感和责任感。

(五)培养团队合作精神

户外拓展项目通过团队合作任务,培养参与者的团队协作能力。例如,盲人方阵项目要求团队成员在信息不对称的情况下,通过有效沟通和分工协作完成任务。这种团队合作能力的培养基于团队凝聚力理论,强调通过共同目标和团队活动,增强团队成员之间的合作和信任。

基于以上机制,通过户外拓展项目,参与者不仅提升了社交能力,团队凝聚力和个体的心理素质也得以提升,这些能力为参与者在复杂的社会环境中更好地适应和发展提供了支持。

步骤二:选择社交能力提升类户外拓展项目的类型

社交能力提升类户外拓展项目的活动设计多样化且融合心理学和社会学理论,旨在提高参与者的沟通能力、团队协作能力和信任感。下面介绍几类典型的户外拓展项目及其理论基础和案例。

（一）团队协作类项目

团队协作类项目通过设计需要多人合作完成的任务,主要培养参与者的沟通能力、分工能力,提升团队凝聚力。团队协作类项目基于团队凝聚力理论,强调通过共同目标和团队活动,增强团队成员之间的合作和信任。

1. 盲人方阵

参与者被蒙上眼睛,通过团队沟通和协作,将一根长绳拉成一个正方形。该项目要求团队成员在信息不充分的情况下,通过有效沟通和合理分工完成任务,锻炼团队协作能力和沟通能力。

2. 十人九足

将相邻团队成员的脚绑在一起,共同完成一段距离的行走。该项目通过身体上的相互依赖,增强团队成员之间的默契和协作能力。

（二）信任类项目

信任类项目通过设计高挑战性任务,帮助参与者建立信任感,增强团队凝聚力。信任类项目基于社会支持理论,强调在高压情境下,团队成员之间的支持能够增强彼此的信任和归属感。

1. 信任背摔

参与者从高台上向后倒下,由团队成员在下方接住。该项目通过身体上的信任挑战,帮助参与者克服心理障碍,增强对团队成员的信任。

2. 高空断桥

参与者在高空中跨越一段距离,需要在团队成员的鼓励和支持下完成挑战。该项目通过心理和生理的双重挑战,增强团队成员之间的信任和凝聚力。

（三）沟通类项目

沟通类项目通过设计需要频繁交流和信息传递的任务,提升参与者的沟通能力和信息处理能力。沟通类项目基于角色理论,强调通过角色扮演和团队互动,帮助参与者更好地理解自身在社交情境中的行为模式。

1. 地雷阵

参与者蒙上眼睛,通过团队成员的指令穿越布满"地雷"的区域。该项目要求团队成员在信息不对称的情况下,通过清晰的指令和有效的沟通完成任务,锻炼沟通能力和团队协作能力。

2. 七彩连环炮

团队成员通过接力的形式完成任务,要求成员之间密切配合和信息传递,锻炼团队的沟通和协调能力。

（四）情感连接类项目

情感连接类项目通过设计共同克服困难的任务，增强团队成员之间的情感纽带和团队凝聚力。情感连接类项目基于社会支持理论，强调在高压力情境下，团队成员之间的支持能够增强彼此的信任和归属感。

1. 逃生墙

团队成员需要在规定时间内，通过相互协作爬上一面高墙。该项目通过共同克服困难，增强团队成员之间的情感纽带和团队凝聚力。

2. 野外生存

团队成员在野外环境中共同完成生存任务，如搭建帐篷、寻找食物等。该项目通过共同面对自然环境的挑战，增强团队成员之间的情感连接并提升团队凝聚力。

通过以上类型的户外拓展项目，参与者不仅能够在实践中提升社交能力，还能在团队互动中增强信任感和团队凝聚力，为更好地适应社会环境和个人发展提供支持。

任务二　社交能力提升类户外拓展项目的策划与组织

任务描述

社交能力提升类户外拓展是增强个人和团队社交能力的重要途径。本任务深入探讨了户外拓展项目策划的方法论基础，包括经验学习循环、社会互赖理论和压力-成长模型。在策划与组织这类项目时，需遵循需求诊断矩阵和双环设计模型，确保活动的有效性和安全性。通过分析目标群体的需求，设计相应的活动内容，分配活动时间和地点，筹备资源，组织人员，并制定安全预案。最后，通过宣传推广吸引更多参与者，为他们提供全面提升社交能力的户外拓展体验。

任务目标

知识目标

1. 了解社交能力提升类户外拓展项目的基本概念和重要性。
2. 熟悉户外拓展项目策划的方法。
3. 掌握户外拓展项目策划和组织的要点。

能力目标

1. 能够依据目标群体的特点和需求，设计出符合相应方法论和原则的户外拓展项目。

2.能够合理安排活动时间和地点,筹备所需的资源和人员,确保项目的顺利实施。

3.能够制定详细的安全预案,对参与者进行安全教育和培训,保障活动的安全。

素质目标

1.培养学生严谨细致的规范意识,确保活动策划和组织的科学性和合理性。

2.培养学生精益求精的学习态度,提升创新思维,不断提升活动质量和效果。

3.培养学生良好的团队合作意识,增强团队协作和沟通能力。

当今社会,社交能力已成为个人和团队发展中不可或缺的重要因素。无论是学生在校园里的人际交往,还是企业员工在职场中的团队协作,良好的社交能力都能为个人的成长和发展提供有力支持。为了满足不同群体对社交能力提升的需求,精心策划和组织社交能力提升类户外拓展项目显得尤为关键。户外拓展项目包含从项目策划到实施的全过程,基于基本的方法论进行活动设计,涵盖目标设定、步骤规划以及各环节的具体操作要点。

一、户外拓展项目策划的方法论基础

（一）经验学习循环

经验学习循环(Kolb,1984)是一个由具体经验、反思观察、抽象概念化和主动实践四个阶段构成的循环。在户外拓展项目中,这一理论框架为参与者的学习和发展提供了坚实的理论基础。

1.具体经验

通过设计具有挑战性和真实性的户外拓展活动,如盲人方阵、电网穿越等项目,让参与者在实践中获得直接体验。这些活动不仅考验了参与者的体能和技巧,更重要的是提升了他们的团队协作精神和社交能力。

2.反思观察

活动结束后,组织开展复盘工作,引导参与者回顾活动全程的成效与不足,反思沟通中存在的盲区、领导力分配是否合理等问题。通过结构化反思,参与者能够更深入地了解自己的行为模式,从而实现能力的内化。

3.抽象概念化

在反思的基础上,帮助参与者将具体经验提炼为抽象概念,如沟通技巧、团队协作原则等。这些概念不仅有助于参与者更好地理解自己的行为,还能为他们未来的社交活动提供理论指导。

4.主动实践

鼓励参与者在日常生活中主动运用所学概念,通过实践不断巩固和提升社交能力。例如,在商业模拟战等活动中,参与者可以将所学到的团队协作和沟通技巧应用

Note

于模拟的商业环境中,从而实现知识的应用和迁移。

(二)社会互赖理论

社会互赖理论(Deutsch,1949)强调了个人目标与团队目标之间的关联性,以及这种关联性对个体行为的影响。在户外拓展项目中,这一理论为任务设计提供了重要指导。

1. 正向互赖

通过设计需要团队协作才能完成的任务,如电网穿越项目中的复合目标,使参与者意识到个人目标与团队目标的紧密关联。这种正向互赖关系能够培养参与者的责任感和归属感,促使他们更加积极地投入到团队活动中。

2. 任务设计

在任务设计中,要注重平衡个人挑战与团队协作的关系。既要确保任务具有一定的挑战性,以激发参与者的潜能;又要确保任务能够通过团队协作来完成,以强化团队精神、提升社交能力。

(三)压力-成长模型

压力-成长模型(Yerkes-Dodson定律)指出,适度压力能够激发个体的潜能,促进学习和成长。在户外拓展项目中,这一理论为控制压力水平、优化学习效果提供了重要依据。

1. 良性压力

通过设计可控风险的户外拓展活动,如高空项目等,为参与者制造良性压力。这种压力能够激发参与者的挑战精神和适应能力,帮助他们突破社交舒适区。

2. 平衡点控制

在项目实施过程中,要密切关注参与者的压力水平。通过心率监测等手段,将参与者的压力水平维持在静息状态的120%~140%,以确保学习效能最佳。同时,要根据参与者的实际情况和反馈,及时调整活动难度和节奏,以保持适度的压力水平。

二、户外拓展项目策划和组织的要点

(一)需求诊断矩阵

1. 组织目标

明确组织在社交能力方面的需求,绘制能力差距图谱。这有助于确定户外拓展项目的目标和重点。

2. 个体特征

了解参与者的个性特征、优势和劣势。根据测评结果,制定个性化干预预案,以更好地满足参与者的需求。

3. 环境约束

全面评估活动场地的安全性、可行性和适用性。同时,根据场地特点设计风险拓扑图,为活动实施提供安全保障。

(二)双环设计模型

1. 内容环

按照"破冰—技能建构—综合应用"三阶段递进设计活动内容。破冰环节旨在打破参与者之间的隔阂、消除陌生感;技能建构环节通过具体活动培养参与者的社交技能和团队协作能力;综合应用环节则通过模拟真实场景或任务,检验和提升参与者的综合能力。

2. 心理环

匹配"紧张—探索—投入—反思"的情绪曲线。在活动初期,通过紧张刺激的活动激发参与者的兴趣和动力;在活动中期,提供足够的探索空间和机会,让参与者充分体验和感受;在活动后期,引导参与者深入投入并积极参与。最后设置反思环节帮助参与者总结经验教训,实现能力的提升。

三、任务实施

步骤一:社交能力提升类户外拓展项目需求分析

(一)明确目标群体

1. 学生群体

学生正处于社交能力培养和发展的关键时期,他们渴望结交新朋友、拓展社交圈子,提升沟通、协作和团队融入能力。不同年龄段学生的需求也有所差异。

小学生更注重趣味性和体验感,希望在轻松愉快的氛围中学习社交。例如,在为小学生设计拓展项目时,可以安排森林寻宝活动,让小学生在模拟的森林环境中寻找宝藏,通过与小伙伴的合作和交流,锻炼沟通能力和团队协作能力。

中学生则开始关注自身能力的提升和自我价值的实现,对具有挑战性和竞争性的活动更感兴趣。比如组织一场校园定向越野比赛,要求中学生在规定时间内完成一系列任务,这不仅能锻炼他们的身体素质,还能培养他们的应变能力、团队协作能力和竞争意识。

大学生则更倾向于通过拓展活动提升职业素养和社交技能,为未来步入社会做准备。可以开展模拟职场谈判、团队项目策划等活动,让大学生在实践中提升沟通、协调和解决问题的能力。

2. 企业员工群体

企业员工面临着工作中的各种挑战,如团队协作、跨部门沟通、领导力提升等。他们希望通过户外拓展活动增强团队凝聚力,打破部门壁垒,提升沟通效率和解决问题的能力,同时缓解工作压力,提高工作满意度。

以某互联网公司为例,该公司组织了一次户外拓展活动,旨在解决团队协作和跨部门沟通问题。活动设置了团队拼图游戏,公司员工共同完成一幅巨大的拼图,在这个过程中,不同部门的员工需要相互沟通、协作,分享各自的想法和资源,从而打破部门之间的隔阂,增强团队凝聚力。

(二)确定提升目标

1. 增强团队凝聚力

通过一系列团队合作项目,让参与者在共同完成任务的过程中,建立信任、相互支持,增强团队成员之间的情感联系,提升团队的整体战斗力。比如拔河比赛游戏,这是一个经典的团队合作项目,参与者需要齐心协力,为了共同的目标而努力。在比赛过程中,团队成员之间的信任和协作得到了充分的考验和提升,当团队赢得比赛时,成员们的自豪感和归属感也会油然而生,进而增强团队凝聚力。

2. 提升沟通能力

设计各种沟通场景和任务,锻炼参与者的表达能力、倾听能力和反馈能力,使他们能够清晰、准确地传达信息,理解他人意图,避免沟通障碍。比如信息传递游戏,参与者依次传递一段复杂的信息,在传递过程中,信息可能会因为表达不清、理解错误等原因而发生偏差。通过这个游戏,参与者可以深刻体会到沟通的重要性,学会准确表达自己的想法,以及认真倾听他人的意见,从而提升沟通能力。

3. 培养协作能力

安排需要成员密切配合的活动,让参与者学会分工协作、发挥各自优势,共同克服困难,提高团队协作效率。比如搭建帐篷活动,参与者需要分成小组,有的负责搬运材料,有的负责搭建框架,有的负责固定帐篷。在这个过程中,每个成员都要明确自己的职责,与其他成员密切配合,才能快速、高质量地完成任务,从而培养了协作能力。

4. 增强自信心

设置具有一定挑战性的项目,当参与者成功完成任务时,能够获得成就感,从而增强自信心,敢于在社交场合中展现自己。比如高空断桥项目,参与者需要克服内心的恐惧,跨越一段断桥。当他们成功跨越时,会感受到自己的能力得到了突破,自信心也随之增强,在今后的社交场合中,他们会更加敢于表达自己的观点和想法。

5. 提升问题解决能力

模拟真实生活中的问题情境,引导参与者运用所学知识和技能,通过团队讨论和协作,提出解决方案,培养他们的创新思维和解决实际问题的能力。比如荒岛求生模拟活动,参与者被假设置身于荒岛上,需要利用有限的资源生存下去。在这个过程中,他们会遇到各种问题,如寻找食物、水源,搭建住所等。通过团队讨论和协作,他们可以提出各种解决方案,并在实践中不断优化,从而提升问题解决能力。

步骤二:社交能力提升类户外拓展项目活动设计

(一)根据目标设计户外拓展活动

户外拓展活动包含团队协作类项目、信任类项目、沟通类项目、情感连接类项目等,常见活动如下。

1.盲人方阵

盲人方阵是一个沟通协作类项目,参与者蒙上双眼,在规定时间内通过与队友的沟通协作,用绳子围成指定形状。该项目锻炼参与者的沟通能力、协作能力和团队指挥能力,让参与者在信息不完整的情况下进行有效沟通和协作。活动开始,由于参与者看不见,大家普遍感到慌乱,不知所措。但随着沟通逐步深入,成员们逐渐明晰各自的任务,最终成功围成指定形状。通过参与该项目,参与者的沟通能力和团队协作能力均得到显著提升。

2.信任背摔

信任背摔是一个经典的团队信任项目,属于信任建立类活动。参与者站在一定高度的平台上,背对队友向后倒下,由队友组成的"人床"接住。通过这个项目,能够有效打破团队成员之间的隔阂,建立信任关系,增强团队凝聚力。在某企业的拓展活动中,一位员工起初非常害怕,不敢进行背摔。但是在队友们的鼓励下,他鼓起勇气完成了这个项目。事后他表示,这次经历让他深刻感受到了队友的信任和支持,也让他在今后的工作中团队意识更加强烈。

3.攀岩挑战

攀岩挑战是个人挑战与团队支持相结合的项目,属于挑战突破类活动。参与者需要克服恐惧,独自攀登岩壁,队友在下方提供保护和鼓励。攀岩挑战既能锻炼个人的勇气和毅力,增强自信心,又能让参与者感受到团队的支持和鼓励,促进团队成员之间的情感交流。例如,在一次大学生户外拓展活动中,一位同学在攀岩过程中遇到了困难,想要放弃,但是他听到了队友的加油声,感受到了团队的支持,最终他克服了恐惧,成功登顶。这次经历不仅让他增强了自信心,也让他更加珍惜与队友之间的友谊。

4.接力寻宝

接力寻宝是一个团队竞争类项目,参与者分成若干小组,每个小组根据线索在规定区域内寻找宝藏。在寻宝过程中,各小组成员要合理分工、密切配合,共同分析线索、制定寻宝策略,同时还要与其他小组竞争,锻炼团队协作能力、竞争意识和应变能力。在一次社区组织的拓展活动中,各个小组在接力寻宝过程中,充分发挥了团队的智慧和力量。有的小组擅长分析线索,有的小组擅长奔跑寻找,大家分工明确,配合默契。通过这个项目,社区居民之间的关系更加融洽,团队协作能力也得到了提升。

(二)分配活动时间和地点

1.活动时间

根据活动内容和目标群体的特点,合理安排活动时间。一般来说,一天的拓展活动较为常见,可分为上午、下午和晚上三个时间段。上午可以安排一些轻松的破冰活动和基础的团队合作项目,帮助参与者快速融入团队。整体活动时间安排示例如表4-1-1所示。

表4-1-1　户外拓展活动时间安排示例

时间	活动内容
9:00—9:30	集合签到,开场致辞,介绍活动流程和注意事项,让参与者对活动有初步的了解
9:30—11:00	进行破冰游戏,如名字接龙、松鼠与大树等,打破参与者之间的陌生感;团队组建,选举队长,确定队名、队旗和队歌,增强团队归属感
11:00—12:30	进行信任背摔项目,让团队成员建立信任基础
12:30—13:30	吃午餐及休息,让参与者补充能量,为下午的活动做好准备
13:30—15:00	进行盲人方阵项目,锻炼团队沟通协作能力
15:00—16:30	进行攀岩挑战项目,挑战个人极限,增强自信心
16:30—17:00	休息和补充能量,消除参与者的疲劳
17:00—18:30	进行接力寻宝项目,培养团队协作和竞争意识。晚上则可以组织一些轻松的团队交流活动,如篝火晚会、团队分享会等,增进团队成员之间的感情
18:30—19:30	吃晚餐,大家可以在轻松的氛围中交流
19:30—21:00	举行篝火晚会,团队成员围坐在一起,进行才艺表演、游戏互动等,增进感情

2.活动地点

选择环境优美、安全设施完善的户外场地,如专业的拓展训练基地、公园、郊外等。场地应具备足够的空间,以满足各种拓展活动的开展,同时要考虑交通便利性,方便参与者前往。专业拓展训练基地拥有广阔的草地、攀岩墙、绳索设施等,能够满足各种拓展项目的需求,且周边交通便利,有多条公交线路可达。如果选择公园作为活动场地,要提前与公园管理部门沟通,确保活动的合法性和安全性。郊外的场地则要注意做好安全防护措施,避免参与者受到野生动物的攻击或其他意外伤害。

步骤三：社交能力提升类户外拓展项目资源筹备

（一）准备所需的物资和设备

1. 安全装备

准备攀岩绳索、安全带、头盔、护膝、护肘等安全装备，用于保障参与者在开展攀岩等危险性项目时的人身安全。这些安全装备必须符合国家安全标准，定期进行检查和维护，确保其性能良好。例如，攀岩绳索要定期检查是否有磨损、断裂等情况，安全带要确保其扣具牢固，头盔要确保能够有效抵御外力。

2. 急救包

配备常用的急救药品和器材，如创可贴、碘伏、绷带、酒精棉球、体温计、血压计等，以应对可能出现的意外情况。急救包要放在便于取用的位置，并且要有专人负责管理，定期检查药品的有效期，及时补充和更换药品。

3. 活动道具

准备绳子、眼罩、气球、接力棒、宝藏线索卡片等活动道具，用于各种拓展活动。这些道具要根据活动的需求进行准备，确保其数量和质量能够满足活动的开展。例如，在进行盲人方阵项目时，要准备足够的眼罩，并且要保证眼罩的遮光效果良好；在进行接力寻宝项目时，要设计有趣、有挑战性的宝藏线索卡片，增加活动的趣味性。

4. 餐饮物资

根据活动时间和参与人数，准备足够的饮用水、午餐、晚餐和零食等，确保参与者的能量供应。餐饮物资要保证卫生和安全，选择正规的供应商，确保食材新鲜、无污染。例如，午餐和晚餐可以选择营养均衡的套餐，包含主食、蔬菜、肉类等，同时要准备足够的饮用水，以满足参与者在活动中的饮食需求。

5. 遮阳避雨设施

准备帐篷、遮阳伞等遮阳避雨设施，以应对不同的天气情况。在炎热的天气里，遮阳伞可以为参与者提供阴凉的休息环境；下雨时，帐篷可以为参与者遮风挡雨。这些设施要提前搭建好，确保其稳定性和安全性。

（二）协调场地租赁、交通安排等外部资源

1. 场地租赁

提前与选定的活动场地管理方沟通，签订场地租赁合同，明确租赁时间、费用、场地使用规则等事项。在签订合同前，要仔细查看场地的各项设施是否符合活动要求，如场地的平整度、安全性，以及是否有足够的电源等。同时，要与管理方协商好场地的布置和清理事宜，确保活动结束后场地能够恢复原状。

2. 交通安排

根据参与人数和活动地点，选择合适的交通工具。如果参与人数较多，可以租赁

大巴车统一接送;如果人数较少,可以建议参与者自行前往,或者安排少量车辆进行接送。同时,要提前规划好交通路线,确保行程安全、顺畅。在租赁大巴车时,要选择正规的客运公司,确保车辆的安全性和司机的驾驶经验;提前与司机沟通好出发时间、地点和行程安排,避免出现延误或迷路等情况。

步骤四:社交能力提升类户外拓展项目人员组织

(一)确定人员

确定项目负责人、教练团队和后勤支持人员,明确各自职责。

1. 项目负责人

项目负责人全面负责项目的策划、组织、协调和管理工作,确保项目按照计划顺利进行。项目负责人还要制定项目预算、监督项目进度、处理项目中的重大问题等。例如,在项目策划阶段,项目负责人要根据目标群体的需求和资源情况,制定详细的项目方案;在项目实施阶段,要及时解决出现的各种问题,确保活动的顺利进行;在项目结束后,要对项目进行总结和评估,为今后的项目提供经验教训。

2. 教练团队

教练团队由专业的拓展教练组成,负责指导参与者进行各项拓展活动,讲解活动规则和注意事项,引导参与者进行团队讨论和总结反思。教练应具备丰富的拓展训练经验、良好的沟通能力和团队引导能力。例如,在进行信任背摔项目时,教练要详细讲解项目的安全注意事项,确保参与者的安全;在项目结束后,要引导参与者进行讨论,分享自己的感受和体会,帮助他们更好地理解和运用所学知识。

3. 后勤支持人员

后勤支持人员负责物资的采购、运输和保管,餐饮的准备和供应,场地的布置和清理,以及其他后勤保障工作。确保活动所需物资和设备的及时供应,为参与者提供良好的后勤服务。例如,后勤支持人员要提前采购活动所需的物资和设备,确保其质量和数量符合要求;在活动过程中,要及时为参与者提供餐饮和休息服务,确保他们的体力和精力得到恢复;在活动结束后,要及时清理场地,妥善保管物资和设备。

(二)行前培训

对教练团队应进行行前培训,确保他们具备引导和促进社交互动的能力。

1. 培训内容

教练团队培训内容包括拓展训练理论知识、活动操作技能、安全急救知识、团队引导技巧等。通过培训,使教练深入了解各种拓展活动的原理、目标和操作方法,掌握有效的团队引导技巧,能够引导参与者积极参与活动,促进团队成员之间的社交互动。例如,在团队引导技巧培训中,教练要学习如何引导参与者进行有效的沟通和协作,如何激发参与者的积极性和创造力,以及如何处理团队中的冲突和矛盾等。

2. 培训方式

可以采用集中授课、现场演示、模拟演练等多种方式进行培训。邀请资深的拓展培训专家授课,分享经验和技巧;组织教练进行现场演示和模拟演练,让他们在实践中不断提高自己的能力。例如,在安全急救知识培训中,可以邀请专业的医护人员进行现场演示,讲解急救的方法和技巧,然后让教练进行模拟演练,提高他们的实际操作能力。

步骤五:社交能力提升类户外拓展项目安全预案

制定详细的安全操作规程和应急预案,具体内容如下。

(一)安全操作规程

针对每个拓展活动,制定详细的安全操作规程,明确活动前的准备工作、活动中的操作步骤和注意事项、活动后的整理工作等。以攀岩项目为例,其安全操作规程如下。

1. 活动前准备

专业教练需提前仔细检查攀岩绳索、安全带、头盔等装备,确保无磨损、断裂、老化等安全隐患;对攀岩场地进行勘察,清理周边杂物,检查岩壁是否稳固、有无松动石块等;向参与者详细讲解攀岩技巧、安全注意事项以及可能出现的风险,并要求参与者进行热身运动,活动关节,避免肌肉拉伤。

2. 活动中操作

参与者必须正确佩戴安全装备,在教练指导下按照规范动作攀爬,严禁擅自改变攀爬路线或超越安全范围;教练要时刻关注参与者的状态,及时给予指导和鼓励;下方保护人员要集中注意力,根据攀爬者的动作适时调整保护绳索的松紧度,确保保护有效。

3. 活动后整理

活动结束后,教练组织参与者有序下岩壁,帮助他们解除安全装备;再次检查装备,并将检查好的装备分类整理存放,以便下次使用;对攀岩场地进行清理和维护,为后续活动做好准备。

(二)应急预案

制定各种可能出现的意外情况的应急预案,明确应急处理流程、责任分工和联系方式。

1. 人员受伤应急处理

若参与者在活动中受伤,现场教练应立即停止活动,第一时间进行简单的急救处理,如止血、包扎、固定骨折部位等。同时,通知后勤支持人员迅速将急救包送至现场,并拨打急救电话,告知医务人员伤者的具体情况和受伤的具体位置。项目负责人要及时向上级领导汇报情况,安排专人负责与伤者家属沟通,告知其受伤情况和救治进展。在等待救援过程中,尽量安抚伤者情绪,避免其因紧张而加重伤势。

2. 突发疾病应急处理

当有参与者突发疾病,如心脏病发作、中暑、食物中毒等,现场人员应立即将伤病员转移至通风良好、阴凉舒适的地方,让其保持舒适的体位。若伤病员意识清醒,询问其病史和症状,采取相应的急救措施,如给中暑者降温、补充水分和盐分;若伤病员心搏骤停,立即进行心肺复苏等急救操作,直到专业医护人员到达。后勤支持人员负责联系急救车辆和医院,确保伤病员能够及时得到救治。

3. 恶劣天气应急处理

如果遇到恶劣天气,如暴雨、狂风、雷电等,教练应立即组织参与者前往安全的室内场所躲避。在转移过程中,提醒参与者注意安全,避免在大树、电线杆等易受雷击的物体下停留。若活动地点在郊外,且无法及时找到室内躲避场所,可启用提前备好的帐篷等遮阳避雨设施,保障参与者安全。同时,关注天气变化,及时调整活动计划,待天气好转后再决定是否继续开展活动。

4. 设备故障应急处理

一旦发现活动设备出现故障,如攀岩绳索断裂、拓展道具损坏等,教练应立即停止相关活动,组织参与者撤离危险区域。对故障设备进行标识和隔离,防止误操作。后勤支持人员及时联系设备供应商或维修人员,尽快进行维修或更换。在设备修复或更换完成后,经过严格检查确认安全无误后,方可继续开展活动。

(三)参与者安全教育和培训

对参与者进行安全教育和培训,提高他们的安全意识。

1. 安全教育内容

安全教育内容包括活动中的安全注意事项、自我保护方法、应急处理措施等。通过讲解、演示、案例分析等方式,让参与者了解活动中可能存在的安全风险,掌握必要的安全知识和技能。例如,在讲解安全注意事项时,详细说明在不同拓展项目中如何正确使用装备、遵守活动规则;在介绍自我保护方法时,教导参与者在遇到危险时如何迅速做出反应,采取有效的自我保护措施;通过真实的案例分析,让参与者深刻认识到安全事故的严重性,提高他们的安全意识。

2. 培训方式

在活动开始前,组织参与者进行集中的安全教育培训,发放安全手册,让他们对活动中的安全事项有全面的了解;在活动过程中,教练要随时提醒参与者注意安全,纠正不安全行为;可以设置一些安全知识问答环节,对表现优秀的参与者给予小奖品,以提高他们学习安全知识的积极性;在活动结束后,进行安全总结,回顾活动中出现的安全问题,强调安全的重要性,让参与者在今后的活动中能够更加自觉地遵守安全规定。

步骤六:社交能力提升类户外拓展项目宣传推广

(一)宣传材料设计

制作精美的宣传海报、宣传册、视频等,突出项目的特色、目标和优势,吸引潜在参与者的关注。宣传材料应包含项目简介、活动内容、时间地点、报名方式、费用标准等信息,同时设计时要注重美观性和可读性。

(二)宣传渠道选择

根据目标群体的特点和习惯,选择合适的宣传渠道。对于学生群体,可以通过学校官网、班级群、校园公告栏等渠道进行宣传;对于企业员工群体,可以通过企业内部邮件、微信群、公告栏等渠道进行宣传。此外,还可以利用社交媒体平台,如微信公众号、微博、抖音等,发布宣传信息,扩大项目的影响力。

(三)项目说明会

邀请潜在参与者参加项目说明会,解答疑问,增强其参与意愿。

1.项目说明会组织

在项目报名前,组织潜在参与者参加项目说明会。说明会可以采用线上直播或线下会议的方式进行,由项目负责人或教练团队介绍项目的详细情况,包括活动内容、流程安排、安全保障措施等。

2.疑问解答

在说明会过程中,设置互动环节,解答参与者的疑问。对于参与者关心的问题,如活动费用、交通安排、安全问题等,要给予详细、准确的解答,消除他们的顾虑,增强他们的参与意愿。

通过以上全面、系统的策划与组织,能够确保社交能力提升类户外拓展项目的顺利开展,达到预期的目标,为参与者提供一次难忘的社交能力提升体验。在实际操作过程中,还应根据项目的实施情况和参与者的反馈,不断优化和完善项目方案,提高项目的质量和效果。

任务三　社交能力提升类户外拓展项目的实施

任务描述

　　社交能力提升类户外拓展项目旨在帮助参与者突破社交局限、增强社交效能。本任务聚焦项目全流程管理，强调通过精细化执行控制与动态反馈调节实现能力培养目标。在活动执行层面，学会运用教练介入的STAR法则与动态难度调节机制，分析常见问题及提出解决方案。项目实施需要掌握六阶段闭环管理，从活动前的物资安全双核查与心理建设，到执行中的情境化任务推进与多维度行为观察，通过建立"观察记录—反馈收集—效果评估"的三维数据体系，实现社交能力提升的可视化追踪。最终形成包含成功经验、改进方向与典型案例的标准化项目报告，为同类活动提供可复制的优化范式。

任务目标

知识目标

　　1.了解社交能力提升类户外拓展项目全流程。

　　2.掌握物资设备检查方法、安全规则细则、活动执行要点、观察记录方式、反馈收集与效果评估手段。

　　3.熟悉不同拓展活动对社交能力提升的作用原理。

能力目标

　　1.能够精准筹备活动，合理调配资源。

　　2.能够有序组织拓展活动，灵活调整活动节奏。

　　3.能够运用多种方式全面记录参与者表现，深入分析数据；科学收集反馈，准确评估项目效果；撰写总结报告，为后续项目提供参考。

　　4.能够撰写包含项目概述、实施过程、效果评估及未来改进方向的总结报告，为后续项目提供参考。

素质目标

　　1.培养严谨负责的工作态度，强化安全意识。

　　2.提升团队协作、沟通协调和应变能力。

　　3.养成总结反思的习惯，提升创新思维能力。

　　社交能力提升类户外拓展项目，是助力参与者突破社交局限、增强社交效能的重要途径。在前期策划和组织的基础上，项目将围绕从筹备到复盘的全流程，清晰呈现如何有效提升参与者的社交能力,同时通过科学的评估与反馈机制,为后续项目的优化提供精准依据。

一、活动执行精细化控制要点

(一)教练介入的STAR法则

1. 情境识别(Situation)

教练要密切关注参与者的行为表现、情绪变化和团队氛围等,通过肢体语言、空间距离等信号判断群体状态。当发现群体出现沉默、冲突或焦虑等负面情绪时,要及时进行干预。

2. 介入时机(Timing)

教练要准确把握介入时机。当群体沉默超过90秒或语音重叠率超过30%时,表明群体沟通出现问题或需要引导。此时,教练应及时采取干预措施。

3. 行动策略(Action)

教练要根据具体情况采取合适的行动策略。在冲突调解方面,可以采用"情绪标注—利益解构—方案共创"三步法;在参与激励方面,可以对退缩者使用"最小可行挑战"策略;在效果强化方面,可以运用"三明治反馈法"给予正面反馈和鼓励。

4. 结果评估(Result)

教练对介入的效果进行评估。观察群体的行为表现、情绪状态和沟通氛围是否得到改善,如沉默时间是否缩短、冲突是否减少、参与度是否提高等。同时,收集参与者的反馈,了解他们对教练介入的看法和感受,以便总结经验教训,提升教练介入的有效性和针对性。

(二)动态难度调节机制

教练要根据团队表现实时评估活动难度,并通过增减任务约束条件来保持"心流"体验。当团队表现超预期时,可以增加资源限制或提高任务难度;当团队表现达标时,可以引入干扰因素或增加挑战性;当团队表现滞后时,可以拆分任务步骤并提供示范模板以降低难度。表4-1-2所示为社交能力提升类户外拓展项目动态难度调节机制。

表4-1-2 社交能力提升类户外拓展项目动态难度调节机制

团队表现等级	调节策略
超预期(完成时间<标准值20%)	增加资源限制(如禁用语言沟通)
达标	引入干扰因素(如模拟突发危机)
滞后	拆分任务步骤并提供示范模板

Note

二、常见问题及解决方案

（一）参与阻抗

1.典型表现

成员消极旁观、频繁使用手机等。

2.解决策略

（1）采用责任扩散破解法：为每位参与者分配专属任务角色，明确其职责和期望成果。责任扩散破解法有助于增强参与者的责任感和归属感，减少消极旁观现象。

（2）设置行为积分兑换特权：设立行为积分制度，根据参与者的表现给予相应的积分奖励。积分可以兑换特权或礼品等，以激励参与者的积极性和参与度。

（二）虚假和谐

1.典型表现

表面附和，实则保留意见。

2.解决策略

（1）引入匿名问题墙技术：提供一个匿名反馈平台，让参与者可以自由地表达意见和建议。引入匿名问题墙技术有助于揭示潜在的问题和矛盾，促进团队内部的沟通和理解。

（2）进行红蓝军辩论角色对抗：通过角色扮演和辩论等形式，让参与者从不同角度思考问题并表达观点。进行红蓝军辩论角色对抗有助于打破虚假和谐现象，促进团队内部的真实交流和思想碰撞。

（三）能力断层

1.典型表现

部分成员主导话语权，导致其他成员无法充分表达意见。

2.解决策略

（1）实施发言令牌制度：每人每轮限时发言，确保每个人都有机会表达自己的观点。实施发言令牌制度有助于平衡话语权分配，促进团队内部的平等交流和互动。

（2）使用反转领导机制：指定沉默者担任决策角色或领导者，以激发其主动性和创造力。使用反转领导机制有助于打破能力断层现象，提升团队的整体协作能力和创新能力。

表4-1-3所示为社交能力提升类户外拓展项目常见问题及解决方案。

表4-1-3 社交能力提升类户外拓展项目常见问题及解决方案

问题类型	典型表现	解决策略
参与阻抗	成员消极旁观、频繁使用手机	1.采用责任扩散破解法； 2.设置行为积分兑换特权
虚假和谐	表面附和实则保留意见	1.引入匿名问题墙技术； 2.进行红蓝军辩论角色对抗
能力断层	部分成员主导话语权，导致其他成员无法充分表达意见	1.实施发言令牌制度 2.使用反转领导机制

三、任务实施

步骤一：社交能力提升类户外拓展项目活动前准备

（一）再次检查物资和设备

再次检查所有物资和设备是否齐全、完好。在活动开启前的最后关键时段，安排专业人员对所有物资与设备进行细致入微的检查。

物资方面，饮用水要检查生产日期和保质期，确保水质安全；急救药品要核对种类是否齐全，查看药品是否过期，碘伏、创可贴、绷带等常用药品要保证充足。遮阳避雨设施，如帐篷要检查帐篷布是否有破损、拉链是否顺滑，搭建时要确保帐篷的稳定性，防风绳要系紧；遮阳伞要检查伞骨是否坚固，伞面是否有破损。摄像机要提前进行试拍，检查画面清晰度、色彩还原度以及存储容量是否足够。音响要测试音量、音质，确保在活动场地的各个角落都能清晰听到声音。活动道具，如接力棒要检查是否光滑无毛刺，避免在传递过程中划伤参与者；气球要检查是否有漏气，数量是否满足活动分组需求；拼图要确保图案完整、板块无缺失。

专业设备需要再三检查。例如对于攀岩项目，要用专业的检测工具检查攀岩绳索内部纤维的磨损程度，查看是否有断丝现象，同时检查绳索的外皮是否有破损、老化变硬等问题；安全带需检查各连接部位是否牢固，卡扣是否能正常开合；要查看头盔外壳是否有裂缝，内衬是否完好，系带是否结实。

（二）安全提醒和注意事项

确认参与者的到场情况，进行最后的安全提醒和注意事项说明：借助电话、短信或现场签到等方式，精准掌握所有参与者的到场状况。对于未能按时抵达的参与者，及时与其取得联系，了解具体情况并给予恰当的指导与协助。

当参与者集合完毕后，再次进行全面且深入的安全提醒和注意事项说明。着重强调活动中的安全规则，比如在进行高空项目时，严禁随意解开安全装备，因为在高空环境下,安全装备是保障生命安全的最后一道防线,随意解开可能导致坠落事故,不仅危及自身安全,还会影响整个团队的活动进程和其他参与者的心理状态,引发团队恐慌,破坏团队协作氛围。在团队活动中,要时刻留意避免碰撞他人,因为碰撞可能引发身体伤害,进而导致冲突。详细阐述活动流程以及各个环节的时间安排,让参与者对活动有清晰的认知,告知他们每个项目预计的时长、休息时间以及午餐安排等,有助于他们更好地规划自己的行动,积极参与到社交互动中。告知参与者活动场地的基本情况,如紧急出口、医疗救助点的位置等,消除他们的顾虑,使其能够全身心投入到社交能力的锻炼中。

与此同时,积极鼓励参与者以开放的心态踊跃参与活动,放松心情,尽情享受拓展过程中各种社交挑战带来的成长与乐趣,可分享一些以往参与者在活动中突破自我、收获友谊的故事,激发他们的参与热情。

步骤二:社交能力提升类户外拓展项目活动执行

(一)按照预订计划有序开展各项活动

严格依据活动计划的时间节点和流程安排,有条不紊地依次开展各项拓展活动。在活动转换的过程中,要确保过渡自然流畅,避免出现冷场或混乱的局面。例如,在完成信任背摔项目后,及时组织参与者进行短暂的休息和交流,分享感受。在这个过程中,参与者可以交流自己在信任背摔时的心理变化,以及对团队成员信任的新认知,这不仅有助于缓解紧张情绪,还能促进参与者之间的情感交流,加深彼此的了解,为后续的盲人方阵项目营造良好的团队协作氛围。

在活动开展进程中,要根据实际状况灵活调整节奏。倘若某个项目参与者的兴趣浓厚,互动效果热烈,表明该项目为参与者提供了丰富的社交机会,促进了他们之间的交流与合作,可以适当延长时间,让参与者充分沉浸在这种积极的社交体验中;反之,如果某个项目进展不顺,出现参与度低或其他问题,要及时深入分析原因,可能是项目难度设置不合理,导致参与者无法从中获得成就感,进而影响社交互动的积极性,此时需迅速调整策略,如降低项目难度或改变规则,确保活动能够持续吸引参与者的注意力,激发他们的社交热情。例如,在模拟荒岛求生项目中,如果参与者对复杂的线索推理感到困惑,可适当降低线索难度,增加提示,让参与者能够更好地参与到团队讨论和协作中。

(二)教练团队执行活动方案

教练团队全程引导,确保活动顺利进行,同时关注参与者的情绪变化和安全状况。教练团队是活动执行过程中的核心力量,他们全程深度参与活动,提供专业且全面的指导。

在活动开启前,教练要详细阐释活动规则、技巧以及注意事项,确保参与者清晰了解活动要求,这有助于参与者在活动中更好地发挥自己的能力,避免因规则不明而产生误解或冲突,影响社交互动。

在活动进行中,教练要密切留意参与者的操作是否规范,及时给予纠正和指导。以攀岩项目为例,教练不仅要时刻观察参与者的攀爬动作是否正确,及时提醒他们注意安全,还要关注参与者之间的互动情况。比如,当有参与者在攀爬过程中遇到困难时,观察其他参与者是否会主动提供鼓励和帮助,若没有,教练可以适时引导,推动参与者之间开展互助行为,增强团队凝聚力。教练要高度关注参与者的情绪变化,对于紧张、害怕或沮丧的参与者,要及时给予鼓励和支持,帮助他们克服心理障碍。因为这些负面情绪可能会阻碍参与者积极参与社交互动,教练的鼓励能够让他们重新建立信心,融入团队。

若参与者在活动中受伤或出现身体不适,教练要立即采取急救措施,及时联系后勤人员跟进处理,全力保障参与者的身体健康,维持活动正常秩序。此外,教练还要积极引导参与者进行团队协作和交流互动,营造积极向上的活动氛围,为提升参与者的社交能力创造良好条件。如在团队合作项目中,组织小组讨论,引导参与者分享自己的想法和经验,促进彼此学习。

此外,在活动过程中,通过多样化的方式鼓励参与者积极投身其中,勇敢挑战自我。可以设置具有吸引力的奖励机制,如对在活动中表现出色的团队或个人给予富有纪念意义的小奖品,如定制徽章、带有活动标志的笔记本等,以此激发参与者的积极性和竞争意识,促使他们更加主动地参与到社交互动中。对于一些难度较大或具有挑战性的项目,教练要给予充分的鼓励和引导,让参与者相信自己具备完成任务的能力。例如,在进行"高空断桥"项目时,有些参与者可能会因为恐惧而不敢尝试,教练可以通过耐心沟通和亲身示范,分享自己克服恐惧的经验,帮助他们克服恐惧心理。

同时,积极组织各种团队合作活动,如团队接力比赛、共同搭建大型建筑模型等,在这些活动中,鼓励参与者分享自己的想法和经验,共同探讨解决方案,促进参与者之间的交流与互动,增强团队凝聚力和协作能力。通过这些活动,参与者能够学会倾听他人的意见,尊重不同的观点,提高沟通和协调能力,从而有效提升社交能力。还可以设置一些跨组交流环节,让不同小组的参与者相互分享经验,拓宽他们的社交圈子。

步骤三:社交能力提升类户外拓展项目观察记录

(一)通过观察、录像或记录表等方式记录学习成果

通过观察、录像或记录表等方式,记录参与者在活动中的表现、互动情况和学习成果。安排经过专业培训的观察员或借助先进的摄像机等设备,全面、细致地记录参与者在活动中的表现。

观察员要具备敏锐的洞察力和出色的记录能力,能够精准捕捉参与者的行为、语言和表情等细节。对于团队合作项目,要着重记录以下内容:团队成员之间的沟通方

式,是采用明确的指令、温和的建议还是随意的交流;协作效率,如完成任务的时间、资源的利用效率等;冲突解决情况,观察团队在面对意见分歧时,是如何通过沟通协商达成共识的。例如,在"驿站传书"项目中,仔细观察团队成员如何传递信息,是否存在信息失真、沟通不畅的问题,以及他们是如何通过调整沟通方式、优化信息传递流程来解决这些问题的。通过录像记录活动过程,可以在后期进行反复、详细的分析和回顾,不错过任何一个重要的社交场景和互动瞬间。

同时,精心设计专门的记录表,记录参与者在各个项目中的完成时间、表现评价等信息。对于个人项目,记录参与者的挑战过程,如在面对困难时的犹豫、坚持与突破;克服困难的方法,是独自思考、向他人请教还是借鉴以往经验;以及最终的完成情况,包括完成的质量、是否达到预期目标等。例如,在攀岩项目中,记录参与者的攀爬速度、技巧运用和在遇到困难时的应对策略,这些记录能够反映参与者在个人挑战过程中的成长,以及他们在与教练和其他参与者交流互动中所学到的经验和技巧,从而为评估其社交能力的提升提供依据。还可以记录参与者在活动前后社交态度的变化,如从最初的被动参与到后来的主动交流等。

(二)注意收集典型案例,用于后续分析和分享

在观察记录过程中,特别留意并收集具有代表性的典型案例。这些案例可以是成功的团队合作案例,展示了高效的沟通和协作技巧。比如,某个团队在盲人方阵项目中,通过独特的沟通方式,如采用简单明了的指令、清晰的手势信号,以及合理的分工协作,迅速且高质量地完成了任务,这个案例可以作为优秀范例进行深入分析和广泛分享,让其他参与者学习如何在团队中有效沟通、合理分工,提升团队协作能力。这些案例也可以是个人突破自我的案例,体现了参与者在面对挑战时的勇气和毅力。例如,某个参与者在高空断桥项目中,克服了严重的恐高心理,成功跨越了断桥。在这一过程中,他与教练、队友之间的互动交流,不仅成为极具价值的社交学习范例,还能激励其他参与者勇敢突破自我,充分彰显了积极社交互动对个人成长的强大推动作用。这些典型案例,不仅可以为后续的效果评估提供有力的支持,还可以在项目总结和分享环节中,让参与者更直观、深刻地感受到社交能力的提升和团队合作的重要性,激发他们在日常生活中主动运用所学社交技巧的热情。可以将典型案例整理成册,附上分析和点评,供参与者后续学习参考。

步骤四:社交能力提升类户外拓展项目反馈收集

(一)收集反馈意见

活动结束后,通过问卷调查、小组讨论或一对一访谈等方式收集参与者的反馈意见。精心设计全面、科学的调查问卷,涵盖活动内容、组织安排、教练指导、安全保障等多个关键方面。问卷问题要具有高度的针对性和可操作性,例如,"您认为活动中的团队合作项目对您的沟通能力提升有多大帮助?""教练在引导您与其他参与者互动时,

方法是否有效?"等。活动结束后及时发放问卷,确保参与者能够基于自己的亲身经历和真实感受进行回答。同时,组织轻松愉快的小组讨论,让参与者在融洽的氛围中分享自己的感受和体会。每个小组推选一名记录员,详细记录小组讨论的主要内容。讨论过程中,积极鼓励参与者畅所欲言,提出自己的意见和建议,无论是对活动中有趣的社交互动的回味,还是对某些环节的改进想法,都要充分倾听。对于一些性格内向、不愿意在小组中公开发表意见的参与者,可以进行一对一访谈,深入了解他们的想法和感受。访谈过程中,要始终保持耐心和亲和力,营造轻松自在的交流环境,让参与者能够毫无顾虑地表达自己的真实想法。可以采用线上线下相结合的方式收集反馈意见,提高反馈收集的效率和扩大覆盖面。

(二)了解改进方向

询问参与者对活动的满意度、收获以及改进建议。在问卷调查、小组讨论和一对一访谈中,重点询问参与者对活动的满意度。采用直观的评分制,让参与者对活动的各个方面,如活动项目的趣味性、社交氛围的营造、团队协作的体验等进行打分,以便更清晰、直观地了解他们的评价。同时,深入询问他们在活动中的收获,聚焦社交能力的提升、团队合作意识的增强、个人自信心的提高等方面。例如,"通过本次活动,您在与陌生人建立联系方面有哪些新的认识和收获?""您觉得活动对您在团队中协调不同意见的能力有怎样的影响?"

此外,积极鼓励参与者提出切实可行的改进建议,如活动项目的调整,是否可以增加一些更具挑战性的社交互动项目;时间安排的优化,是否某些环节时间过长或过短影响了社交体验;教练指导方式的改进,是否需要教练更多地关注个体差异等。这些反馈意见将为后续的项目优化提供关键的参考依据,有助于不断提升项目在社交能力培养方面的效果。可以对反馈进行分类整理,统计各项建议的提及频率,为改进措施的制定提供量化依据。

步骤五:社交能力提升类户外拓展项目效果评估

(一)分析数据,评估效果

分析参与者的表现数据和反馈意见,评估项目在提升社交能力方面的效果。对观察记录阶段收集的参与者表现数据进行深度挖掘和细致分析,紧密结合反馈意见,全面、客观地评估项目在提升社交能力方面的实际效果。还可以引入第三方评估机构,从专业角度对项目效果进行评估,提高评估的客观性和权威性。

沟通能力的提升可通过综合评估以下维度实现:分析参与者在团队合作项目中的沟通频率(如讨论问题时的发言次数)、沟通效果(包括信息传递准确性、理解难易程度等),以及他们在反馈中对自身沟通能力的评价。例如,对比活动前后参与者在表达观点时的清晰度、逻辑性和感染力,以及在倾听他人意见时的专注度、理解能力和反馈的及时性。

对于团队合作能力的评估,可分析团队在任务完成过程中的协作效率(如任务完成时间缩短情况、资源利用优化程度)、成员间的配合默契度(如能否快速理解彼此意图、实现工作无缝对接等),以及团队成员对团队合作的满意度和自我评价。例如,观察团队在解决复杂问题时是否能够充分发挥每个成员的优势,实现优势互补,是否能够高效协调资源,避免资源浪费,以及团队成员之间的关系是否更加紧密、融洽,是否在活动后建立了更深厚的友谊和合作意愿。

(二)对比分析,总结经验和不足

对比项目开展前后的变化,总结成功经验和不足之处。全面收集项目开展前参与者的社交能力相关数据或评价,如通过社交能力测试量表、自我评估问卷等方式获取数据,内容包括社交恐惧程度、沟通主动性、团队合作意愿等。将这些数据与项目结束后的情况进行详细对比,直观地展示项目开展的效果。例如,如果项目开展前大部分参与者在社交场合中表现出明显的紧张和不自信,很少主动与他人交流,而项目开展后他们能够积极主动地参与社交活动,与他人建立良好的沟通和合作关系,这就体现了项目在提升社交能力方面的显著成效。

同时,认真总结项目实施过程中的成功经验,如活动项目的巧妙设计,能够有效激发参与者的社交欲望和合作意识;教练团队的专业引导,能够及时解决参与者在社交互动中遇到的问题,促进社交能力的提升等,以便在未来的项目中继续发扬光大。

对于不足之处,如活动时间安排不合理,导致某些社交互动环节过于仓促,参与者无法充分交流;部分项目难度过高或过低,无法满足不同参与者的社交能力提升需求等,要深入剖析原因,从项目策划、执行等多个环节寻找根源,提出切实可行的改进措施,为后续项目的优化提供精准参考。可以组织专家研讨会,对项目的成功经验和不足之处进行深入探讨,为改进提供专业建议。

步骤六:社交能力提升类户外拓展项目总结报告

撰写项目总结报告,包括项目概述、实施过程、效果评估和未来改进方向等内容。项目总结报告是对整个项目的全面回顾与深度总结,具有极高的参考价值。报告开篇要对项目进行简洁明了的概述,涵盖项目的目标,即提升参与者社交能力的具体方向和程度;参与对象的基本特征,如年龄、职业、社交能力基础等;活动时间和地点等基本信息。在实施过程部分,应详细阐述活动筹备、执行各环节的关键内容,包括遇到的问题及其解决方法。例如,可具体说明物资设备检查过程中的细节。

完成项目总结报告后,及时提交给相关部门或领导审阅。在汇报时,突出项目在提升社交能力方面的关键成果,如通过数据对比展示参与者的沟通能力、团队合作能力的提升幅度,分享参与者在活动中的显著转变案例。同时,客观呈现项目实施过程中遇到的问题及改进方向,如活动时间安排不合理、部分项目难度设置不当等问题及其改进思路。将报告作为重要资料妥善保存,为后续项目的策划、组织和实施提供全面参考。后续项目可依据报告中的经验教训,在项目目标设定、活动内容选择、组织管理等方面进行优化,不断提升社交能力提升类户外拓展项目的质量。

项目二
领导力提升类户外拓展项目

项目引入 ▼

项目概述

　　领导力提升类户外拓展项目意义重大。在户外环境中,参与者通过完成团队任务与挑战,可锻炼决策、沟通、协调等领导力核心能力。项目设计多样化,包括团队协作任务、情境模拟和反馈环节等,帮助参与者识别自身优势与不足,学习有效的领导技巧。同时,户外拓展提供真实情境,使参与者在压力下提升应对能力和领导艺术。这类项目不仅能促进个人成长,还能增强团队凝聚力,对培养优秀领导者、推动团队和组织发展具有积极作用。

项目目标

知识目标

1.掌握领导力提升类户外拓展项目的基础知识。

2.掌握领导力提升类户外拓展项目的策划要点。

3.掌握领导力提升类户外拓展项目的实施流程。

能力目标

1.能够正确认知领导力提升类户外拓展项目。

2.能够策划领导力提升类户外拓展项目。

3.能够组织实施领导力提升类户外拓展项目。

素养目标

1.通过领导力提升类户外拓展项目的学习,培养学生的科学素养。

2.通过专业研学活动的策划,培养学生的创新思维。

3.通过专业研学活动的组织实施,培养学生精益求精的工匠精神。

任务一　认知领导力提升类户外拓展项目

任务描述

　　领导力提升类户外拓展项目内容丰富。有团队任务,需要成员协作完成,锻炼领导协调与决策能力;有情境模拟,让参与者扮演领导角色,应对复杂问题,提升领导技巧。此外,项目包含角色分配与反馈环节,有助于参与者了解领导风格与团队协作方式,识别优势和不足。这些内容共同促进领导力发展,提升个人在团队中的影响力与管理能力。

任务目标

知识目标

1. 了解领导力的含义。
2. 理解户外拓展项目对提升领导力的意义。
3. 掌握领导力提升类户外拓展教学活动双向互动的要求。

能力目标

1. 能够理解领导力的重要性。
2. 能够正确表述领导力的含义。
3. 能够掌握领导力提升类户外拓展项目的实施步骤。
4. 能够了解领导力的学习必须付诸行动。

素质目标

1. 通过理解人人都具有领导力潜质,提升自信心。
2. 通过理解领导力的重要性,激发求知欲。
3. 通过掌握领导力的学习方法,增强行动力。

一、领导力的含义

　　领导力如同"美"一般,难以用精准的定义加以概括。在不同时代与领域,人们对领导力的理解与认知存在差异,中外学者基于各自研究视角,也给出了多样的阐述。

　　美国领导学学者彼得·诺思豪斯所著的《卓越领导力——十种经典领导模式》中将领导力概述为某一组织个体主动影响并带动其他个体主动实现某一目标的领导能力。

　　美国普林斯顿大学的巴默教授认为,领导力是指擅长合作、智慧决策、巧妙组织、精确授权、敢于冒险等综合能力。

　　我国学者也从不同的视角对这一问题进行了阐述。朱德新指出,领导力是泛指具有高度领导素质和能力的领导者带领其成员,为了共同目标而奋斗的号召力,属于一种个人魅力。陈尤文教授认为,领导力就是能抓住领导要素内部的联系,采用符合规律性的方式去发挥领导活动的力量。

正如领导艺术的指导者、组织发展理论创始人沃伦·班尼斯所言,领导力就像美,它难以定义,但当你看到时,你就知道。

虽然是不同的界定,但都包含以下四种观点:第一,领导力在一定的组织中表现出来;第二,领导力是一种影响力;第三,领导力是一个过程;第四,领导力是一种目标。

综合来说,领导力是支撑领导者行为的各种领导能力的总称。领导力是运用影响力,通过引领他人的行动,来确保领导过程顺畅运行、实现组织目标或愿景的行为;领导力是一系列行为的组合,是影响别人、让别人跟随自己的能力;领导力是激励大家为了共同的愿景而努力奋斗的艺术。

领导力来自两个方面:一种是职位本身所赋予的能力;另一种是个人魅力对于他人的影响力。所以说,领导力不是少数领导人的专利,而是每个人都具备和可学习的。领导力与职位无关,人人都可以具备领导力。

(一)领导力是一种活动

千百年来,人们心目中都有着领导者的固有印象,比如威严无比、一声令下、一呼百应,这种印象被人们不自觉地定义和强化着。

有人认为,自己不是领导,没有领导头衔、职位,也没有下属,不需要了解领导力。其实,不管有没有职位或下属,只要在从事引导、协调群体实现目标的活动,就是在发挥领导力,就是在成为领导者;反过来,即使有职位、有下属,如果没有发挥领导力,也不是领导者。也就是说,领导力是一种活动,不只是职位。

领导力跟职务高低无关。曾任通用汽车副总裁的马克·赫根对领导者进行了如下描述:是人使事情发生,好的计划如果没有人去执行,那它就没有任何意义。我努力让最聪明、最有创造性的人们在我周围。我的目标是永远为那些最优秀、最有天赋的人们创造他们想要的工作环境。如果你尊敬人们并且永远遵守你的诺言,你将会是一个领导者,不管你在公司的职位如何。

领导力与头衔无关。詹姆斯·库泽斯在《领导力》中指出,那些历史上公认的领导者,比如甘地或者马丁·路德·金,他们既不是被选举的,也不是被任命的。他们就是能够领导,他们的行为方式吸引了追随者。因此,领导力不是与头衔相关,而是与行为相关。

可见,把领导力理解为行动而非职位,彰显了人们一直推崇的能力特质:勇气、承担风险、以生机勃勃的方式完成一项具有挑战的任务,从而创造出一块充满想象力、献身精神和彼此信任的社会领地。

(二)人人都有领导潜能

对于尚未担任领导职位的普通人,领导力意味着什么?

詹姆斯·库泽斯在《领导力》一书中写道,在生活中的各个领域,我们都可以发现领导力。你可以在孩子们的游戏场上看到领导力,有人被选为队长,或者有人自发成为队长。你可以在社区里看到领导力,志愿者在领导一个项目,或者领导一个活动。

无论是领导一个国家或者一个公司,无论是在行政事业单位或者在一个球场,乃至在一个家庭,我们可以在各个领域、各个层次看到领导力,显而易见,领导力不只是CEO的事,不只是可以上杂志封面的人的事。领导力与年龄无关、与性别无关、与职位无关。领导力是每个人都能够做的事,每个人都有领导潜质,每个人都能够提升自己的领导潜质,包括学生。领导力是领导者所具备的能力与潜力的总称,每个人的领导力是由先天条件和后天努力共同作用、共同影响的。没有天生的领导者,只有后天培养的领导力。许多人认为自己没有领导力,那只是暂时还没有被激发出来,人具有可塑性,领导力是可以塑造的。领导力人人都需要,通过学习,人人都能掌握领导力。

二、户外拓展项目对提升领导力的意义

(一)户外拓展项目

户外拓展又称为体验式培训,英文为"outward bound",意为一艘小船驶离平静的港湾,义无反顾地投向未知的旅程,去迎接挑战,去战胜困难。

户外拓展是以自然环境为场地,带有探险性质或体验探险性质的体育活动项目群。拓展活动并非体育加娱乐,而是对正统教育的一次全面提炼和综合补充。

(二)参加户外拓展的作用

学生参加户外拓展项目,不仅能让心灵与大自然深度融合,锻炼体能、增强意志力,还能增长知识,积累丰富的社会和生活经验,并且在活动中提升团队合作能力,增进与他人的默契度。

1. 身体锻炼

户外体能拓展活动通常包括各种有趣的运动和挑战,如攀岩、绳索行走等。学生在克服障碍的过程中,不仅能提升身体素质,锻炼肌肉力量、耐力和身体灵敏度,还能增强自信心与毅力。

2. 探索和发现

户外体能拓展活动通常在户外自然环境中进行,这为学生提供了探索自然、发现自然奥秘的机会。这种亲近自然的体验能够带来内心的平静和愉悦感,并且有助于提升个人的幸福感和生活质量。

3. 个人成长

在户外拓展过程中,学生需要克服畏难情绪和心理惰性,以勇气和信心直面困难和挑战;活动不仅考验学生的勇气与身体素质,更能培养他们挑战自我、超越极限的精神。

4. 团队合作

在户外拓展活动中,资源的分配、团队的决策,需要学生自身随机应变,以及团队成员的相互合作。学生需要与其他队员紧密配合,共同完成任务和克服困难,这需要

具有团队合作精神并勇于创新。

（三）户外拓展项目对提升领导力的意义

参加户外拓展，学生基于自身的体能条件以及知识、技能和价值观，在户外环境中参与团队活动。通过完成一系列集体任务与挑战，学生的环境适应能力、团队合作能力、决策能力以及组织管理能力得到充分锻炼，对其领导力的提升发挥着积极且显著的作用。

1. 在户外活动情境中与环境形成合力

在特定的陌生情境或环境条件下，学生以身体实践为核心，以团队协作为组织形式，在适应环境、融入群体的过程中，全面提升身体机能、心理素质和社会适应能力。以从容心态应对挑战，做出积极影响自身与团队的决策，最终实现活动目标。

2. 在户外拓展项目中与团队成员形成合力

通过团队活动，促进团队成员之间的相互了解、相互沟通、相互合作和相互信任，树立相互配合和相互支持的团队合作意识，提高团队的凝聚力和协作能力，提高学生的自我认知能力，以便更好地达成活动效果。

3. 在户外拓展项目中培养个人的影响力

在进行任务挑战和团队合作的过程中，学会有效地指导和带领团队成员发现问题、分析问题和解决问题，在困难和压力下保持冷静和自信，通过带领团队成员克服各种挑战和困难，在团队中增强自信心，形成影响力。

4. 在富有挑战性户外拓展项目中挖掘潜能

户外体能拓展活动可以通过活动内容设计，促进学生挑战未知领域，磨炼意志，发展解决问题的能力，增强决策能力和创造性思维，从而陶冶情操、挖掘潜力、完善人格，促进个人成长和自我发展。

三、任务实施

步骤一：建立完善的领导力课程培训体系

建立健全领导力培训课程体系，包括理论课程和实践课程。研学旅游指导师科学设计培训方案，严格按照教学管理的要求和部署去实施培训，建立领导力提升档案，全面启动、深入推进领导力的训练，充分发挥培训教育中的主导作用。

（一）健全课程培训体系

课程培训体系是领导力提升的载体和基础。开展领导力的基本知识的专题讲座，首先让学生认知领导力，了解相关的学术研究和社会实践的成果；再进行领导力的实训和督导，即由研学旅游指导师和督导员对学生领导力的成长情况进行指导和督导。

（二）建立领导力提升档案

指导每位学生明确自己的领导力发展目标,制定自己的领导力提升规划,清晰培训的近期目标、中期目标和长远目标,从而明确领导力拓展培训的需求。根据学生的需求,设计科学可行的培训方案,采取具体有效的培训措施,提升学生的领导力。

（三）贯彻全过程、全方位的培训方针

领导力是全方位的训练,无论是讲座,还是各种户外拓展活动,所有的训练都着眼于领导力培养和提升。从入营开始,全过程渗透领导力思维,以领导力训练和提升为主线;提供学生提升领导力所需要的工具和资源,所有的环节都围绕领导力训练展开,通过全过程、全方位的指导,帮助学生在思考和实践中实现领导力的提升。

步骤二:引导学生积极参与领导力培养和提升体系

以个人领导力培养和提升为目标,引导学生开启领导力修炼模式,激发学生主动学习、热爱学习、高效学习,充分发挥学生在培训教育中的主体作用。

（一）有意愿

首先要有学习提升领导力的意愿。不想当元帅的士兵不是好士兵,不想以领导者的身份去承担更多的责任、压力和风险的人,就难以产生提升领导力的内在动力。想要提升领导力潜质,要有明确的目标,有很强的主观意愿,有锻炼自己的内驱力。从某种意义上讲,选择大于努力,想要通过户外拓展项目提升领导力的意愿是学习提升的根本要素。

（二）肯行动

人们常看到鸭子在水面上悠闲地游动,却鲜少留意水下鸭蹼始终奋力划动。提升领导力亦是如此,要想让他人愿意跟随你做事,自己就得有人格魅力去吸引他人,有说服力和影响力去号召他人,有态度、有担当、有谋略、有胸怀去引领他人。要想让他人觉得你是可信任的,你就要能言出必行、遵守承诺。所有的成功和奇迹,追根溯源都离不开脚踏实地的努力。行动胜于言语,不惧挑战参加户外拓展项目,是提升领导力的根本前提。

（三）会学习

提升领导力需掌握科学的学习方法,主动汲取新知识、新技能,并将所学内化为自身能力。面对不同环境,须具备复制迁移能力,把所学的内容运用到具有挑战性的领导力实践中。通过内外因相互作用,激发领导力的潜质,推动领导力的进化与提升,以取得好的成效。领导力强的人都是善于学习的人,这种学习是持续不断的,是自我约束和坚持不懈的结果。学习过程就是领导力提升和进化的基本过程。

Note

（四）能带队

领导活动的实施需要团队协作,领导力的价值需通过团队合力实现。带团队,不仅要带人,还要带"心",要能以自己独特的魅力影响他人,以出色的沟通艺术打动人,将团队成员的心力汇聚成一股劲,充分激发其工作激情与主观能动性。在活动过程中,把握全局,具有较强的组织策划能力,遇到异常事项能快速处理,确保达成活动目标;在活动结束之后能认真做好总结和复盘。

任务二 领导力提升类户外拓展项目的策划与组织

任务描述

领导力提升类户外拓展项目的策划与组织需明确目标,设计团队任务、情境模拟等环节,安排专业教练指导和后勤安全保障。要注重环节的连贯性和挑战性,帮助参与者提升决策、沟通、协调等领导力方面的关键能力,促进个人成长和团队协作。

任务目标

知识目标

1.了解领导力特质及构成。

2.理解领导力提升类户外拓展项目的设计目标、设计原则和组织要点。

3.理解领导力五力模型的内容。

能力目标

1.能够理解领导力特质所包含的意义。

2.能够理解不同类型户外拓展项目对领导力的提升作用。

3.能够根据领导力提升类户外拓展项目的设计目标、设计原则与组织要点,策划与组织领导力提升类户外拓展活动。

素质目标

1.对照领导力特质,提升自我综合能力。

2.在策划与组织活动过程中,树立全局观,增强安全意识。

一、领导力特质

领导力涵盖内容很广,对于领导力的特质和构成,国内外专家从不同的角度进行调查研究并得出结论,这些特质可以作为社会、行业识别人才的依据。表4-2-1所示为国外学者所归纳的领导力特质。

Note

表 4-2-1　国外学者所归纳的领导力特质

学者	领导力特质
Stogdill	成就、韧性、洞察力、主动性、自信心、责任感、协调能力、宽容、影响力和社交能力
Northouse	才智、自信、决策力、正直和社交能力
Adair	群体影响力、指挥行动、冷静、判断力、专注和责任心
哈维·罗森	前瞻性、信任、参与意识、求知精神、多样性、创造性、笃实精神和集体意识
Cuephy	基本领导技能：从经验中学习、沟通、倾听、果断决策、提供建设性反馈、指导有效的压力管理；在工作构建方面，须具备技术任职能力，与上级、同事建立良好关系，能够合理设置目标，实施奖惩措施，并高效组织召开会议。 高级领导技能：合理授权、调解冲突、开展谈判、解决复杂问题、激发团队创造力，能够诊断个人、群体及组织层面的绩效问题，同时具备塑造高效工作团队的能力
Chapman	充满理想色彩的使命感、果断而正确的决策、共享报酬、高效沟通、足够影响他人的能力和积极的态度
德维达勋爵和埃里戈尔	支配权力、男子气概、保守稳重
柯克帕特里克和洛克	驱动力（如成就欲望、事业心、精力、坚韧不拔和主观能动性）；激励能力（个人激励或社会激励）；诚实和正直的品质（易于建立领导者与追随者的互信关系）；自信（情绪稳定）；认知能力（能处理大量信息及制定战略）；商业意识（做出明智的决定并知晓其后果）
班尼斯	团队协作能力（认同组织目标）；对业务的精确理解能力；概念化思维（选择创新型战略）；客户导向（为客户创造价值）；专注度（专注于结果）；利益导向（经济高效的经营手段）；系统化思维（连接流程、结果与结构）；全球化视角（消除文化与地理的差异）；情商（了解自身情绪）
达夫特	机警、独到、创意、忠诚、自信
阿戴尔	热情、正直、坚韧、公平、温暖、人性

北京大学汇丰商学院领导力研究中心提出 360°领导力模型构成的六种能力，即六维领导力模型，包括持续成长的学习力、多谋善断的决策力、整合资源的组织力、带队育人的教导力、达成绩效的执行力、凝聚人心的感召力。

中国科学院专家苗建明、霍国庆等经过课题攻关，基于领导过程构建了领导力五力模型，即感召力、前瞻力、决断力、控制力、影响力。

（一）感召力

感召力本质上是一种吸引力，即吸引被领导者的能力。感召力是指为了让自己的态度、观点和行为被他人支持和赞成，拥有采取多种方法使他人信服、赞成的能力。感召力不依靠物质刺激或强迫,而全凭领导者的人格魅力和信仰的力量去领导和鼓舞团队成员。

(二)前瞻力

前瞻力本质上是一种预见力。前瞻力就是着眼未来、预见未来和把握未来的能力。在充满不确定因素的环境中,领导者能够看清组织的发展方向和路径,有规划团队长远发展的策略,能正确预测未来从而实现团队的目标,这就需要领导者具有前瞻力。

(三)决断力

决断力本质上是一种运筹力。决断力是一种具有长远的发展眼光并能快速判断事物发展趋势作出果断决策的能力,是基于阅历积累后对即将发生的事件给出的行事方向的能力。决断力的背后牵涉着很多能力,比如对事情准确的判断力,以及是否有勇气去承担决断的结果的承受力。

(四)控制力

控制力本质上是一种整合能力。控制力是领导者有效控制组织的发展方向、战略实施过程和成效的能力。控制力不是简单意义上依靠权威迫使下属服从,或是通过内部权力斗争维系秩序的管理方式,而是指领导者能够将团队发展与变化纳入可调控范畴的综合能力。团队总是出现"按下葫芦浮起瓢"以及让领导者应接不暇的、预料之外的事,就是控制力欠缺的表现。

(五)影响力

影响力,本质上是一种支配他人的能力。影响力是领导者积极主动地影响被领导者的能力。影响力包括权力性影响力和非权力性影响力。权力性影响力主要源于法律、职位、习惯和武力等。非权力性影响力(非强制性),它主要来源于领导者个人的人格魅力,源于领导者与被领导者之间的相互感召和相互信赖。构成非权力性影响力的因素主要有品格因素、才能因素、知识因素、情感因素。在自发性的组织中,领导力只会以最纯粹的形式出现,不是凭借职位去领导和强迫团队成员。如果领导者没有影响力,人们就不会追随。

以上五种领导能力对领导者而言非常重要。其一,感召力是最本色的领导能力,一个人如果没有坚定的信念、崇高的使命感、令人肃然起敬的道德修养、充沛的激情、广泛的知识面、卓越的能力和独特的个人形象,他就不能成为一个领导者。其二,领导者应带领群体或组织实现使命,这要求领导者既能明晰团队的发展方向与路径,又能通过影响被领导者达成团队目标。其中,前瞻力和影响力可视为感召力的延伸与发展。在目标实现过程中,难免遭遇突发危机与挑战,这就需要领导者具备超强的决断力与控制力,能够在危急关头果断决策、掌控局面、力挽狂澜,此类能力属于领导行为的实施层面。而影响力之所以关键,在于它是将号召力、前瞻力、决断力和控制力有效转化为现实成果的核心要素。

二、领导力提升类户外拓展项目的设计目标

基于中国科学院专家提出的领导力五力模型,户外拓展项目可围绕感召力、前瞻力、决断力、控制力、影响力的培养方向,有针对性地开展策划与组织设计,从而实现培养和提升学生领导力的目标。

(一)感召力类户外拓展活动项目

1.活动背景

通过户外拓展活动,提升感召力。感召力更多地表现为人心所向的能力。就沟通上的意义而言,领导力更是一种说服或示范的过程,借助说服和感召,带领团队成员追求团队共同的目标。

2.活动形式

演讲比赛、幽默肖像画、错拿姓名牌、如何记住我、热线电话等。

3.活动目标

激发团队成员热情,减少自我限制;加深团队成员之间的相互了解,消除紧张,打破新团队成员之间的隔阂,有效地传达自己的理念;构建良好的个人形象,展现正直、诚实、谦逊等优秀品质;增强信心,突出个性和特长,展示领导者魅力,在团队中形成良好的口碑,增强他人的信任感和吸引力,获得大多数人的支持;提升沟通能力和表达技巧,建立积极的活动氛围,能鼓舞人心,上下拧成一股绳,让团队成员更加投入并相互协作,体验良好沟通对团队合作的重要性;感受个人目标的实现有赖于团队目标的实现,团队目标的实现需要团队中的每个人发挥作用,明晰个人在组织中的作用,每个团队成员的行为对团队而言都是牵一发而动全身。

(二)前瞻力类户外拓展活动项目

1.活动背景

通过户外拓展活动,提升前瞻力。前瞻力就如同地图、导航软件和指南针,能帮助团队规划前进的方向,预测未来的趋势,避免陷入困境。

2.活动形式

勇闯雷阵、穿越沼泽地、飞鸽传信、清道夫之猎、乾坤大挪移、决战沙场等。

3.活动目标

提升观察能力、分析能力、判断能力;培养勇于尝试的方法和思维方式,不断探索的精神;挑战未知领域,培养创新意识,突破定式思维,大胆尝试,勇于付出;打破陈规,促进团队成员重新审视自我,增强创新思维能力;在团队协作中,能进行合理的分工合作和资源的优化配置;能认识统一,学会指挥与组织管理;群体决策的方法及意义,保

持理性以作出最优方案;具有双赢思维、补位意识。

(三)决断力类户外拓展活动项目

1.活动背景

通过户外拓展活动,提升决断力。在复杂和不确定的情况下迅速做出正确决策,提高决断力。

2.活动形式

毕业墙、悬崖绝壁、雷区取水、交通堵塞、信任背摔、空中单杠、丛林绳桥等。

3.活动目标

分析信息和风险,权衡利弊;提升战胜困难的信心,在挑战面前保持清醒和冷静的头脑,自信自立,当机立断,抓住机遇,做出明智的选择;正确对待不同意见和挫折,通过实践和反思,提高决断力,成为关键时刻敢于坚决行动的领导者;主动突破心理舒适区,勇于直面恐惧,挖掘自我潜能,有效管理压力与焦虑,培养勇往直前的心理素质,形成从容应对挑战的思维模式与行为习惯。

(四)控制力类户外拓展活动项目

1.活动背景

通过户外拓展活动,提升控制力。控制力是一种组织和资源管理的能力,控制力在领导力五要素中扮演着重要的角色,就像船长掌舵一样。一位卓越的领袖能够掌握局势,有效地管理资源和团队,确保项目按计划进行。

2.活动形式

过独木桥、飞夺泸定桥、天使之手、野外行军、千钧一发等。

3.活动目标

合理分配资源,制定清晰的目标和计划,确保项目按计划执行;提高团队协作、沟通和处理问题的能力;建立团队的信任和合作,赢得成员的追随与认同;战胜内心恐惧,克服心理压力,挑战个人生理、心理极限,建立挑战困难的信心与勇气;重新审视个人能力,不轻言失败,培养积极进取、处变不惊的心态;增强自我控制与决断能力以适应不断变化的外部环境。

(五)影响力类户外拓展活动项目

1.活动背景

通过户外拓展活动,提升影响力。影响力是非常重要的能力和资源。建立影响力,通过有效的表达,让自己的声音更容易被听到、观点更容易被认同,激发共鸣、促进信任,更受尊重和赞赏,使合作有效地达成。

Note

2.活动形式

信任背摔、人椅、高空悬崖、有轨电车、搭桥过河、齐眉杆、手指的力量、无敌风火轮、共同蓝图、盲屋等。

3.活动目标

自信且得体地表达自己的想法和意见,获得他人的支持;处事灵活并善于倾听,营造相互信任、相互尊重的团结氛围;提升沟通技巧,言行一致,与团队成员建立信任感;保持开放态度,打破人与人之间的隔阂;学会欣赏他人、鼓励他人、赞美他人;熔炼团队精神,增强团队凝聚力,树立合力制胜的信念;培养团队的集体荣誉感、自豪感,让团队成员产生强烈的归属感。

三、领导力提升类户外拓展项目的设计原则

在户外拓展活动过程中,团队成员的人际关系是因时、因地、因人而变化的动态关系,受环境的影响,领导力不是一成不变的。因此,培养领导力需着重提升环境适应能力、道德感召力与人际协调能力,凝聚人心,增强团队成员之间的黏性,发展成组织的合力。这不仅是带领团队高效完成任务、实现目标的基础,更是塑造行业领袖与社会精英的必备素养。所以,为更好地实现培训目标,设计领导力提升类户外拓展项目要遵循以下原则。

(一)注重体验性

户外拓展项目是一种基于自然环境和实践活动的教育方式,大多是以体能活动为引导,以体验启发作为教育手段,更多的是关注学生的态度、观念、意志、勇气、抗压能力、沟通能力以及团队合作精神等。活动任务的设计,对学生来说,看似困难重重,但是"跳一跳能够着",引导学生通过一系列认知活动、情感活动、意志活动和交往活动,从体能训练、生存训练,扩展到心理训练、人格训练、管理训练等,可以让学生放下自我设限,突破惯性的思维模式,在"做中学"的一系列具体过程中达到体验的目的。

(二)体现综合性

领导力的培养是多种综合能力的培养。领导力提升类户外拓展项目的设计要注重综合能力的培养。通过精心设计一整套模拟真实情境的户外体验综合课程,将多元智能融入活动情境中,这些自然的或者人造的场景为学生提供了开放、多元的学习环境,让学生全身心地体验,用眼睛观察、用耳朵倾听、用手操作、用身体感觉、用头脑思考,而且面对不同的情境,还需要不断进行调整以更好地面对挑战,学生在此情境中通过参与、体验、思考和探讨,以特有的方式获得新经验、新技能,实现挖掘潜能、提升心理素质、增强团队合作能力等综合性培训价值。

(三)实现导向性

设计的领导力提升类户外拓展项目,促进学生透过实际体验来证明"我可以",不

仅能挖掘学生的个人潜能,提升和强化个人心理素质,而且让学生通过活动,深刻地体验到个人与团队之间、团队成员相互之间的相互关系。以行动为导向,学生在完成任务的过程中学习相关知识和技能,领悟理念与智慧,并将其迁移到工作与生活场景中。尤其是经历克服困难、达成目标的过程后,学生能收获发自内心的胜利感与自豪感,这种体验将成为他们终生难忘的经历,能牢牢扎根在的潜意识中,指引以后的人生发展。

四、领导力提升类户外拓展项目策划与组织的要点

(一)安全是首要的保障

领导力提升类户外拓展项目通常都具有一定的挑战性、尝试性和冒险性,而活动中风险无处不在,策划和组织此类活动,需要制定风险处理预案,不能忽视任何细节。拓展装备要定期维护检查,工作人员要进行安全操作和全程监护,如发现任何隐患或异常,都要及时维修整改,每个环节都需要细致到位,考虑周到,防患于未然。

(二)育人功能的针对性

为实现领导力提升类户外拓展项目行动导向的引领性作用,切实提升学生的领导力,在策划与组织过程中必须注意项目内容的针对性。项目内容要根据学生的特点和需求来设计,根据学生的年龄、性别、知识基础、性格特点来设计项目内容,符合学生的认知水平,遵循教育教学原理,因材施教,在知识、能力、情感与价值观等方面具有明确的目标,有针对性地达成育人目的。

(三)具有明确的评价标准

领导力提升类户外拓展项目的目标设定按照国际通行的设定原则,即"SMART",每一个字母代表一项内容,分别是目标要明确、可测量、可达成、有相关性和有连贯性。

S(Specific):明确的——每一项活动目标明确。目标清晰、明确,让考核者和学生都能够准确地理解目标。

M(Measurable):可测量的——在时间上、数量上均采用相同的标准准确衡量。

A(Achievable):可达成的——高标准、高期望,但可达成。目标通过努力能完成,目标不能过低或过高,偏低了没有意义,偏高了实现不了。

R(Relevant):有相关性的——任何步骤、指令均与目标相关,而且可以证明和观察。

T(Tractable):有连贯性的——活动连贯,有时间管理要求,完成特定任务有一定的时间限制。

(四)关注团队的协作性

领导力提升类户外拓展项目大多属于集体类团队项目,团队执行力的强弱决定着一个活动的成败,这就需要团队成员目标一致、行动统一,具有团队合作精神和凝聚力。领导力提升类户外拓展项目策划与组织,要注意以共同的目标和期望激励着团队成员协同合作、不断奋进,发扬个人风采,为集体的发展贡献力量。协作并不意味着个

人成果的简单叠加,而是在相互配合中达到"1+1＞2"的效果。协作的驱动力不仅是规章制度的要求,还应该进行兴趣调动、价值引领,引导团队队员增强团队精神,形成共同的使命感和归属感,具有为实现团队利益和目标而互相协作的意愿和行动。

五、任务实施

领导力提升的拓展项目内容丰富、形式多样、组织灵活。比如演讲项目,学生通过演讲与沟通,能够塑造个人形象、构建团队信任、树立自身影响力,进而实现对活动的统筹协调。此类活动既可以在室内组织,也可以在室外组织,可以在活动准备阶段开展,也可以在活动过程中进行,能根据活动的进展灵活组织,不受场地限制。

不同主题的户外拓展活动,有着不同的组织程序,但基本包括前期准备、活动过程、活动总结和反思复盘四个阶段。

步骤一:前期准备

(一)召开活动动员会

奠定整个拓展活动的基调,给学生提供良好的活动环境。要让学生了解需要学习的内容,了解活动的安排,明确学生的期望,激发学生的兴趣。

(二)动员会目的

介绍研学旅游指导师,将学生分组,说明活动原则和要求,组织学生进行热身活动,分发研学手册、活动工具、服装等。

(三)动员会过程

介绍研学旅游指导师,开展热身活动,进行学生分组,介绍活动内容,安排学生互动,活动小结等。

步骤二:活动过程

(一)活动目的

从领导力的基础知识开始,增强学生对领导力的理解,掌握有关领导力的通用特征;识别领导力,通过不同的模块学习不同的领导力技能,逐步搭建丰富的领导力体系;在活动中锻炼领导力。

(二)活动过程

活动过程主要包括资料发放、研学旅游指导师讲解、活动环节安排及活动带领等流程。其中,活动环节安排的主要内容如下。

第一,建构基础知识。系统讲解领导力的概念、特征与内涵,设置互动环节,并引入领导力领域专家观点,帮助学生全面认知领导力。

第二,讨论领导力通用特质。组织学生围绕领导力的核心特质展开研讨,内容包括明确使命感、良好身体素质、自我控制能力、过程修正意识、结果导向思维、追求真善美的价值观、好奇心、感恩心态、时间管理能力、自我认知、诚实守信品格、积极情绪传递、以身作则的示范作用、愿景构建能力、果断决策力、持续学习意识、自我提升习惯等。

第三,邀请学生分类,在活动挂图上粘贴相应的内容。

第四,通过具体描述将要进行的户外拓展项目进行情境塑造。导师通过亲身示范、动作指导,明确任务目标与执行要求,确保学生清晰理解活动要点。

步骤三:活动总结

针对学生在活动中产生的深刻的心理触动内容,开展分析与鼓励活动。组织学生全面回顾活动历程,系统总结经验教训,在反思中进一步挖掘自身潜能。

任务三　领导力提升类户外拓展项目的实施

任务描述

领导力提升类户外拓展项目的实施,需精心设计多样任务,如分组竞赛、情境模拟等,激发参与者的领导潜能。在实施过程中,研学旅游指导师专业引导,把控节奏,确保每位参与者都能深度融入。同时,设置实时反馈机制,让参与者及时了解自身领导行为效果,调整改进,从而在实践中有效提升领导力。

任务目标

知识目标

1. 理解团队领导者的基本素质。

2. 掌握不同类型领导力提升类户外拓展项目的实施步骤。

能力目标

1. 能够进行领导力提升类户外拓展项目的组织动员。

2. 能够安全、有序地进行领导力提升类户外拓展项目的过程实施与组织管理。

3. 能够进行领导力提升类户外拓展项目的总结复盘,进行有效评价。

素质目标

1. 提升目标感和责任心。

2. 增强沟通能力,形成鼓励、欣赏、赞美他人的习惯,提升语言表达感染力。

3.培养组织管理能力与决策魄力。

任务实施

领导力提升类户外拓展项目的组织实施,与一般研学旅行课程的组织实施相比,在流程及内容上具有许多相似之处,但同时也具备其独特性,更加强调学生的参与性与思考性。组织这一类型活动基本上有如下步骤。

步骤一:领导力提升类户外拓展项目动员

(一)开展破冰活动

活动开始时进行团队热身活动,这有助于加深学生的相互了解,消除紧张氛围,打破新团队成员之间的社交隔阂,加强了解与信任,突出学生个性和特长,引导其以主人翁姿态投入后续活动。

(二)明确活动目的

向参与学生清晰传递:优秀是一种习惯,意味着更自信、更大方磊落、更积极乐观。在领导力的培养和提升的户外拓展中,要主动积极,善于思考、善于行动、善于协调,以身作则,全身心地认真体验。

(三)明确活动流程

让参与学生清晰活动流程,知道要完成什么任务、将会面临什么挑战、要注意哪些安全事项,确保每个学生都能一清二楚,安全、有序、高效地实施拓展项目。

(四)进行责任分工

为落实领导力培养与提升目标,除研学旅游指导师管理体系外,活动前需明确学生各自职责,建立学生自我管理体系,通过自我管理、自我教育,推动活动目标高效达成。

步骤二:领导力提升类户外拓展项目实施

针对领导力五力模型所包括的感召力、前瞻力、决断力、控制力和影响力,下面介绍领导力提升类户外拓展项目的实施。

(一)培养号召力户外拓展活动项目的实施

- 项目名称:抛球相识。
- 项目类别:团队游戏。
- 训练时间:15～25分钟。
- 人数:分组开展,每组不得多于12人。

- 场地要求:户外或宽敞的会议室。
- 活动道具:一个网球、一些用作奖励的小礼品。
- 项目描述:在活跃的游戏气氛中主动、大方地介绍自己、展示自己,让他人认识自己;同时通过不断重复其他人的名字,快速且准确地记住他人的名字。
- 训练目标:

(1)大方自信,别让不好意思让你错失良机。

(2)增强表达力,提高表现力,利用新颖的自我介绍方法活跃气氛,让彼此认识。

(3)提升创造力,锻炼幽默思维。

(4)提高记忆力,通过游戏让所有参与人员在最短的时间内记住小组成员的名字。

(5)提高人际交往能力,能快速、准确地说出对方的名字。

- 任务布置:

(1)分组,每个小组不得多于12人,各自围成一圈。

(2)首先做自我介绍,然后将网球抛给某个人,接到网球的人,继续做自我介绍,接下来继续将网球抛给其他人,一直到自我介绍活动结束。如果有些成员接到两次网球,那么就再重复一遍自己的名字。

(3)轮到自己的时候,以"我是××,我……"开头,并以独特的方式进行自我介绍。

(4)第一个人介绍完之后,第二个人进行自我介绍前,必须先说:"我是××后面的××,我……"以独特的方式进行自我介绍。

(5)第二个人介绍完之后,第三个人进行自我介绍前,必须先说:"我是××后面的××后面的××,我……"以独特的方式进行自我介绍。

(6)依次下来,最后介绍的人,将前面所有人的名字重复一遍。

- 训练指导与实施:

(1)想要游戏获得好效果,研学旅游指导师在开始的时候必须启发参与人员的思维。

(2)鼓励参与人员创造性地发挥,目标是以独特的方式给他人留下美好而深刻的印象。

(3)如果你想认识哪位朋友,就可以将球抛给他。接到球的人就会有格外的好感。

(4)随着网球在人群中传递,人与人之间的距离被拉近,逐渐产生亲密感。

- 反思复盘:

(1)如何让其他人更快、更深刻地记住自己的名字?

(2)当你向大家介绍自己时,你是采用正统的方式还是幽默的方式?哪种效果更好一些?

(3)在活动中,谁给你的印象最深刻?什么特质让你留下深刻影响呢?你记住了几个人的名字?

(4)在现实生活中,你还有哪些方法能够快速记住其他人的名字?

(5)在活动中,你是如何展现自己的号召力的?有哪些成功之处和哪些尚待提升之处?

（二）培养前瞻力户外拓展活动项目的实施

- 项目名称：飞鸽传信。
- 项目类别：团队合作项目。
- 项目时间：20分钟。
- 人数：分组开展，每组15～20人。
- 场地要求：不限。
- 活动道具：数字卡片若干张。
- 项目描述：这是一种传递信息的游戏，在传递信息的过程中，不可以使用语言。将学生分组，每组15～20人，每组前后排成一排。活动前，各组利用5分钟时间讨论自己组内传递信息的方式、使用的一些信号、信号代表的意义等；活动中，研学旅游指导师将一个四位数的卡片发给每一组队尾的学生，队尾的学生看到卡片上的内容，通过非语言的方式，开始向前面一名学生传递信息，在传递信息的时候，前面的学生不可以回头，以此类推逐一向前传递信息，看哪个组信息传递得最快、最准。
- 训练目标：在不知道信息内容的前提下，学生要先确定信息传递的方式和含义，这需要考虑周到，仔细且全面地分析人们的日常行为，将一些常用的表达进行转换。在传递信息的过程中，需要学生相互配合与理解。此外，人数越多、队伍越长，准确传递信息的难度越大。
- 任务布置：每组排成一列，活动开始后所有人不许再发出任何声音，在规定时间内将卡片信息递给前面一位队员，第一位队员将得到的信息写到前面白板上，以传递准确性与速度为评判胜负标准。
- 训练指导与实施：

（1）因为一开始大家都不知道信息传递的内容是什么，也不知道信息传递的方式是怎样的，所以要利用活动开始前5分钟，对一些常用的交流内容作出规定，如是或否的表达、数字的肢体语言转换等。

（2）传递信息的时候，因为传递过程采用"背后至前方"的单向接触模式，传递者需站在接收者视角，使用其最易理解的方式表达信息。双方需通过反复动作确认，确定没有问题之后，开始往下传。否则盲目追求速度，一旦其中一个环节出错，就会一错再错，结果将是失败的。

（3）在这个游戏中，各组使用的卡片内容可以是相同的，也可以是不同的。可以将数字位数增加或者减少来调整难度，还可以将传递信息的内容变成人名，比如某位知名的歌星或电视电影明星。在难度加大的情况下，可以考虑让传递者与接收者短暂地面对面沟通，但需确保未接收信息的后续队员不能看。

- 注意事项：

（1）椅子固定，参与者不能离开椅子，整个过程中不能发出任何声音。

（2）头不能向后转。

（3）不能使用任何工具。

（4）后面队友的手不能超过前面队友身体的纵向垂直面。

• 活动反思：

（1）你们在一开始讨论的时候，制定了怎样的沟通规则，在比赛中用到的有哪些，没有用到的有哪些？

（2）在传递信息的过程中，你觉得最大的困难是什么？有什么解决方法？

（3）如果先知道传递的信息是数字，你们又会制定怎样的沟通规则？

（4）在沟通中，你觉得最重要的是什么？

（5）这个游戏对你以后的工作和生活有什么意义？

（6）在活动中，你是怎样体现预判与前瞻能力的？有哪些成功之处和哪些尚待提升之处？

（三）培养决断力户外拓展活动项目的实施

• 项目名称：翻越胜利墙（毕业墙）。

• 项目类别：团队合作项目。

• 训练时间：80分钟左右。

• 人数：分组开展，每组不少于10人。

• 适宜人群：除患病及身体有损伤者担当观察员以外，学生尽量全部参与。

• 场地要求：空旷的室外场地。

• 训练器材：4.2米高的平墙（1面），2米长、1.5米宽、0.2米厚的海绵垫（若干），哨子、秒表。

• 项目描述：有这样一个故事。在某军校第四十六期学员毕业的前一天晚上，学员在执行离校前的最后一次水上巡逻任务，因为是最后一次巡逻，他们放松警惕，导致巡逻艇撞上了海面上的油轮，因为是深夜，没人注意到这件事。当时所有学员都很着急，此时若想活命就只能爬到油轮高达4.2米的甲板上。艇上没有任何攀岩工具，他们靠着搭人梯的方法爬上了甲板。后来学员们把事件经过报告学校，学校受此启发，在训练场上搭起了4.2米的高墙，每一期学员以60人为单位，必须在15分钟内全部爬上高墙才能获得毕业证书，后来这面墙就有了毕业墙的称号。

毕业墙高4.2米（国外通常称14英尺墙），又称海难逃生墙、逃生墙或胜利墙。全队成员需在规定时间内翻越此墙，过程中不得借助任何外界工具，包括衣服、皮带、绳子等，所能利用的资源仅有每个人的身体。

• 训练目标：

（1）明晰个人目标与团队目标的内在联系，理解团队胜利才是真正的成功，以此培养成员间紧密协作的意识，增强团队凝聚力与整体协作能力，深刻体会团队合作和积极行动的价值。

（2）带领团队跨越"恐惧之河"，培养团队成员顽强拼搏、不屈不挠的精神。

（3）在困境中学会冷静抉择，培养服从团队安排、相互配合的意识，通过通力协作争取最佳成果，充分感悟团队精神与集体力量在攻克重大任务时的关键作用。

（4）领悟领导者在团队中的核心作用,认识高效执行力的重要意义。

（5）认识到奉献精神是活动成功的根基。

（6）感受正确决策的过程,体验沟通与合作的重要性。

• 任务布置:全队成员需在不借助任何外力物品,且双脚不触碰墙面的前提下,全员攀登上 4.2 米高的胜利墙。项目具体流程如下:首先由两名成员搭建人梯,将一名身强力壮的成员送上胜利墙;接下来,其他成员配合相续搭建起人梯,将其余成员以下顶、上拉的形式,依次送上胜利墙;最后一名成员则由墙顶的队友以身体作为连接,将其拉上胜利墙。

• 训练指导与实施:

（1）提前检查训练场地,确保地面平坦、胜利墙结构稳固,同时查看海绵垫是否需要更换,消除安全隐患。

（2）带领学生做热身活动,让学生充分热身,以免受伤。

（3）将学生集中到训练场地,布置任务并说明要求。

（4）申明项目的注意事项,直到学生完全熟悉为止。

（5）给两个小组各 5 分钟的练习和策划的时间,5 分钟后开始比赛。

（6）观察并记录学生活动情况,注意学生的安全保护。

• 活动反思:

（1）正确决策与及时执行对应对危机有什么价值?

（2）第一位上去的人有何感觉? 谈谈先锋的示范作用与榜样力量对团队成员的激励意义。

（3）上墙的顺序及角色的认定对团队完成任务有哪些积极作用? 如何理解甘为人梯、无私奉献的团队精神?

（4）如有个别队伍没有完成任务,回顾过程,你认为存在哪些遗憾? 从中获得了哪些感悟?

（5）这个游戏对你以后的学习和生活有什么意义? 如何将这一精神融入以后的生活中?

（6）在活动中,你是如何展现自己的决策力的? 有哪些成功之处和哪些尚待提升之处?

（四）培养控制力户外拓展活动项目的实施

• 项目名称:过独木桥。

• 项目类别:团队合作项目。

• 训练时间:5~10 分钟。

• 人数:30 人。

• 场地要求:空旷的场地。

• 项目器材:专用独木桥道具、安全保护道具(头盔 1 个、半身安全带 1 套、短绳 2 根、钢索 4 条、主锁 3 把、长绳 1 条、短扁带 2 条、长扁带 3 条、上升器 1 个)、平衡木。

• 项目描述：每个团队都有一座独木桥，任务要求所有成员在限定时间内，从起点安全通过独木桥抵达终点，且全程不得掉入象征"河流"的区域。

• 训练目标：

（1）通过活动，引导大家领悟：真正的挑战源于自我突破，而非他人或客观条件。

（2）培养勇气和自信，参与者需要不断克服内心的恐惧和顾虑。在跨越独木桥的过程中突破自我极限，深刻体验"断桥一小步，人生一大步"的心态转变，认知面对挑战时心态优于技能的核心价值。

（3）提高平衡能力和稳定性。参与者需要通过调整身体重心来保持平衡，同时还要注意脚步的落点和跨步的力度，提高身体控制能力。

（4）强化团队协作精神，通过相互配合、鼓励与支持，共同攻克难关，理解团队协作是任务达成的关键。

（5）挑战身体极限和增强体能。参与者通过快速移动、跳跃、停顿等高强度动作，锻炼身体，提高体能。参与者需要在短时间内完成跨越独木桥的任务，需要具有一定的体力储备和耐力。

• 任务布置：学生爬上一根6米高的圆木柱子，独立地站在圆木上，从圆木的一端走到另一端。各团队所有成员须在规定时间内完成挑战，全程不得坠入象征"河流"的区域，安全抵达终点。

• 训练指导与实施：游戏难度可以根据不同因素调整，以适应不同的团队和训练目标。这些因素包括独木桥的长度、宽度、高度、稳定性及可用木板的数量和形状等。通过合理调控这些参数，既能提升游戏挑战性，激发团队潜力，也能适当降低难度，契合不同团队的实际需求。

• 活动反思：

（1）活动中，你是怎样克服恐惧、挑战自己的？

（2）在团队合作的过程中，你觉得最大的困难是什么，有什么解决方法？

（3）在鼓励他人的沟通过程中，你觉得最重要的是什么？

（4）这个游戏对你以后的工作和生活有什么意义？

（5）在活动中，你是如何展现自己的控制力的？有哪些成功之处和哪些尚待提升之处？

（五）培养影响力户外拓展活动项目的实施

• 项目名称：国王和天使。

• 项目类别：团体项目。

• 训练时间：这个游戏可以贯穿整个拓展活动的始终。

• 人数：在全体队员不知情的情况下进行分组。

• 场地要求：活动室。

• 活动道具：足够数量的国王和天使卡片。

• 项目描述:参与者每个人都在纸条上写出尽可能多的个人信息,然后进行抽签,游戏规则是彼此不能透露出对方的名字,这个规则让游戏添上了一层神秘的色彩。每个人都是"国王"和"天使",区别在于开始填写者为"国王",后面抽取者为"天使"。"国王"不知道自己的"天使"是谁,"天使"要默默地关心关注着他的"国王",用心地守护着他。

• 训练目标:每个人既憧憬成为被守护的"国王",也渴望成为温暖他人的"天使"。通过活动,同时体验"国王"与"天使"的感觉。

(1)通过深度破冰,增强团队凝聚力,促进个人成长。

(2)每个成员在真诚付出的同时也获得其他成员的关爱,建立充满爱的集体,感受付出与收获的喜悦,提升感知幸福的能力。

(3)以"天使"身份为情感载体,学会关心、帮助身边的朋友,培养助人、爱人的能力。

• 任务布置:

(1)活动开始前,给每一个团队成员发放一张国王与天使的卡片。参与者需在卡片上标注"国王"的一侧填写信息,填写完毕后统一上交。

(2)研学旅游指导师收齐所有卡片后,将卡片背面朝上打乱顺序,邀请每位成员随机抽取一张。抽到卡片的成员需在标注"天使"的一侧签上自己的名字,完成后再次将卡片交回导师。待活动结束时,将统一公开所有卡片内容。

(3)抽取卡片后,卡片上"国王"栏所填写信息对应的成员,即为抽取者需要守护的对象。作为"天使",需牢记"国王"的信息,在活动全程暗中观察并关注其需求,适时提供帮助。同时,每位成员在团队中也会拥有专属"天使",同样会获得他人的默默关怀。

(4)当活动接近尾声的时候,请全体人员围坐在一起,公布国王和天使卡片,每一张都要进行揭秘。

• 训练指导与实施:

(1)和很多游戏不同的地方是,本游戏并未在初始阶段要求全体成员直接相互认识,这是这个游戏最具特色的地方。

(2)这个游戏的亮点在于体现了生活的乐趣。身边有哪些人是怎样在默默地关心你、帮助你? 而你又扮演着谁的"天使"? 你是怎样默默地关心他们、帮助他们的?

(3)"天使"要在活动中默默地为"国王"服务,不能让"国王"发现自己是谁。"天使"的服务形式应丰富多元,如递一杯热茶、送一份小礼物、陪伴共同学习等。此外,每位"天使"每日需为"国王"撰写一封真诚友爱、生动有趣的赞美信,强化情感联结。

• 活动复盘:

(1)在整个活动期间,你是怎样扮演"天使"的?

(2)培训过程中,你感受到了哪些来自"天使"的帮助与关怀?

(3)你是否已经在活动过程中寻找到了你的"天使"?

(4)在现实生活中,你的"天使"是谁呢?

(5)在生活中你扮演着谁的"天使"?

（6）在这次活动过程中,你是如何展现你的影响力的? 在这个游戏中,你得到了哪些新的思考?

步骤三:领导力提升类户外拓展项目总结复盘

活动结束后的评价总结阶段是非常重要的复盘环节。这个阶段的主要内容除了对具体项目的总结,还包括拓展作业的完成、活动成果的展示、参与成绩的认定等内容。

（一）拓展作业的完成

按照拓展项目的设计,在活动中通过体验和探究,获得知识、技能等各方面的提升,完成项目所指定的任务。

（二）活动成果的展示

活动成果的展示实际上是一种结果评价方式,有利于检验活动目标的实现情况。活动成果可以是物化的成果,也可以是经验的总结。通过个人汇报,参与者能够清晰呈现自身在领导力提升方面的收获,通过小组汇报,则可直观展现团队在领导力培养过程中协作配合的成效,成果展示是活动的总结和延续,增强了拓展活动的实效性。

（三）参与成绩的认定

在户外拓展的活动项目中,建立完整的研学评价体系,包括学生自评、同学互评、家长参评、学校评价和教练评价的"五位一体"多元评价体系,也包括行前阶段、行中阶段、行后阶段、应用阶段这四个贯穿户外拓展活动全过程的评价。通过综合性评价体系,学生可全面认知自身在活动中的优势与不足,深化反思与总结,进而在未来学习和生活中更有针对性地培养、提升和运用领导力。

模块小结

本模块系统构建了社交能力提升类户外拓展项目策划的理论框架与实践路径,以经验学习循环、社会互赖理论及压力-成长模型为方法论基础,结合需求诊断矩阵与双环设计模型,形成"需求分析—活动设计—资源统筹—安全保障"的全流程实施体系。通过团队协作、信任背摔等四大类项目设计,融合认知发展规律与社交能力提升机制,实现参与者从理论认知到行为迁移的能力转化,兼具科学性与实操性,为个人社交素养培育与组织效能优化提供系统解决方案。

知识训练

1.经验学习循环理论的四个阶段顺序正确的是(   )。

A.具体经验—抽象概念化—反思观察—主动实践

B.具体经验—反思观察—抽象概念化—主动实践

C.反思观察—具体经验—抽象概念化—主动实践

D.主动实践—具体经验—反思观察—抽象概念化

2.社会互赖理论中的正向互赖关系主要强调什么?(　　)

A.个人目标与团队目标的对立　　　　B.个人目标与团队目标的紧密关联

C.个人目标的独立性　　　　　　　　D.团队目标的优先性

3.根据压力-成长模型,户外拓展项目应为参与者制造怎样的压力?(　　)

A.过度压力　　　　B.良性压力　　　　C.持续高压　　　　D.完全无压力

4.在户外拓展项目的需求诊断矩阵中,以下哪项不是需要考虑的因素?(　　)

A.组织目标　　　　B.个体特征　　　　C.环境约束　　　　D.天气情况

5.双环设计模型中的内容环不包括以下哪个阶段?(　　)

A.破冰　　　　　　B.技能建构　　　　C.综合应用　　　　D.成果评估

能力训练

请根据教材内容,为大学生群体设计一个以"提升跨专业团队协作能力"为目标的户外拓展方案,需包含理论依据、核心活动设计、安全预案要点、预期成果评估方式(要求:结合学生社交特点,体现理论与实践结合,方案具备可操作性)。

模块五

户外运动项目研学

项目一
陆地户外运动研学项目

项目引入

▼

🌴 项目概述

　　陆地户外运动研学项目的策划与组织旨在通过精心设计的活动,让学生在自然环境中学习和成长。这类项目通常包括徒步、攀岩、露营等多种活动形式,旨在培养学生的团队合作能力、领导力,提高问题解决能力和环境保护意识。在策划过程中,需要充分考虑安全性、教育性和趣味性,确保活动顺利进行。同时,通过专业的指导和培训,提高学生的知识水平和技能。

🌴 项目目标

知识目标

1.掌握陆地户外运动研学项目的基础知识。

2.掌握陆地户外运动研学项目的策划要点。

3.掌握陆地户外运动研学项目的实施流程。

能力目标

1.能够正确开展陆地户外研学活动,如徒步、攀岩等。

2.能够完成陆地户外研学活动的策划。

3.能够组织实施陆地户外研学活动。

素养目标

1.通过专业陆地户外运动知识的学习,培养学生的科学素养。

2.通过专业陆地户外研学活动的策划,培养学生的创新思维。

3.通过专业陆地户外研学活动的组织实施,培养学生精益求精的工匠精神。

任务一　认知陆地户外运动研学项目

任务描述

　　认知陆地户外运动研学项目的任务是通过实践活动提高学生对自然环境的理解和保护意识,同时增强他们的身体素质和户外生存技能。这类活动通常包括徒步、攀岩、自行车越野等,参与者不仅能够学习相关的运动技巧和安全知识,还能在实践中提高团队合作精神和自我挑战能力。为深化对自然的理解,项目特别强调对环境的观察与探索,鼓励学生在亲身体验中发现自然之美,增强环境保护的责任感。通过这样的任务设计,促进学生全面发展,培养其成为具有探索精神和环保意识的公民。

任务目标

知识目标

　　1.了解不同地形地貌对户外运动的影响,以及如何根据地形选择合适的装备和行进策略。

　　2.掌握基本的野外生存知识,包括寻找水源、野外定向和避难所搭建等。

能力目标

　　1.能够提高团队协作能力,学习并掌握与他人有效沟通和协作的方法。

　　2.能够增强自我管理能力,包括自我激励及在户外活动中的自我保护。

素质目标

　　通过应对户外活动中的挑战和不确定性,增强学生的心理韧性,进而培养他们坚韧不拔的意志。

一、陆地户外运动类研学活动的概念

　　陆地户外运动类研学活动是指在陆地自然环境中进行的一系列体育活动,这些活动通常涉及身体运动和技能挑战,旨在促进身心健康、增强团队合作、提升环保意识和探险精神。陆地户外运动类研学活动包括徒步、攀岩、自行车越野等。这类项目不仅要求参与者具备一定的体能和技巧,还要求其对自然环境有基本的了解。陆地户外运动类研学活动强调与自然的互动,鼓励参与者在挑战自我的同时,学习如何保护自然环境。通过这些活动,参与者不仅能够体验到户外运动的乐趣,同时培养坚韧不拔的意志,增强对户外环境保护的责任感。

Note

二、陆地户外运动类研学活动的内容

陆地户外运动类研学活动通过多样化的户外体验,培养参与者的环境适应性;同时,结合实地考察和学习,增强参与者对自然生态保护和地理知识的理解和认识。陆地户外运动类研学活动主要有以下几大类。

(一)徒步

徒步的起源可以追溯到人类学会直立行走的远古时期,最初,它是人类为了生存而采取的基本行动方式,并逐步发展起来。徒步穿越是户外活动的一种主要形式,也是一种综合性的户外探险和教育活动。它要求参与者在自然地形中进行长距离活动,不仅考验参与者的体能和耐力,更是一次心灵上的挑战与自我发现之旅。在旅途中,参与者会学习如何与自然和谐共处,不断挑战自我,实现个人成长。在徒步过程中,参与者背负必要的装备和补给,穿越多变的地貌,如山地、丛林、沙漠等,感受户外生存的挑战与乐趣。这项活动不仅能增强个人的身体素质,还能培养坚韧的意志,提升环境适应能力。

徒步作为研学活动的一部分,为学生提供了一个亲近自然、挑战自我和学习野外生存技能的机会。在徒步过程中,学生不仅能够锻炼身体、学习地理和生态知识,还能在实践中提高解决问题的能力。这种体验式学习有助于学生的全面发展,增强他们对自然环境的认识和保护意识。

(二)攀岩

攀岩是一种结合体力、技巧和勇气的户外运动,它要求参与者借助技术装备和同伴的保护,在不同的高度和角度的岩壁上,在有限的时间内选择自己认为最佳的、最合理的线路,准确地完成腾挪、蹿跳、引体等惊险的技术动作,依靠自身顽强的意志、体力和思维能力完成整条线路的攀登。这项运动不仅能够锻炼人们的上下肢力量、核心稳定性和身体协调性,还能培养人们面对困难时的坚定意志,提高解决问题的能力。攀岩者通常需要穿戴专业的攀岩鞋、安全带和头盔,并使用绳索和攀登器械来确保安全。在挑战自我和追求极限的过程中,攀岩者将体验到征服自然的喜悦和成就感。

在研学活动中,攀岩作为一项富有挑战性的运动,为学生提供了一个锻炼体能、磨炼意志、培养团队合作能力的平台。通过专业指导,学生不仅能够了解攀岩的基本技巧和安全知识,还能在应对高度和难度挑战的过程中,增强自信、勇气,提升决策能力。这种活动有助于激发学生的冒险精神和探索未知世界的热情。

(三)自行车越野

自行车越野是一种在山地、林道、小径等非铺装路面上开展的自行车运动。骑行过程中,骑手需穿梭于陡峭坡道、嶙峋岩石、泥泞路段等复杂地形。这项运动主要考验骑手的体力、耐力、平衡感和操控技巧。自行车越野不仅是一种体育竞技,也是一种探索自然、享受户外的方式。它让骑手在体验速度与激情、挑战自我的同时,享受与大自然的亲密接触。

在研学活动中,自行车越野是一种结合了体育训练和教育目的的户外活动。参与者不仅要学习爬坡、下坡、转弯、跳跃等自行车越野的基本技巧,还要掌握相关安全知识。研学活动通常包括理论课程、实践训练和实地骑行。通过这些活动,参与者能够在锻炼身体的同时,增强对自然环境的认识和保护意识,培养解决问题和应对挑战的能力。自行车越野研学活动鼓励学生在实践中学习,通过体验式学习促进个人成长。

需要说明的是,陆地户外运动类研学活动的内容和形式丰富多样,下面对徒步和攀岩中适宜设计和实施相关课程的内容进行列举和展示,随着陆地户外研学产业的发展,将会有更具体验性及内容更为丰富的陆地户外类生存技能课程。

三、陆地户外运动类研学活动的实施

(一)徒步运动研学课程设计

徒步运动研学课程设计可以围绕一系列基础方法与技能展开,包括徒步装备的了解、徒步的健康防护准备、徒步的基本技巧、环境保护意识的培养等。这些内容旨在提升学生的徒步技能,为学生提供全面而丰富的户外学习体验。通过教授学生徒步装备的选择与使用方法、徒步技巧,并强化环境保护意识,不仅能够培养学生的独立生存能力和科学规划思维,还能帮助学生塑造坚韧不拔的意志,深化对自然的敬畏与热爱之情,提升其在复杂环境下的应变能力。这些可以作为陆地户外运动类研学活动课程设计的基本内容。

1.徒步装备的了解

装备对于徒步运动而言是非常重要的,其选择需综合考虑徒步地区的地形地貌、路线难度、行程时长及季节气候等因素。若装备选择不当,轻则会增加行进负担,重则会因装备缺失导致棘手问题,甚至危及安全。因此,出行前应对活动地区进行充分调研,仔细挑选应带装备和给养。市场上徒步用品的品牌与类型繁多,应根据实际需要和自身条件慎重选择。

(1)个人装备。

个人装备主要指必要装备,具体包括背包、睡袋、防潮垫、手套、帽子、墨镜、头灯、水壶、个人卫生用品、防晒霜、润唇膏、笔记本、笔、个人药品、打火机、火柴、餐具、干湿纸巾、个人食品,以及其他杂品等。

(2)公用装备。

公用装备具体包括帐篷、炊事用品(如炉具、燃料、炊具等)、绳索(视情况选择携带)、专用工具(如砍刀、手斧、行军铲等)、公用药品(如通用药、紧急救护药等)、胶带、营地灯、其他集体专用器材(如攀岩器材、登雪山器材等)、公用食品营养品、海拔仪、指北针、温度计、地图等。

2. 徒步的健康防护准备

徒步对多数人而言无疑是增强体质的有效方式。然而,若未做好健康防护准备,反而可能对健康产生不良影响,需重点注意以下事项。

(1)防疲劳。

预防的关键在于:一是步姿正确;二是不要心急;三是要会走路。走小路而不走平坦公路,或走公路时避开平坦的中心、专挑高低不平的路边行走,均属于不正确的走路方式,容易引发疲劳。

(2)防脚打泡。

选鞋不当或步姿有误,行走中感到脚部某部位有疼痛或摩擦感,可在该处贴上医用胶布,或在鞋的相应部位粘贴单面胶,通常能有效防止打泡。

(3)防寒暑。

北方冬季徒步研学时,要带一些质轻、防寒性能好的衣物,如果行走在广阔的北方平原,风大时应及时调整衣着。南方夏季徒步研学时,要做好防暑和防雨措施。

(4)解渴要适可而止。

出发前最好准备一壶清茶水,适当加些盐。清茶能生津止渴,盐可补充因流汗过多导致的体内盐分不足。

(5)随身携带一些常用医药用品。

以便在遇到轻微外伤、感冒或肠胃不适等情况时能及时处理,确保徒步过程中的健康与安全。

3. 徒步的基本技巧

徒步具有求知性、探索性、不可预见性等特点,参与者必须掌握相关野外生存知识与技能,应对千变万化的野外情况。因此,除了了解徒步的必要装备和做好防病准备之外,还需要掌握一些徒步技术要领。

(1)徒步前合理锻炼,强健体魄。

良好的体能储备和强健的体魄是徒步的基础保障。提升体能没有捷径可走,必须结合自身情况,制订循序渐进的训练计划,重点增强耐力、力量和核心稳定性。耐力训练可选择游泳、长跑、爬坡等;力量训练可选择俯卧撑、深蹲、引体向上等。此外,适应性训练,如负重行走,也能帮助身体更好地应对徒步挑战。

(2)徒步的步伐技巧。

徒步不单是腿部运动,而且是一种全身运动,注意通过摆臂来平衡身体、调整步伐。控制节奏,最好的行走速度是走而不喘,心率尽量不要超过120次/分。肩沉背挺,腹部深呼吸,全脚掌触地,从脚跟到脚尖移动。始终按照自己的节奏行走,不要时快时慢、时跑时停,尽量保持匀速。

刚开始可以放缓一点,让身体各部位预热,适应环境,5~10分钟后逐步加快步伐。在行走中,要集中精力,不要一边走一边说笑、打闹嬉戏,更不能大声歌唱,这样不但会分散其他队员的注意力,同时还会消耗自己的体能。

（3）徒步的上坡技巧。

上坡时，重心应在脚掌前部，身体稍向前倾；下坡时，重心应在后脚掌，同时降低重心，身体稍微下垂。坡度较大时，无论上坡下坡，应走"之"字形，尽量避免直线上下，这是一种相对安全的走法。上下坡过程中，如需攀拉石块、树枝或藤条借力，务必先用手试拉，确认其牢固可靠、能够承受自身重量后，再借助其力量攀爬。实践中，经常有队员因拉枯萎腐烂的树枝、藤条而跌倒受伤，导致意外。

（4）徒步的休息技巧。

徒步过程中的休息也要讲究方法，通常采用"长短结合、短多长少"的策略。短暂休息尽量控制在5分钟以内，不卸掉背包等装备，以站着休息为主，调整呼吸，恢复体力。长时间休息以每60~90分钟进行一次为宜，休息时间为15~20分钟，长时间休息应卸下背包等所有负重装备，先站着调整呼吸2~3分钟，才能坐下，不要一停下来就坐下休息，这样会加重心脏负担。休息时，可自行或者队员之间互相按摩腿部、腰部、肩部等处肌肉，也可以躺下，抬高腿部，让充血的腿部血液尽量回流到心脏。

需要注意的是，休息并非简单的被动停歇，而是通过主动调整姿势、放松肌肉、促进血液循环，实现更高效的体能恢复。

（5）徒步中的饮水技巧。

徒步行走时，应带足饮用水，每人每天约3升，根据天气情况增减，宁多勿少。如果需通过野外溪流、湖塘等水源补给，一定要考察水源情况：是否存在人畜活动痕迹、动物尸体、粪便污染、毛虫附着，或水体是否发黑发臭。经初步判断安全后，还需通过沉淀、过滤、离析等方法处理后才能饮用。一般情况下，饮用前可取少量水涂抹嘴唇，过3~5分钟后，嘴唇不发麻发痒、无臭无味才可饮用。野外补充的水，条件允许时，建议将野外水源煮沸5分钟后再饮用。

饮水需遵循"少量多次"的原则，主动补充水分，避免因口渴才被动饮水。每次以两三小口为宜，极度口渴可缩短间隔时间、增加频次，切忌一次性大量饮水，过量饮水不仅会浪费珍贵的水资源，还会加重心脏负担。一般而言，在徒步等户外运动中，水分补充速度控制在每分钟250毫升为宜。

正常的徒步时间里排尿频率约为4小时1次。可以通过观察排解的尿液颜色，了解自己体内水分脱失症状：尿液呈深黄色，微感口渴，脉搏速度正常，为轻微脱水症状；尿液呈暗黄色，口内黏膜干燥，口渴，脉搏加快但微弱，为中度脱水症状；无尿液，皮肤苍白，呼吸急促，口渴，脉搏快而无力，为重度脱水症状。

（6）徒步时保持安全距离。

从安全角度出发，行走中队员之间应该保持合理的距离，一般为2~3米，这样就算有人因各种原因（如系鞋带、脱衣服、喝水等）暂停时，后面的队员也不会受大的影响，一般情况下，暂停队员靠右边停留，前进队员从左边通过。与迎面而来的其他队伍相遇时，也是按"我右他左"的原则，礼貌相让通过。白天暂停时间不宜超过10分钟，或与队伍的距离保持在200米以内；夜间由于视野受限，暂停时间须控制在5分钟以内，且与队伍的距离不要超过20米，以避免走失或突发危险。

4. 培养环境保护意识

在徒步过程中培养环境保护意识是一项重要的教育任务,不仅有助于保护自然环境,还能增强参与者的责任感。下面介绍一些有效的方法。

(1)教育与引导。

徒步前,组织者应向参与者介绍徒步路线的生态环境,讲解当地的野生动植物、自然景观及其对环境的重要性。通过这类教育,参与者能够理解保护环境的必要性。

(2)"无痕山野"原则。

教授并实践"无痕山野"原则,这是一套旨在减少户外活动对自然环境影响的行为准则,包括在指定地点露营、妥善处理垃圾、不破坏植被、不干扰野生动物等。

(3)实践垃圾分类。

在徒步过程中,引导参与者将垃圾进行分类,并在返回时带走。这不仅能减少环境污染,还能让参与者了解垃圾分类的重要性。

(4)尊重野生动植物生存法则。

教育参与者在徒步过程中与野生动植物保持适当距离,不喂食野生动物,不随意采摘植物,避免干扰它们的自然生存状态,从而帮助参与者更好地理解人类与自然和谐共处的重要性。

(5)实地体验。

在徒步过程中,安排一些实地体验活动,如清理步道上的垃圾、参与当地的环保项目等。通过亲身实践,参与者能够更深刻地体会到保护环境的紧迫性和重要性。

(6)环保游戏与挑战。

设计如"环保知识问答"及"寻找最环保的徒步方式"等主题游戏与挑战,以轻松有趣的方式增强参与者的环保意识。

(7)分享与讨论。

在徒步过程中及结束后,组织分享会与讨论会,鼓励参与者交流徒步中的环保实践、感受,以及对环境保护的看法和建议。

(8)记录与反馈。

鼓励参与者记录徒步中的环保行为、观察到的环境问题及思考感悟。这些记录可作为反馈,助力组织者优化未来的徒步活动。

(9)持续教育。

徒步结束后,向参与者提供环保资料与资源,借助社交媒体、邮件列表等渠道持续推送环保信息与活动,鼓励其延续环保学习与实践。

(10)榜样作用。

徒步活动的组织者和领队应该以身作则,展示良好的环保行为,成为参与者的榜样。他们的言行将对参与者产生深远的影响。

通过这些方法,徒步活动不仅能够成为一次愉快的户外体验,还能成为一次深刻的环保教育实践。参与者在享受自然的同时,也能成为环境保护的积极倡导者和实践者。

(二)攀岩运动研学课程设计

攀岩运动研学课程设计可以围绕一系列基础方法与技能,包括攀岩装备的了解、攀岩路线的识别、攀岩的保护技术、攀岩的基本技巧、环境保护意识的培养等。这些内容旨在提升学生的攀岩技能,为学生提供全面而丰富的户外学习体验。在研学活动中,通过教授学生了解并正确选择攀岩装备,掌握攀岩的技巧,培养环境保护意识,既能对学生开展安全教育、增强其风险评估能力,又能强化其环保意识。这些可作为陆地户外运动类研学活动课程设计的基本内容。

1.攀岩装备的了解

攀岩是一项风险较高的运动,确保技术装备的安全性至关重要。在进行攀岩训练前,了解攀岩装备的性能、保养和作用是基本要求。攀岩装备主要分为保护性和辅助性两大类。保护性装备,如主绳、安全带、铁锁、头盔、保护器和上升器等,直接关系到攀岩者的安全,因此在选购时必须考虑其质量、用途和性能,并优先选择有UIAA认证的产品。辅助性装备,包括镁粉和粉袋等,虽不直接涉及安全,但对提高攀岩体验和表现有重要作用,可根据个人喜好选择。总之,正确选择和使用攀岩装备,是保障攀岩安全和享受攀岩乐趣的关键。

2.攀岩路线的识别

攀岩路线的识别至关重要,它能帮助攀岩者评估难度、风险及路线特点,从而制定合适的攀爬策略。通过观察手点、脚点及岩壁特征(如裂缝、斜面),攀岩者可规划攀爬路径、预判难点,不仅能提升攀爬效率与安全性,还能深化对不同攀岩类型的理解,增强决策能力。

3.攀岩的保护技术

攀岩的保护技术是指为防范攀岩者在攀爬过程中出现跌落或其他意外情况而采取的安全防护措施与方法。它是根据岩壁的条件,运用相应的保护装备、结绳方法、保护装置进行各种安全保护操作程序及解决办法。

4.攀岩的基本技巧

自由攀登,即攀岩者仅依靠手脚力量接触自然支点向上攀爬,绳索不用于借力,仅作保护用途。若需借助器械受力上升,则属于辅助攀登。攀岩者的技能培养需分阶段进行,首先要了解重心控制等基础原则,之后分别学习和训练脚法与手法,最后结合路线识别与动作组合完成攀登。

5.环境保护意识的培养

攀岩是一项与自然环境密切相关的运动,培养环境保护意识对于攀岩者来说非常重要。下面介绍一些在攀岩活动中引导参与者保护自然、避免破坏岩壁及周边生态的具体方法。

（1）教育与宣传。

在攀岩活动开始前，组织者应通过讲座、播放视频、发放手册等形式，向参与者普及环境保护的重要性和基础知识。强调攀岩对环境的潜在影响，以及每个人在保护自然环境中的责任。

（2）实地指导。

在攀岩过程中，教练与领队需在现场为参与者提供指导，教授正确使用攀岩装备的方法，最大限度降低对岩壁造成的损伤。例如，倡导使用对环境影响较小的固定装置，避免在岩壁上留下永久性痕迹。

（3）生态敏感区域的保护。

规划攀岩路线时，应主动避开生态敏感或脆弱区域。若路线无法绕过此类区域，应采取额外的保护措施，如限制人数、规划指定路径等。

（4）垃圾分类与回收。

在攀岩活动中，引导参与者掌握正确的垃圾分类方法，并在活动结束后将垃圾带出。同时，鼓励参与者使用可回收材料制成的装备和用品。

（5）尊重野生动植物。

教育参与者在攀岩过程中与野生动植物保持适当的距离，不干扰或伤害野生动植物。避免在动植物栖息地附近大声喧哗或制造噪声。

（6）环境监测报告。

鼓励参与者在攀岩过程中注意观察环境变化，如岩壁侵蚀、植被破坏等，并及时向相关部门报告，以便采取相应的保护措施。

（7）环保装备的使用。

推广使用环保材料制成的攀岩装备，减少对环境的污染。同时，鼓励参与者在攀岩后对装备进行适当的清洁和保养，延长其使用寿命。

通过这些方法，攀岩者在享受攀岩乐趣的同时，也能够成为自然环境的守护者，共同维护我们宝贵的自然资源。

任务二　陆地户外运动研学项目的策划与组织

◎ 任务描述

陆地户外运动研学项目的策划与组织是一项旨在通过户外活动促进学生全面发展的综合性教育任务。它要求策划者深入理解陆地户外运动的教育价值，设计出既安全又富有教育意义的研学方案。组织者需确保活动顺利实施，包括但不限于路线规划、安全保障、资源协调和应急处理。此外，还需通过活动后的反思与总结，巩固学习成果,提升学生的实践能力。

🔵 任务目标

知识目标

1.了解户外运动对身体健康的影响,包括体能训练、营养补给、运动损伤预防等。

2.学习相关的环境保护知识,如"无痕山野"原则,以及如何减少户外活动对环境的影响。

能力目标

1.能够在户外活动中有效地组织和指导学生,培养团队协作和领导能力。

2.能够在面对突发状况时迅速做出判断并采取适当措施,提升问题解决能力。

素质目标

1.增强责任感和安全意识,确保所有学生的人身安全以及活动的顺利进行。

2.培养耐心和同理心,能够理解和满足不同学生的需求,鼓励他们勇于克服困难,充分体验成功的喜悦。

一、陆地户外运动类研学活动的特征

(一)实践性与体验性

陆地户外运动类研学活动强调通过实践活动来学习知识和技能。这种学习方式让学生走出教室,直接在自然环境中进行探索和体验。例如,在徒步、自行车越野等活动中,学生不仅能够学习到相关的地理、生态和环境知识,还能通过亲身体验来加深对这些知识的理解。这种实践性学习有助于提高学生解决问题的能力,强化对学习内容的长期记忆。同时,体验性学习还能够激发学生的兴趣,使他们更加积极地参与到学习过程中,从而提高学习效果。

(二)身体锻炼与健康促进

陆地户外运动类研学活动对参与者的身体条件有一定的要求,这促使学生参与到各种形式的身体锻炼中。无论是徒步穿越森林,还是攀岩登上高山,这些活动都能有效地提高学生的体能,增强心肺功能,锻炼肌肉力量和耐力。同时,户外活动还能促进学生的身体健康,减少久坐带来的负面影响。通过户外活动,学生能够认识到健康生活的重要性,并养成积极锻炼的习惯。

(三)环境教育与生态意识

依托自然环境开展的陆地户外运动类研学活动,为学生提供了了解和学习生态知识的平台。学生可以在实践中学习生态系统的运作方式,了解不同生物之间的相互关系,以及人类活动对环境的影响。这种环境教育有助于培养学生的生态意识,使他们认识到保护自然环境的重要性,并在日常生活中自觉践行环保行动。通过这些活动,学生能够成长为具有责任感的地球公民,为推动可持续发展贡献力量。

(四)团队合作与社交技能

陆地户外运动类研学活动通常需要团队合作来完成,这为学生培养社交技能和团队精神提供了实践场景。在这些活动中,学生需要与同伴沟通协调,共同解决问题,这有助于他们学习如何有效地表达自己的想法,倾听他人的意见,并在团队中发挥自己的作用。此外,团队合作还能帮助学生建立信任,学会在压力下支持和鼓励队友。这些社交能力的提升,对学生未来的学习与职业发展具有重要价值。

(五)风险管理与安全意识

陆地户外运动类研学活动往往伴随天气多变、地形复杂等潜在风险,因此需重视风险管理与安全意识培养。参与者应学习风险评估方法,制订安全计划,并在活动中采取适当的安全措施,包括了解和使用头盔、安全带等安全装备,以及掌握基本急救技能。通过这类教育,学生能够增强安全意识,减少意外伤害,这对其参与各类户外活动具有重要意义。

二、陆地户外运动类研学活动策划与组织要点

(一)注重课程的安全性

首先,陆地户外运动类研学活动的策划与组织要将安全放在首位,这包括对活动地点进行全面的风险评估、制订详细的安全计划和应急预案等。组织者应确保所有学生接受相应的安全教育和技能培训,让学生知晓陆地户外活动的基本安全规则,同时具备一定的安全防护意识与技能。例如,在徒步、攀岩的过程中,需要先熟悉必要装备,避免自身受到伤害。其次,掌握正确的运动技术要领,以杜绝陆地户外活动的风险。陆地户外运动类研学活动从准备工作到活动结束,每一个环节学生都需要严格遵守安全规则。例如,在徒步前,需要进行详尽的风险评估,包括天气状况、地形难度、学生健康状况等,并据此制定相应的安全措施;在徒步过程中,要有能应对受伤、恶劣天气等紧急情况的能力,这需要掌握基本急救知识、会使用应急装备、有提前制订好紧急撤离计划的专业领队和教练全程陪同监督等。最后,在制定前、中、后期的安全保障预案时,要认真审视活动中的安全风险环节,制定相应的策略,以保证活动的安全进行。

(二)注重教育内容和活动设计

在策划和组织陆地户外运动类研学活动时,教育内容和活动设计至关重要。这样的项目不仅要为学生提供身体锻炼的机会,还要通过精心设计的活动,让学生在自然环境中学习新知识、培养新技能,同时深化对生态环境的理解与尊重。

教育目标的明确是策划陆地户外运动类研学活动的基础。以徒步为例,组织者需要确定希望通过徒步活动让学生了解哪些知识,比如自然环境保护、生态系统运作、地

理地貌认知或历史文化探索等,这些目标将指导整个活动的设计与实施。

活动设计应围绕教育目标展开。例如,如果目标是让学生了解当地的生态系统,那么徒步路线可选择穿越森林、湿地或草原等不同的生态环境。在徒步过程中,可以安排自然观察活动,让学生学习识别植物和动物,了解它们的生活习性和生态价值。此外,可以设置一些互动环节,如生态摄影比赛或自然笔记记录,以提高学生的参与度和学习兴趣。

为确保教育内容的有效传达,徒步研学项目需配备专业的教育人员与研学旅游指导师。他们不仅要具备相关专业知识,通过讲解、示范等方式帮助学生理解徒步过程中遇到的自然现象与环境问题,还要具备引导和激发学生学习兴趣的能力。

此外,陆地户外运动类研学活动还应该包括一些实践性的学习活动。例如,教授学生使用地图和指南针进行导航等。这些实践活动既能增强参与者的动手能力,又能让其在体验中学习实用知识与技能。

最后,陆地户外运动类研学活动应该鼓励学生进行反思和总结。在活动结束后,可以组织分享会,让学生分享学习体会与感受,这一过程有助于巩固学习成果,促进学生之间的交流与学习。

（三）注重理论知识和实践经验储备

陆地户外运动类研学活动具有较强的挑战性与综合性,这要求课程策划人员和研学旅游指导师必须同时具备扎实的理论知识与丰富的实践经验,具体体现在以下两个方面。其一,在陆地户外运动类研学活动中,研学旅游指导师主要以引导的方式来开展活动,因此要十分熟悉陆地户外运动知识与技能。只有透彻掌握理论基础,才能以专业、恰当的方式指导学生完成课程目标,确保教学内容的准确性与有效性。其二,在陆地户外运动类研学活动中,活动的复杂性容易导致各种突发状况,这就要求研学旅游指导师具备灵活应变能力。面对超出预期的问题,指导师不仅要熟练掌握陆地户外运动技巧,凭借扎实的户外素养和实践经验,及时妥善处理突发情况,保障研学活动顺利开展,同时有效引导学生在实践中学习与成长。

三、任务实施

陆地户外运动类研学活动的策划与组织与一般研学旅行课程的策划与组织相比,在流程及内容上具有许多相似之处,但同时也具备其独特性。接下来以"自然探索"徒步研学课程为例,对这一类型研学活动的策划与组织工作进行介绍。

步骤一:明确教育目标

在陆地户外运动类研学活动的策划与组织过程中,首先应当明确教育目标。开展"自然探索"徒步研学课程,需先确定学生在徒步过程中的预期收获。结合徒步特点与项目主题,可设定以下教育目标。

（一）增强环保意识

让学生通过亲身体验,认识到保护自然环境的重要性,培养他们的环保意识。

（二）培养观察与研究技能

在徒步过程中,指导学生观察自然环境,记录观察结果,培养科学研究的基本技能。

（三）提高身体素质

通过徒步锻炼,增强学生的体能,提高耐力和协调性,促进身体健康。

（四）团队合作与社交技能

在团队徒步活动中,鼓励学生相互合作,学习沟通与解决冲突的方法,增强团队合作精神。

（五）自我挑战与成长

鼓励学生在面对挑战时勇于尝试、克服困难,从而增强自信心,实现自我成长。

步骤二:研学场地勘察与路线规划

在陆地户外运动类研学活动的策划与组织过程中,场地勘察是极为关键的环节。开展此类课程时,首先需对活动区域进行全面的地理环境勘察,并根据场地勘察的结果进行路线规划,再针对场地的实际情况结合活动主题策划相应的户外生存技能类研学活动,从而确保陆地户外运动研学活动的安全性、教育性和可行性。

（一）研学场地勘察

陆地户外运动类研学活动的场地勘察与一般的自然地理环境勘察类似。通过场地勘察,策划人员可以识别潜在的危险和障碍,如不稳定的地形、野生动物栖息地等,从而制定相应的安全措施和紧急预案。此外,场地勘察还涉及对环境影响的评估,通过选择对自然环境影响最小的路线,减少对生态系统的干扰。因此,场地勘察需要对研学活动区域的自然环境进行详尽的调查和分析。

（二）路线规划

精心规划的路线可以最大化教育价值,确保学生能够接触多样化的生态系统和自然景观,从而丰富他们的学习体验。合理的路线规划有助于优化活动流程,减少不必要的时间和体力消耗,确保活动按计划顺利进行。

步骤三:准备研学课程物料

在完成场地的勘察和路线规划之后,可初步明确该区域适合开展的陆地户外运动类研学活动类型,进而结合场地特性确定研学课程主题。在策划活动具体内容前,需根据场地实际情况,提前准备课程所需物料,包括必备物料、可选物料、安全物料等,以保障活动顺利进行。要注意的是,此处列举的是针对特定陆地户外运动类研学活动的专用物料,而非一般研学课程通用的基础材料。

"自然探索"徒步研学课程旨在通过自然环境中的徒步旅行,引导学生直观体验并学习生态知识、地理特征与环境科学。该项目强调实地观察、环境互动与团队合作,以培养学生的环保意识和户外生存技能。通过这类研学旅行,学生不仅能锻炼身体、提升适应能力,还能深化对自然世界的认知与敬畏之情。开展该课程,通常需准备以下物料。

（一）教育材料

(1)研学手册或指南:包含活动日程、教育目标、路线信息、安全须知等内容。

(2)铅笔:供学生记录观察所得、学习笔记等。

(3)地图和指南针:用于教授和实践导航技能。

(4)放大镜和野外观察工具:用于近距离观察植物和昆虫。

（二）安全装备

(1)适合所有学生的头盔:以保护头部免受伤害。

(2)急救包:包括常用药品、绷带、创可贴、消毒液等。

(3)防晒霜和防虫剂:防护皮肤免受紫外线侵害和昆虫叮咬。

(4)哨子和应急灯:用于紧急情况下的信号传递。

（三）徒步装备

(1)全气候徒步服装:包括防水外套、速干衣裤、保暖衣物等,适配不同天气场景。

(2)徒步鞋:要求舒适、耐磨、防水,并适应各种地形。

(3)背包:用于携带个人物品和研学材料。

(4)徒步杖:减轻腿部负担,提高行走稳定性。

（四）野外生存工具

(1)多功能刀具:用于切割、开罐等。

(2)火种:如打火机、火柴等,用于野外取火(需严格遵守防火规定)。

(3)水袋或水壶:确保充足的饮水供应。

(4)便携式食物:如能量棒、干果、坚果等。

（五）环境观察工具

(1)相机或智能手机:用于记录自然景观和生物多样性。

(2)野外生物识别指南:辅助识别植物、动物、昆虫等物种,增强科学认知。

(3)测量工具:如卷尺或测距仪,用于测量特定数据。

（六）教学辅助设备

（1）扩音器或便携式扬声器：确保在户外环境中教学内容清晰传达。

（2）标识牌或旗帜：用于标识研学团队和路线指引。

（3）教学展示板或挂图：用于展示教育信息和讨论点。

（七）环境保护物料

（1）垃圾袋：用于收集和携带垃圾，遵守"无痕山野"原则。

（2）回收容器：用于分类回收不同材质的垃圾。

（八）通信设备

（1）手机和充电宝：保持团队联络及紧急通信，确保电力续航。

（2）对讲机：用于团队成员之间的即时沟通。

（九）其他物料

（1）雨具：如雨衣或雨伞，应对突发降雨天气。

（2）个人卫生用品：如湿巾、纸巾等。

步骤四：策划研学活动内容

在进行完场地勘察、路线规划和物料准备工作后，可对陆地户外运动类研学活动形成初步认知。但要开展真正的研学课程，还需要策划具体可执行的研学活动内容。下面以"自然探索"徒步研学课程为例，对这一类型研学活动内容的策划进行介绍。需注意的是，陆地户外运动类研学活动内容的策划流程与主要结构和一般研学课程基本相似，重点针对此类课程的特点，对核心课程内容的策划要点进行阐述。

（一）课程名称

"自然探索"徒步研学。

（二）课程类型

陆地户外运动类研学项目。

（三）课程简介

通过徒步的方式，让学生在实践中探索自然奥秘，增强环保意识，锻炼体能，提高团队协作能力。

（四）课程目标

1. 提升环保意识

增强学生对自然环境的认识和保护意识，理解人与自然和谐共处的重要性。

2.学习生态知识

通过实地观察和研究,让学生了解不同生态系统的构成、功能和相互关系。

3.培养观察与研究技能

训练学生如何科学地观察自然现象,记录数据,并进行基本的自然科学研究。

4.增强身体素质

通过徒步活动,提高学生的体能,增强耐力、力量和灵活性。

5.锻炼团队合作能力

在团队徒步中,培养学生的协作精神,学习如何与他人有效沟通和解决冲突。

6.提高解决问题的能力

面对户外挑战时,鼓励学生主动思考,寻找解决问题的方法,增强自主性和创造性。

7.培养领导力

通过分配不同角色与责任,让学生获得实践领导技能的机会,学习如何带领和激励团队。

8.学习野外生存技能

教授基本的野外生存技能,如导航、寻找水源、野外急救等。

9.促进个人成长

通过面对自然和挑战,鼓励学生自我反思,增强自信心,实现自我成长。

(五)基础准备

1.人员要求

参与人数以 20～30 人为宜,按每小队 10 人左右分组,适合初中以上学段学生。分组时考虑男女比例,尽量平均分配。

2.物料准备

适合天气条件的徒步服装,包括防水外套、速干衣裤、保暖衣物等;徒步鞋,要求尺码合适、舒适耐磨、具备防水功能,且适应各类地形;背包,用于携带个人物品和研学材料;地图和指南针,用于教授和实践导航技能;放大镜和野外观察工具,用于近距离观察植物和昆虫。

3.场地准备

选择适宜的自然环境,如国家公园或自然保护区,开展全面的环境与安全评估,规划出既安全又富有教育意义的徒步线路。同时,确保基础设施完善,包括休息区、洗手间和水源等,并制定应急预案。此外,需与当地管理部门协调,获取必要的支持与许可,同时配备教学设施,落实环保措施以保护自然环境。

步骤五：专业团队组建与制定安全保障方案

户外生存技能类研学活动在策划与组织环节中，必须高度重视安全问题。此类课程虽然体验探究性较强，但也蕴含着一定的风险，需要从活动各个环节入手做好充足的安全准备。下面还是以"自然探索"徒步研学课程为例，阐述其策划过程中需重点关注的安全要点。

徒步需要一定的技巧和经验，因此在没有充分准备和指导的情况下，不建议轻易尝试。在研学课程中，初学者应该在有经验的团队引领下参与活动，研学旅游指导师及场地中的安全员也可以为学生的人身安全提供必要的保障。

（一）行前安全保障

1.安全教育与培训

开展自然探索徒步研学活动前，对所有学生进行详尽的安全教育至关重要。内容包括教授基本的野外生存技能、急救知识，以及应对突发状况的应急措施。培训应涵盖如何识别和避免潜在危险，比如野生动物、恶劣天气和地形风险。确保每位学生熟知行程安排、紧急联系信息及通信设备求助操作流程。

2.物料的准备与检查

对所有必需装备与物资进行全面检查及妥善准备，包括但不限于急救包、食品、饮用水、适配服装、导航工具及个人防护装备。针对徒步活动，还应检查背包、鞋子和徒步杖等装备的耐用性和适宜性，确保它们能够应对徒步过程中可能遇到的各种环境条件。

3.场地的安全检查

在活动开始前，对徒步路线和研学场地进行彻底的安全检查是必不可少的。这包括评估地形稳定性、排查自然灾害隐患，确保路径标识清晰可辨。同时，与当地相关部门保持沟通，及时掌握最新天气动态及其他可能影响活动安全的因素。

4.学生个人装备检查

出发前，对每位学生的个人装备进行逐一检查，确保他们携带了所有必需物品，并且这些物品处于良好状态。重点检查服装是否适配天气、鞋子是否适合徒步，以及是否备齐个人药品、防护用品等。此外，还应确保每位学生都掌握装备的正确使用及维护方法。

5.为活动人员购买保险

确保所有参与人员都有相应的活动保险。

（二）行中安全保障

1.研学旅游指导师进行现场监控

在自然探索徒步研学活动中，研学旅游指导师的作用至关重要。他们需要全程监控学生的行为和周边环境,确保活动的安全性;保持高度警觉,随时准备应对可能发生的各种情况,如学生受伤、迷路或遭遇野生动物等;定期检查学生的身体状况,防范过度疲劳或健康异常问题。

2. 做好现场应急准备

在行进过程中,研学旅游指导师要随时准备应对紧急情况。这包括携带必要的急救设备和药品,以及确保所有学生都知道如何使用它们。此外,提前制定详细应急预案,明确紧急撤离路线及联络方式,活动前组织学生熟悉应急流程,确保在紧急状况下能迅速、正确地应对。

3. 提醒学生遵守安全规则和行为规范

学生的安全意识与行为规范是活动安全的重要基础。研学旅游指导师需要时刻提醒学生遵守安全规则,比如不要单独行动、不要触碰未知植物或动物、保持适当的行进速度和距离。此外,研学旅游指导师还应教育学生树立环保意识,不乱丢垃圾,不破坏生态,确保整个活动的生态可持续性。通过这些措施,可以最大限度地减少风险,保障学生安全,规范学生行为。

(三)行后安全保障

活动结束后,参与此次课程的工作人员应当开展总结会议,讨论活动中的安全问题,收集反馈意见,以便未来改进。

任务三 陆地户外运动研学项目的实施

任务描述

陆地户外运动类研学活动的实施旨在通过一系列精心设计的户外活动,让学生在自然环境中学习和成长。这些活动通常包括徒步、攀岩等,通过这些实践,学生不仅能够锻炼身体、增强体能,还能深刻理解与自然环境和谐共生的重要意义。此外,研学活动注重培养团队协作、问题解决和自我挑战能力,致力于提升学生的领导力与环境适应力。

任务目标

知识目标

学习户外运动相关的环境保护知识,掌握在户外活动中落实可持续发展理念与环保措施的具体方法。

能力目标

1. 能够熟知各类户外运动的安全规范和紧急情况处理方法,包括急救技能和风险评估。

2. 能够掌握户外运动装备的正确使用方法和维护保养知识,确保活动安全和效率。

素质目标

1. 培养学生的自我挑战和自我超越的精神,鼓励他们在面对困难和挑战时保持积极态度。

2. 强化学生的责任感和自主性,使他们在户外活动中能够自觉遵守规则,对自己的行为负责。

一、陆地户外运动类研学活动的实施要点

(一)提前准备合适的物料

在陆地户外运动类研学活动中,提前准备合适的物料是确保活动顺利进行和参与者安全的关键。以下是一些重要的物料及其作用。

1. 个人装备

适合天气条件的服装,包括防水透气的外套、快干衣裤、保暖内衣等;适宜地形的徒步鞋或运动鞋,确保舒适和支撑,降低运动损伤风险;合适的背包,容量充足且背负系统优良,便于携带个人物品。

2. 导航工具

详细的地形图,帮助学生了解路线和周围环境;指南针,在没有电子设备的情况下,用于确定方向;GPS设备,提供精确的定位和导航。

3. 通信设备

在有信号覆盖的地区,用于紧急联系的手机;适用于团队成员即时沟通的对讲机。

4. 急救用品

配备创可贴、纱布、消毒剂、止痛药等基本急救用品;根据参与者的健康状况,携带必要的药品。

5. 食物和水

准备能量棒、坚果、干果等高能量食品,及时补充体力;携带充足的饮用水,满足活动期间的水分需求。

6. 露营装备(如果涉及过夜)

按需配备帐篷、睡袋、炊具等露营必需品。

7. 其他安全装备

准备手电筒、头灯等照明设备。

对于陆地户外运动类研学活动而言,准备合适的物料至关重要。这些物料不仅能保障参与者的安全,还能提高户外活动的舒适度和体验质量。必要的个人装备、导航工具、通信设备、急救用品、食物和水,以及露营装备(如果需要),可以确保在遇到意外情况时能够及时应对,减少受伤风险。与此同时,完备的物料支持让参与者得以全身心投入研学活动,从而提升整个研学活动的教育效果。

（二）做好适当的引导工作

在陆地户外运动类研学活动的实施过程中,适当的引导工作是确保活动顺利进行和参与者安全的关键。研学旅游指导师需向参与者全面讲解活动详情并开展安全教育,内容包括活动流程、预期目标、可能遇到的风险及应对措施。研学旅游指导师应根据参与者的年龄、体能和经验进行分组,确保每个小组都能在适宜的难度和节奏下进行活动。在活动过程中,研学旅游指导师应全程密切关注参与者的身体状态与情绪变化,及时提供技术指导与心理支持,鼓励其挑战自我的同时避免冒险行为。此外,研学旅游指导师还应引导参与者学习如何与自然环境和谐相处,培养他们的环保意识和责任感。通过这些引导工作,可以有效地提高参与者的参与度和学习效果,同时确保活动的安全性和教育性。

（三）做好应变准备

在陆地户外运动类研学活动中,研学旅游指导师需要做好充分的应急准备,以应对不可预见的情况。这包括制定详尽的应急预案,涵盖可能的天气变化、参与者受伤、迷路、设备故障等紧急情况。研学旅游指导师应随身携带急救包、通信设备和定位工具,确保在紧急情况下能够迅速响应。此外,研学旅游指导师应具备基本的急救技能和野外生存知识,能够在必要时提供初步的医疗救助或指导参与者进行自救。活动开展前,研学旅游指导师要对所有装备的功能与安全性进行细致检查,确保其性能良好。活动过程中,研学旅游指导师应保持高度警觉,密切关注环境变化和参与者的身体状况,根据实际情况灵活调整活动安排。通过这些措施,一旦遭遇突发情况,研学旅游指导师能够迅速、有效地采取行动,保障参与者的安全和活动的顺利进行。

二、任务实施

陆地户外运动类研学活动的实施,与一般研学旅行课程的实施相比,在流程及内容上具有许多相似之处,但同时也具备其独特性。下面以"自然探索"徒步研学课程为例,对这一类型研学活动的实施进行介绍。

步骤一:破冰与导入

徒步研学的破冰活动对于整个活动的顺利开展至关重要。它的意义在于建立团队成员之间的信任和默契,为后续研学活动奠定良好的社交氛围。通过破冰与导入环节,参与者得以相互认识,分享个人经历与兴趣爱好,有效消除陌生感,增强团队凝聚力。此外,破冰活动还能帮助研学旅游指导师评估参与者的体能状况和心理状态,从而更好地规划后续的徒步路线和研学任务。在自然环境中开展徒步活动,团队合作尤为重要。破冰活动通过轻松愉快的游戏和互动,让参与者在愉悦的氛围中学习沟通技巧与协作方法,提升团队整体效能,为应对徒步过程中的各类挑战做好准备。总之,破冰活动是徒步研学活动的重要起点,不仅能够提升参与者的积极性与体验感,还对保障活动安全、强化教育效果具有重要意义。

步骤二:实施研学课程

陆地户外运动研学课程与其他课程相似,其实施包括破冰与导入、主要课程活动的组织与实施、课程的分享与回顾三个主要环节,可以理解为我们常说的活动组织与实施的前、中、后三个环节。破冰与导入环节我们在步骤一中已经学习,本步骤重点聚焦主要活动内容的组织与实施,以及课程的分享与回顾两大环节。

(一)主要活动内容的组织与实施

在实施陆地户外运动研学课程时,实践探究活动占据了课程的大部分时间。这类课程强调体验性和实践性,要求研学旅游指导师在课程中扮演引导者的角色,而参与者则是实践的主体。为了确保参与者能够获得高质量的学习体验,研学旅游指导师首先要清晰地阐述课程内容,并在必要时进行实操模拟演练,以确保参与者对即将进行的活动有充分的了解和准备。在活动进行中,研学旅游指导师应密切观察参与者的体验情况,根据参与者的不同需求和反应,提供适时和适度的个性化指导。同时,把控课程节奏,通过积极的鼓励与及时的反馈,激发学生参与热情,推动其达成课程学习目标。由于课程内容与学生反应存在多样性,指导师需灵活调整教学策略,针对具体情况动态优化教学安排,确保课程兼具有效性和安全性。

(二)课程的分享与回顾

课程的分享与回顾环节是整个研学活动不可或缺的一部分,它对于巩固学习成果、深化个人体验及提炼经验教训有着重要作用。该环节包含多项内容,组织者可依据实际需求灵活选择并实施。

1.学习成果的回顾

引导参与者回顾课程中学到的知识和技能,讨论如何将这些知识和技能应用到实际情境中。

2.个人体验的分享

鼓励参与者分享活动中的独特感受与经历,剖析这些体验对自身认知与态度的影响。

3.团队讨论

以小组讨论的形式,让参与者交流彼此的看法,相互学习和启发。

4. 经验反思

引导参与者回顾课程全程,反思其中的成功经验与遇到的挑战,总结从中获得的经验教训。

5. 成果展示

如果课程中有具体的项目或作品,可以安排时间让参与者展示他们的成果。

6. 拓展延伸

此环节也可以进一步设计拓展延伸环节,让参与者讨论如何将陆地户外运动类研学课程中学到的知识与技能,以及相应的实践经验,应用到日常生活和学习中。

7. 反馈收集

收集参与者的课程反馈意见,以便未来改进。

分享与回顾不仅能够帮助参与者内化课程内容,还能促进成员间深度交流,为个人成长与团队协作注入持久动力。

案例共享

"自然探索"徒步研学课程的主要设计与实施环节

1. 破冰环节(30分钟)

首先,研学旅游指导师根据实际情况将参与者分成人数、性别均衡的小组,每组不超过10人;每个小组成员相互介绍自己并在小组内部分配角色,如组长、安全员等,确保每位成员明确责任分工,增强他们的责任感。

其次,研学旅游指导师教授徒步必要装备的穿戴方法,然后给每个小组一段时间练习。

最后,以小组为单位进行徒步必要装备穿戴挑战赛,总用时最短且经研学旅游指导师检查合格的小组获胜。

通过上述破冰小游戏可以快速活跃课程氛围并增强团队凝聚力。

2. 课程引入环节(30分钟)

研学旅游指导师向参与者介绍自然探索的重要性和徒步研学的目标。引导参与者了解课程内容、预期成果,以及安全须知。

3. 徒步技能培训环节(90分钟)

研学旅游指导师分阶段进行教学:首先是30分钟的理论讲解,内容包括徒步的基本姿势、步伐控制、呼吸技巧,以及如何根据地形调整行进策略;其次是30分钟的实地演示,在小径上示范正确的徒步动作,强调脚部着地的正确方式和登山杖的正确使用方法;最后是30分钟的实践练习,指导参与者亲身操作,通过反复练习熟练掌握技能,确保每位参与者都能安全、高效地完成徒步活动。

4.实地徒步探索与自然观察记录环节(90~120分钟)

在这个综合环节中,参与者在研学旅游指导师的带领下开始实地徒步探索,同时进行自然观察与记录。首先,研学旅游指导师简要介绍徒步路线的地形特点、典型植被、野生动物及安全注意事项。随后,参与者将沿着预设的路线徒步,沿途研学旅游指导师会引导他们观察自然环境,识别不同的植物、昆虫和鸟类,同时讲解这些生物的生态习性和保护意义。

在徒步过程中,参与者可用笔记本、相机或录音设备记录植物种类、动物行为、地形地貌等观察内容。研学旅游指导师会提供必要的指导,帮助参与者正确地记录信息,并鼓励他们提出问题和分享发现。此外,研学旅游指导师还会教授地图识别与指南针定位、野外方向辨识等实用技能。

为了增加体验的互动性和教育性,研学旅游指导师可以设置一些观察任务或挑战,比如寻找特定的植物或动物,或者记录一定数量的物种。这样的活动不仅能够提高参与者的观察力和记录能力,还能增加徒步探索的乐趣。

5.分享回顾环节(30分钟)

首先,研学旅游指导师引导参与者围坐成一个圈,营造一个开放、包容的讨论氛围。每位参与者都有机会轮流分享他们在徒步研学过程中的个人体验、观察到的自然现象,以及他们所学到的知识和技能。研学旅游指导师鼓励大家积极倾听并给予反馈,以促进参与者之间的交流和深化对知识的理解。

随后,研学旅游指导师组织小组讨论,引导参与者深入探讨活动中遇到的挑战、解决问题的方法,以及所学知识的实际应用。该环节旨在促进参与者反思与整合学习经验,同时搭建相互学习、彼此启发的交流平台。

最后,研学旅游指导师进行课程总结,强调徒步研学的核心价值和长远意义,并鼓励参与者将所学应用到日常生活中。此外,研学旅游指导师收集参与者的反馈意见,以便未来改进课程。

整个环节旨在巩固学习成果,增强团队凝聚力,激发参与者对自然探索的热情。

项目二
水上户外运动研学项目

项目概述

　　水上户外运动,如桨板、皮划艇等,通常门槛较低,易于上手,同时具有很强的趣味性,因这些特性被广泛关注,成为一种极具发展空间的流行休闲运动。在研学旅游和营地教育活动中,水上户外运动成为青少年群体以及亲子家庭热衷参与的项目。与此同时,水上户外运动也具有一定的风险,在策划和组织相关活动中需要特别注意,规避可能存在的风险,最终完成既定的研学活动目标。

项目引入
▼

项目目标

知识目标
1.掌握水上户外运动的基础知识。
2.掌握水上户外运动类研学活动的策划要点。
3.掌握水上户外运动类研学活动的实施流程。

能力目标
1.能够正确认识水上户外运动,如皮划艇、桨板等。
2.能够完成水上户外研学活动的策划。
3.能够组织实施水上户外研学活动。

素养目标
1.通过对专业水上户外运动知识的学习,培养学生的科学素养。
2.通过专业研学活动的策划,培养学生的创新思维。
3.通过专业研学活动的组织实施,培养学生精益求精的工匠精神。

任务一　认知水上户外运动研学项目

任务描述

水上户外运动是指主要或全部活动过程在水上、水面或水下进行的各种体育活动。水上户外运动如桨板、皮划艇等，因技术门槛较低、易于开展等特点，近些年成为热门的水上户外运动项目。在研学旅游和营地教育活动中，水上户外运动也是可重点策划的领域之一。在策划水上户外运动研学项目之前，有必要对相关项目的专业知识进行了解，以便于后期研学项目的策划与组织工作。

任务目标

知识目标

1. 认知水上户外运动项目的概念、分类。
2. 掌握皮划艇项目的相关基础知识。
3. 掌握桨板项目的相关基础知识。

能力目标

1. 能够掌握不同水上户外运动项目的特点。
2. 能够顺利开展以皮划艇为主题的水上户外活动。
3. 能够顺利开展以桨板为主题的相关水上户外活动。

素质目标

1. 培养学生创新实践的能力。
2. 培养学生统筹规划的能力。
3. 培养学生团队协作和沟通协调的能力。

一、水上户外运动项目的概念

水上户外运动项目是指在自然或人工水域进行的一系列体育活动，涵盖竞技、探险和休闲娱乐等多种形式，如帆船、帆板、皮划艇、摩托艇、风筝冲浪、桨板、潜水、滑水、龙舟等。这些项目通常要求参与者具备一定的体能、技巧和勇气。水上户外运动不仅考验身体协调性和平衡感，还能培养参与者的团队合作精神和应对自然挑战的能力。随着人们健康意识的提升和对户外探险的向往，水上户外运动成为越来越多人的选择。这些运动既为人们提供了亲近自然的机会，又能带来刺激与放松的双重体验。水上户外运动是研学活动中常见的内容载体。

Note

二、水上户外运动项目的分类

水上户外运动项目的分类可以通过不同的标准进行,以下是一些常见的分类方式。

(一)按动力来源分类

根据动力来源,水上户外运动项目可分为:无动力类,如帆船、帆板、皮划艇等,主要依靠自然力量(如风、水等)或人力推进;有动力类,如摩托艇、水上摩托等,使用机械动力。

(二)按运动性质分类

根据运动性质,水上户外运动项目可分为:竞技类,如赛艇、皮划艇激流回旋等,具有明确的竞赛规则;非竞技类,如休闲皮划艇、桨板等,更注重个人体验和休闲娱乐。在户外研学活动设计中要充分考虑不同运动项目竞技性及娱乐性的结合,调动学生的活动积极性。

(三)按水域环境分类

根据水域环境情况,水上户外运动项目可分为:静水类项目,在湖泊、水库等静态水域进行;流水类项目,在河流、溪流等动态水域进行。设计流水类项目时要充分考虑安全性;设计静水类项目时则要注意水域的深度,规避活动可能存在的风险。

(四)按参与人数分类

根据参与人数,水上户外运动项目可分为:个人项目,如帆船、帆板等;团队项目,如赛艇、龙舟等,需要团队协作。一般户外研学活动多以团队项目为主。

(五)按装备要求分类

根据所需装备要求,水上户外运动项目可分为:简单装备类项目,即基本不需要特殊装备;特殊装备类项目,如潜水、风筝冲浪等,需要配备专业装备以确保安全。简单装备类项目门槛较低,项目可行性较强;特殊装备类项目门槛较高,围绕其核心体验设计的研学课程成本也相对较高,不过,这类项目可能具备较强的体验性和独特性。

三、水上户外运动介绍

(一)认知皮划艇项目

皮划艇是一种奥运会正式比赛项目,也是一种大众化的体育运动项目。皮划艇起源于 19 世纪 60 年代。1867 年,英国皇家皮划艇俱乐部举办了第一次皮划艇比赛。1936 年,在柏林举行的第 11 届奥运会上,皮划艇开始被列为奥运会正式比赛项目。皮划艇激流回旋在 1972 年第 20 届慕尼黑奥运会上首次成为正式比赛项目,之后几届奥运会都没有列入该项目,直至 1992 年第 25 届巴塞罗那奥运会,激流回旋比赛才重返奥运赛场。

1. 皮划艇的历史及文化

皮划艇运动在不同文化中有着独特的传统和习俗,这些传统体现了该运动的丰富历史和多元特性,也体现出人类的智慧和力量。

(1)爱斯基摩人(因纽特人)的皮艇文化。

皮艇(Kayak)起源于居住在北大西洋、北太平洋和白令海地区的爱斯基摩人(因纽特人),他们使用鲸鱼皮、水獭皮包裹木头或鲸鱼骨架制成皮艇,用于狩猎海豹等海洋生物。这种皮艇不仅是实用的狩猎工具,也是爱斯基摩人文化的重要组成部分,体现了他们对海洋环境的适应和利用能力。

(2)北美土著的划艇传统。

划艇(Canoe)同样具有深厚的文化背景,最初由加拿大的印第安原住民制造,帮助他们在海上捕猎食物。划艇在这些文化中,不仅是捕鱼的实用工具,也是社会生活和仪式活动中的重要元素。

(3)苏格兰的皮划艇运动发展。

现代皮划艇运动的兴起与苏格兰探险家约翰·麦克格雷戈密切相关。他以独木舟为蓝图,制造了第一艘皮划艇"诺布·诺依"号,于 1865—1867 年在欧洲多个国家进行了划船旅行,极大地推广了皮划艇运动。

(4)龙舟习俗。

在中国,皮划艇运动与传承千年的龙舟习俗有着紧密的联系。龙舟不仅是一种体育活动,也是中国传统文化的重要组成部分,体现了人与自然和谐共处的理念。

这些传统和习俗不仅展示了皮划艇运动的多元文化根源,也强调了它在不同社会和历史背景下的重要意义。

2. 皮划艇的项目内容

皮划艇分为皮艇(Kayak)和划艇(Canoe),它们是两种不同的水上户外运动形式,皮划艇是它们的统称。皮艇与划艇在起源、设计、使用方式以及比赛规则等方面均存在差异,不过二者也存在一定关联,且各自具有独特特点。

(二)认知桨板项目

桨板运动,又称站立式划桨冲浪(Stand Up Paddleboarding,简称 SUP),起源于 20 世纪 60 年代的夏威夷,是一种在水面上站立划行的水上户外运动。桨板运动的特点是易于上手,适合各个年龄段的人群。它不仅能够锻炼身体的平衡能力、协调性和核心力量,还能让人们享受水上运动的乐趣,亲近大自然。桨板运动可以在平静的湖泊、河流、海岸等多种水域进行,也能在海浪中进行冲浪活动。随着桨板运动的普及,它已经成为全球流行的休闲运动之一。除具备休闲和健身功能外,桨板运动还设有竞赛项目,如速度赛、技巧赛、长距离赛等。此外,桨板运动还衍生出了多种玩法,如桨板瑜伽、夜间桨板等,进一步丰富了这项运动的内涵。

桨板的玩法较为简单。参与者站在一块特制的浮板(桨板)上,使用一根长桨来控制方向并推动桨板前进。桨板是开展这项运动的核心装备,通常由高密度聚乙烯(HDPE)、聚丙烯(PP)、碳纤维或充气材料制成。根据用途不同,桨板可分为不同类型,包括适合初学者的全能板、适合竞速的赛板、适合进行瑜伽运动的瑜伽板等。桨是推动桨板前进的工具,通常由铝合金、碳纤维或木材制成,具有不同的长度、形状和弯曲度。桨的长度通常根据运动员的身高和桨板的长度来选择。此外,参与者还需要穿戴救生衣以确保自身安全,同时根据需要佩戴防水太阳镜、帽子、涂抹防晒霜等防护用品,还可携带防水袋来保护个人物品。

(三)认知潜水项目

潜水运动是一项探索水下世界的冒险活动,它允许参与者深入海洋、湖泊或河流的深处,感受与陆地截然不同的神秘环境。这项运动不仅是一项独特的休闲方式,也是锻炼身体、培养技能的有效途径。

潜水运动大致可分为休闲潜水、技术潜水和商业潜水。休闲潜水通常是大多数初学者的入门选择,它侧重娱乐和体验,比如浮潜和水肺潜水。技术潜水则面向更有经验的潜水员,涉及更深的水域和更具挑战性的探险。商业潜水属于职业活动范畴,包括水下工程作业、科研考察以及水下救援等。

潜水时,潜水员需要穿戴专业的潜水装备,包括潜水服、潜水镜、呼吸器、浮力调节器、潜水靴和潜水灯等。这些装备不仅保护潜水员免受水下低温和压力的伤害,还为潜水员在水下呼吸和移动提供了必要条件。

潜水运动的魅力在于它能够让人们体验到失重的感觉,观察到丰富多彩的水下生物、绚丽的珊瑚礁,以及沉船、洞穴等自然或人造的水下景观。此外,潜水还有助于提高身体的柔韧性和心肺功能,培养人们的耐心和勇气。

然而,潜水运动也存在一定的风险,如水压病、氮醉和溺水等。因此,潜水员在进行潜水活动前需要接受专业的培训,学习潜水理论知识和安全技能,并且遵循潜水的安全规则。潜水时,潜水员还应携带必要的安全设备,如潜水信号浮标、潜水刀和紧急呼吸器等。

随着潜水运动的普及,越来越多的人开始尝试并享受这项活动。全球有许多潜水胜地,如大堡礁、马尔代夫和红海等,这些地方凭借丰富的海洋生物和美丽的水下景观吸引了无数潜水爱好者。总的来说,潜水运动是一项充满挑战和乐趣的活动,它不仅能让人们亲近自然,还能为人们提供一种独特的视角来观察世界。在研学旅行活动中设计潜水项目,是一种创新的教育方式,旨在通过实践活动提升学生的综合素质。

任务二　水上户外运动研学项目的策划与组织

任务描述

水上户外运动的独特价值在于其体验和挑战并存。参与者可以在水面上自由穿梭，享受速度与激情，体会与陆地运动截然不同的刺激感。此外，水上户外运动还常常伴随着团队合作，增加了互动性和社交乐趣。在水面上，参与者共同探索未知领域，相互分享快乐，这种独特的社交体验成为水上户外运动的一大亮点。研学旅游指导师在策划与组织此类课程的过程中，需要运用科学的知识和方法，让学生体验水上户外运动的挑战和乐趣。

任务目标

知识目标

1. 了解水上户外运动主题类研学活动的特征。
2. 掌握水上户外运动主题类研学活动的策划与组织要点。

能力目标

1. 能够掌握策划和组织水上户外运动主题类研学活动的流程。
2. 能够掌握策划和设计水上户外运动主题类研学活动的核心课程内容。

素质目标

1. 培养学生创新实践的能力。
2. 培养学生统筹规划的能力。
3. 培养学生团队协作和沟通协调的能力。

一、水上户外运动研学项目的特征

（一）教育性

水上户外运动研学项目的教育性特征体现在其通过实践活动向学生传授多学科知识与技能。这些项目通常结合自然科学、环境学、体育学和地理学等学科内容，设计了一系列旨在提升学生综合素质的教学活动。例如，在皮划艇或帆船运动中，学生不仅能够学习水域安全、气象知识、生态保护等基础概念，还能通过实际操作掌握船只操控、导航定位等技能。此外，水上户外运动研学项目还强调跨学科的学习方式，鼓励学生将所学知识应用到解决实际问题中，如利用地理知识进行水域导航，运用物理原理分析船只的动力与阻力。这种教育方式有助于培养学生的批判性思维，提高创新能力和实践能力,使他们能够在真实情境中进行学习与探索。教育性还表现在培养学生对水上户外运动文化的理解与尊重,以及对海洋、河流等水域环境的保护意识。通过研学项目,学生能够在体验中学习,在游戏中成长,形成对自然环境的尊重和保护意识,为可持续发展作出贡献。

(二)体验性

水上户外运动研学项目强调体验性特征强调,参与者通过亲身参与来获得知识和技能。这种学习方式让学生直接与水环境互动,从而获得与众不同的学习体验。在参与皮划艇、帆船、潜水等活动时,学生不仅能真切感受到水的流动、风的方向,还能学习如何在复杂多变的自然条件下操控船只或调整自身状态。体验性学习促进了学生的感官发展,使他们能够更加敏锐地观察周围环境,增强对自然界的感知能力。这种直接的身体体验有助于加深对理论知识的理解,比如通过实际操作来理解浮力、阻力等物理概念。此外,体验性学习还鼓励学生在实践中发现问题并寻找解决方案,这种主动探索的过程能够激发学生的好奇心和求知欲。在与水的亲密接触中,学生既能体验到水上户外运动的乐趣,又能学会在面对挑战时保持冷静、果断应对。体验性特征还体现在培养学生的适应能力和应变能力上。水上环境的不确定性要求学生快速做出决策,这种即时反应的能力对于他们未来面对生活中的各种挑战具有重要意义。通过水上户外运动研学项目,学生能够在享受运动的同时,获得宝贵的生活技能,实现自我成长。

(三)技能培养性

水上户外运动研学项目在技能培养方面具有显著特征,专注于教授学生一系列与水上活动相关的实用技能。这些技能不仅包括基本的水上生存技巧,还涵盖了更高级的运动技能和安全操作方法。首先,学生将学习如何安全操作各类水上户外运动装备,如皮划艇、帆船和潜水装备等。这要求他们了解装备的结构、功能及正确的使用方式。例如,在教授皮划艇的过程中,会涉及如何有效使用船桨、如何保持身体平衡以及如何控制船只行进方向。其次,水上户外运动技能的培养还涉及对环境因素的认知,如对风向、水流和天气变化的识别。这些知识可以让水上活动的开展更具安全性与效率。学生需通过实践学习如何判断风向、观察水波和潮汐情况,以及在不同自然条件下调整自身的行动策略。再次,研学项目还注重培养学生的自救和互救技能,如心肺复苏(CPR)和急救知识,确保在紧急情况下能够迅速有效地应对。技能培养性还体现在提升学生的身体素质和协调能力上。水上户外运动通常要求学生具备良好的体能和灵活的身体控制能力,研学项目借助各种训练方法,助力学生增强肌肉力量、耐力和平衡感。最后,研学项目注重培养学生解决问题的能力,如在应对水上导航、装备故障排除等挑战时所需的创造性思维和决策能力。通过这些技能的培养,学生不仅能在水上活动中更加自信、安全地参与,还能在日常生活中变得更加独立,具备更强的应变能力。

二、水上户外运动主题类研学活动策划与组织要点

（一）具备专业的水上户外运动知识与技能

在水上户外运动主题类研学活动的策划与组织中，研学旅游指导师的专业素质至关重要。他们不仅要具备扎实的理论知识，如气象学、海洋学和运动生理学等学科知识，还需掌握实用的水上户外运动技能，包括但不限于皮划艇、帆船的操作，以及潜水技巧等。专业的知识和技能助力研学旅游指导师能有效地制订教学计划，确保活动的安全性和教育性，同时能够应对各种突发状况，保障学生安全。此外，研学旅游指导师还能够根据学生的具体情况，提供个性化的指导和支持，提升研学旅行的质量，实现教育目标。水上户外运动主题类研学活动中，研学旅游指导师应具备全面的专业技能和知识，包括但不限于：熟知水上户外运动安全规程；掌握急救技能；精通各类水上户外运动技术（如皮划艇、帆船、潜水操作）；具备气象和水域环境分析能力；掌握导航与定位技能；拥有良好的团队管理和领导能力。此外，研学旅游指导师还需了解相关的环境保护知识，最大限度地降低活动对水域生态环境的影响。这些专业素养确保了研学活动的安全性、教育性和可持续性。同时，研学旅游指导师需通过专业培训和实践经验积累获取必要的知识与技能。他们应接受水上户外运动安全、急救、气象学、水域环境分析等方面的理论培训，并通过实践操作提升皮划艇、帆船、潜水等运动技能水平。此外，研学旅游指导师还应参与教育学和心理学培训，以便更有效地指导和激励学生。持续的专业发展以及对新技术、新方法的学习，同样是提升其专业素养的重要途径。

（二）做好课程安全准备

在水上户外运动主题类研学活动的策划与组织中，组织方必须确保全面的课程安全准备。首先，应制定详尽的安全预案，包括紧急医疗响应机制、救援设备配置方案，以及突发情况下的人员撤离计划。在评估水上运动风险并制定预案时，要着重加强对活动区域自然环境的安全评估，全面掌握水域条件及其动态变化，包括急流、涌浪、暗流等潜在危险；同时密切关注极端天气预警与自然灾害风险。组织方应与当地水利、气象、海事等部门保持密切联系与合作，实时获取水域安全信息，确保活动在安全条件下开展。其次，必须对所有参与者开展系统的安全教育，使其充分掌握水上运动安全规则，熟练掌握自救与互救技能。必要时，可提前开设专项户外急救与安全培训课程。此外，组织方需提供必要的安全装备，如救生衣、头盔、潜水镜等，并确保设备符合安全标准。同时，应选择适宜的水域进行活动，并事先进行环境风险评估。活动期间，还需要安排专业的水上户外运动研学旅游指导师和救生员全程监督，确保活动安全有序地进行。最后，应为所有参与者购买适当的保险，以应对可能发生的意外情况。

（三）根据学生背景设计适配的研学活动

在水上户外运动主题类研学活动的策划与组织中，研学旅游指导师提前考虑参与

者年龄的不同至关重要。不同年龄段的参与者在生理发育、心理认知、风险感知和运动能力等方面存在显著差异。儿童和青少年可能更多地需要安全监护和适合其年龄的指导，而成年人通常在认知和运动能力上更为成熟，可能对复杂技能有更好的掌握。考虑年龄差异有助于研学旅游指导师设计适宜的活动内容和难度级别，确保活动既安全又能有效满足不同年龄段学习者的需求。此外，这样做还有助于预防意外事故的发生，保障每位参与者都能获得积极且富有成效的研学体验。研学旅游指导师应根据不同年龄段学生的身体条件、认知水平和心理特点来制订教学计划：对于年龄较小的学生，课程应注重基础安全教育、简单技能学习和游戏化互动，以培养兴趣；对于青少年学生，课程中可适当加入进阶技能训练、团队协作任务以及探险元素，以提升活动的挑战性和教育深度；对于成年学生，课程则可更加注重专业技能培养、领导力提升以及独立操作能力的锻炼。整个课程设计需确保活动适宜、安全可控，并能满足不同年龄段学生的发展需求。

三、任务实施

水上户外运动主题类研学活动的策划与组织与一般研学旅行课程的策划与组织相比，在流程及内容上具有许多相似之处，但同时也具备其独特性。下面对这一类型研学活动的策划与组织工作进行总结。

步骤一：进行研学场地勘察

在水上户外运动主题类研学活动的策划与组织过程中，首先应当进行场地的勘察。针对此类课程，通常需先对活动开展区域进行详细的地理环境勘察，再依据场地实际情况策划相应的水上户外运动主题类研学活动。

对水上户外运动主题类研学活动开展自然地理环境勘察，重点在于对水上环境及其相关环境要素的勘察，这是一项全面而细致的工作，主要包括以下方面。

（一）分析水域特征

主要针对整体水域情况及其中相对核心的指标进行综合评估，如评估水域的大小、形状、深度和水流速度，确定水域是否适合进行水上户外运动。同时，检查水域是否有急流、漩涡或其他可能影响活动安全的特征。

（二）检测水质

虽然部分水上户外运动项目不直接接触水源，但研学活动开始前仍需要对活动水域的水质进行检测，确保没有污染物质，如有毒藻类、化学物质或其他有害物质，保障所有参与者的健康。

（三）勘察水下地形

由于水域环境复杂，研学旅游指导师在场地勘察时，往往更关注水面和水质方面的问题,而容易忽视水下情况。尤其在一些较深的水域环境中,水下地形勘察尤为重要。在勘察过程中,可借助声呐或其他技术手段对水下地形进行详细勘察,识别水下障碍物等,确保活动区域的安全性。

(四)评估气象条件

除了分析水域本身的环境之外,研学旅游指导师还需对水域环境的气候条件进行勘察,包括风速、风向、温度、湿度、降雨量等,预测活动期间可能的天气变化。由于水域环境内气象变化频率高,研学旅游指导师需做好应急准备以及课程调整预案。

(五)调查生物环境

在场地勘察过程中,除勘察水体本身外,研学旅游指导师还需了解水域中的生物多样性情况,评估是否存在对人类具有潜在危险的生物,如有毒水生动物或攻击性强的鱼类。此外,研学旅游指导师还要评估研学活动是否存在破坏生态环境的可能性。

(六)考察周边环境

研学旅游指导师应考察水域周边的地形、植被、建筑物等,评估它们对水上户外运动的潜在影响,如某些物体是否可能成为风向指示物,或者能否提供遮蔽。周边环境中的物体可为研学课程的内容设计、安全准备工作以及应急预案的制定等提供参考。

(七)检查安全设施

研学旅游指导师应检查水域周边的安全设施,如救生站、救生设备(如救生圈、救生衣等)、警示标志、安全监控系统等,确保在水域开展活动的安全性。

(八)遵循法律法规

研学旅游指导师应了解并遵守水域相关的法律法规,尤其要明确在该水域开展研学活动是否符合水域环境保护要求,是否已取得水上活动的使用许可,是否符合相关的环境保护法规以及水上户外运动安全规定等。

通过这些综合评估,研学旅游指导师可以确保水上户外运动主题类研学活动的水域场地环境安全、适宜,为活动的顺利奠定开展坚实基础。

步骤二:策划研学活动内容

完成场地勘察和物料准备工作后,最重要的就是根据场地情况策划相应的研学课程。此时,研学旅游指导师需融入具体的水上户外运动项目,并制定与之匹配的课程内容。水上户外运动类研学活动内容的策划与一般研学课程内容的策划从流程到主要结构基本相似,主要针对此类课程的特点,就核心的课程内容策划进行描述。下面以皮划艇运动为例,对这类研学活动内容的策划方法进行介绍(表5-2-1)。

表 5-2-1　皮划艇研学课程内容示例

时间	内容	课程操作细节
14:00—14:30	准时到达水上户外营地,队列训练、分组	做好防晒工作
14:30—15:00	热身活动,宣讲纪律及注意事项	活跃气氛,陆上、水上安全事项
15:00—15:30	皮划艇基本技能教学	学习握桨、划桨、倒桨、转弯及上下艇技巧
15:30—16:30	皮划艇水上练习	享受皮划艇带来的自在驾驭快感
16:30—17:10	皮筏艇竞技	接力赛、团队竞速赛等(依据时间安排)
17:10—17:30	汇报交流,拍照留念	分享体验,留下美好回忆
17:30	返程	行程结束

步骤三:准备研学课程物料

完成水域环境勘察后,基本就可以确定该区域是否适宜开展水上户外运动主题类研学活动,若适宜,可结合场地勘察结果确定研学课程的主题与主要内容,以及根据场地的情况,提前准备研学课程所需的物料。物料包括必备物料、可选物料、安全物料等,以保障课程顺利进行。要注意的是,这里列举的是针对某项固定的水上户外运动主题类研学活动所需要的物料,而非一般研学课程中都需要准备的一些基础材料。下面以皮划艇研学课程为例,列举其所需的课程物料。

(一)个人装备

(1)皮划艇:适合不同技能水平的皮划艇,包括单人或双人皮划艇。

(2)救生衣:符合安全标准的救生衣,适合不同体形的参与者。

(3)桨:与皮划艇相匹配的桨,包括桨的长度和材质。

(4)皮划艇鞋:专用的皮划艇鞋或涉水鞋,确保具有良好的抓地力。

(5)防水袋:用于存放可能随身携带的个人物品。

(6)防晒装备:如防晒霜、防晒喷雾、太阳镜、帽子等,保护皮肤免受紫外线伤害。注意:这类装备需要根据实际情况而定,尤其是化妆品类物品,需要注意可能存在的安全隐患。

(7)快干衣物:适合户外运动的快干衣物。

(二)教学道具

(1)教学挂图/模型:用于展示皮划艇结构、桨法等教学内容。

(2)视频资料:皮划艇技巧教学视频或安全教育视频。

(3)演示装备:用于现场演示的救生装备和其他相关装备。

(4)教学船:为研学旅游指导师配备演示船,用于教学指导和应急救援。

(三)辅助物料

(1)急救包:包含创可贴、消毒剂、冰袋、绷带等基本急救用品。

Note

（2）救援设备：救生圈、救生绳、抛绳等。

（3）维修工具：用于皮划艇和桨的简单维修工具。

（4）搬运工具：这类物料需要考虑场地因素，有选择性地进行准备，如准备拖车或滑轮系统等工具，帮助搬运皮划艇。

（5）安全标识：警示标志、路障等，用于标示活动区域和安全边界。

（6）环境清洁工具：垃圾袋、手套等，用于维护活动区域的环境卫生。

（7）气象监测设备：如风速计、温度计等，监测天气状况，也可以通过手机提前了解实时天气状况。

确保所有装备和物料都符合安全标准，并在活动前进行彻底检查，以确保它们的完好和功能性。此外，根据具体的课程内容和参与者需求，可能还需要准备其他特定的教学辅助工具和物料，并为所有参加活动的学生购买保险。

步骤四：制定安全保障方案

水上户外运动项目在安全保障方案设定方面，与其他项目类似，但需着重突出在水上环境中保障学生人身安全的要点。下面以皮划艇课程为例，重点说明水上安全保障的主要内容。

（一）行前安全保障

1.安全教育与培训

通过案例分析和事故警示，引导学生树立正确的安全观念，提高对水上工作环境的风险认识，加强对自身安全的重视。详细讲解各类水上安全防护设备（如救生衣、救生圈、救生筏等）的使用方法及注意事项，确保学生规范、安全地使用装备。同时，开展救援技能培训，如学习并掌握心肺复苏（CPR），以便在发生意外时能够及时实施救援。

2.物料的准备与检查

出发前仔细检查皮划艇、划桨、救生衣等装备，确保其处于良好状态。

3.场地的安全检查

全面了解活动区域的水域状况，包括急流、涌浪、暗流、暗桩、旋涡以及水面障碍物等情况，确保活动区域的安全性。与当地水利、气象、海事等部门保持密切联系，及时了解天气变化和自然灾害预警信息，保证活动当天的天气与水域条件适宜开展水上活动。此外，对适宜开展水上体育活动的水域进行科学规划，划分有动力和无动力的水上户外运动区域，并确保营地配备码头、泊位、浮标、航道等基本服务设施。

4.为活动人员购买保险

确保所有参与人员已购买相应的活动保险。

（二）行中安全保障

1. 现场监控

研学旅游指导师必须全程穿好救生衣，并提前准备好救生、救护用品，如救生圈、绳索（绳索一端需提前系好漂浮物）等，以便随时开展救生工作。

2. 做好现场应急准备

活动开始前，研学旅游指导师应全面了解学生的游泳能力等情况，以便在出现特殊情况时能够有针对性地进行保护。活动过程中，如果出现皮划艇翻覆的情况，相关人员必须保持冷静，密切观察现场情况，重点留意不会游泳者的位置。一旦出现紧急情况，应立即使用器材进行救护，或直接入水实施救护。同时，现场应有医疗救护人员待命，并配备必要的医疗设备和急救药品。

3. 配备专业水上救护人员

活动期间，应当配备专业的营地水上救护人员，使其在岸边待命，以便在出现问题时能够迅速配合研学旅游指导师下水实施急救。

（三）行后安全保障

活动结束后，参与此次课程的工作人员应当召开总结会议，讨论活动中的安全问题，收集反馈意见，以便未来改进。

任务三　水上户外运动研学项目的实施

任务描述

水上户外运动研学项目的正确实施具有重要的意义和价值。首先，它能够提升学生的安全意识和应急处理能力，通过系统的安全教育和实践演练，让学生在面对水上风险时能够冷静应对，保障自身安全。其次，这类研学项目有助于培养学生对户外运动的兴趣。学生在参与过程中，能够增强体质、提升耐力，促进身心的健康发展。最后，学生通过团队协作和沟通完成任务，有助于提升社交能力，培养团队精神，使他们学会在集体活动中积极承担责任。在实施水上户外运动研学项目时，研学旅游指导师需运用科学的知识与方法，引导学生充分体验水上户外运动的挑战性与趣味性。

任务目标

知识目标

1. 了解水上户外运动主题类研学活动的实施要点。

2.掌握水上户外运动主题类研学活动的实施步骤。

能力目标

1.能够掌握水上户外运动主题类研学活动的热身活动开展要点。

2.能够掌握水上户外运动主题类研学活动的课程内容安排。

素质目标

1.培养学生创新实践的能力。

2.培养学生统筹规划的能力。

3.培养学生团队协作和沟通协调的能力。

一、水上户外运动主题类研学活动的实施要点

（一）现场评估环境安全风险

对于研学旅游指导师而言，在组织实施水上户外运动主题类研学活动时，做好现场环境安全评估至关重要。第一，全面了解并评估活动水域的自然条件，包括水深、水流速度、水下地形、有无障碍物等。第二，关注天气变化，如风速、温度、降雨可能性等，避免在恶劣天气下开展活动。第三，检查水域周边环境，确保没有工业污染或其他安全隐患。第四，与当地相关部门（如水利、气象、海事等部门）保持沟通，获取最新环境信息。第五，根据评估结果制定相应的安全措施和应急预案，确保活动安全有序进行。

（二）做好现场安全教育工作

对于研学旅游指导师而言，在组织实施水上户外运动主题类研学活动时，现场安全教育工作至关重要。第一，向学生详细讲解水上户外运动的安全规则和操作程序。第二，向学生教授基本的自救和互救技巧，如正确穿戴救生衣的方法、落水后的漂浮技巧及使用信号进行求助等。第三，强调水上活动的安全信号和沟通方式，确保每个学生都能理解和遵守。第四，开展设备使用培训，包括救生设备的检查方法和正确使用方式。第五，确保所有学生在下水前都已充分了解并保证遵守安全指南，从而最大限度地降低风险，保障活动安全。

（三）做好对学生的健康监护工作

对于研学旅游指导师而言，在组织实施水上户外运动主题类研学活动时，做好对学生的健康监护工作至关重要。第一，应在活动前再次对学生的即时健康状况进行筛查，了解他们的健康状况以及是否存在不宜参与活动的特殊体质。第二，确保所有学生在活动前进行热身运动，以减少运动伤害的风险。活动中，密切观察学生的身体反应，特别是对高温、湿度和紫外线的适应情况，及时提供防晒、补水和休息方面的指导。第三，随身携带急救包，以便处理小伤口或突发健康问题，还应确保学生了解如何识别过度疲劳、中暑等征兆，并在出现不适时立即报告。通过这些措施，研学旅游指导师可以最大限度地保障学生的健康和安全。

二、任务实施

水上户外运动类研学活动的实施与一般研学旅行课程的实施相比,在流程及内容上有许多相似之处,但也具有独特性。下面还是以皮划艇运动为例,对这一类型研学活动的实施工作进行介绍。

步骤一:开展热身活动

通过律动和游戏,在快乐轻松的氛围中学习探险家独特的文化价值观,快速融入团队,结识新朋友。与此同时,基于户外运动的特征,进行适当的热身活动,防止活动过程中出现抽筋、肌肉拉伤等情况。

步骤二:实施研学课程

水上户外运动研学课程的实施包括以下几个阶段。

(一)课程实施准备阶段

在课程开始前,研学旅游指导师需要对参与人员进行基本信息收集,包括年龄、健康状况、游泳能力等,以此评估其是否适合参与皮划艇活动。同时,研学旅游指导师要详细介绍皮划艇的基本知识,如皮划艇的结构、类型、操作原理等,并重点强调安全规则和注意事项。此外,还需要准备必要的装备,如皮划艇、划桨、救生衣、头盔等,并确保所有装备处于良好状态。

(二)理论教学阶段

研学旅游指导师会通过讲解和演示的方式,向学生传授皮划艇的基本操作技巧,包括正确的划桨姿势、转向方法、停靠技巧等。同时,还会讲解水上安全知识,包括救生衣的正确穿戴步骤、遭遇突发危险时的有效自救等。这一阶段旨在让学生对皮划艇运动形成初步的认识,为后续的实践操作奠定基础。

(三)实践操作阶段

在理论教学结束后,学生将在研学旅游指导师的指导下进行实践操作。学生会在浅水区或平静的水域进行基础划桨练习,熟悉皮划艇的操作。研学旅游指导师会逐一纠正学生的姿势和动作,确保他们掌握正确的划桨技巧。随着学生技能的提升,研学旅游指导师会逐渐增加难度,如转弯、急停、倒划等高级技巧练习。此外,还会组织学生进行团队协作练习,培养他们的团队合作精神,提高沟通能力。

(四)安全教育与应急演练阶段

安全是皮划艇课程的核心内容之一。研学旅游指导师会定期组织安全教育活动,通过案例分析和实际演示,向学生传授水上安全知识和自救互救技能。同时,还会进行应急演练,模拟翻船、溺水等各种可能遇到的危险情况,让学生在实际操作中学会应对突发状况。这一阶段的目的是提高学生的安全意识和应急处理能力,确保水上户外活动安全。

(五)课程总结与反馈阶段

课程结束时,研学旅游指导师会对学生的表现进行总结,指出他们在操作中存在的问题,并提出改进建议。同时,鼓励学生分享自己的学习心得和体验,促进彼此之间的交流和学习。此外,研学旅游指导师会根据学生的反馈,对课程内容和教学方法进行调整和优化,以提高课程的质量和效果。

通过以上几个阶段的实施,皮划艇课程不仅能帮助学生熟练掌握皮划艇基本操作技巧,还能有效增强他们的安全意识与团队协作能力,为他们今后参与水上户外运动奠定基础。

项目三
其他类型户外运动研学项目

项目概述

除了常见的陆地和水上户外运动项目外，还有其他类型的户外运动项目，如冰雪运动项目、空中户外运动、户外休闲运动、极限户外运动等，它们都具有自身的独特性，可开发成为兼具专业性与趣味性的户外研学活动。本项目将介绍几种常见的其他类型的户外运动研学项目，供参考。

项目引入
▼

项目目标

知识目标

1.掌握其他类型户外运动项目的基础知识。

2.掌握其他类型户外运动研学项目的策划要点。

3.掌握其他类型户外运动研学活动的实施流程。

能力目标

1.能够正确认识其他类型户外运动项目，如定向越野、露营等。

2.能够完成其他类型户外运动研学活动的策划。

3.能够组织实施其他类型户外运动研学活动。

素养目标

1.通过户外运动知识的学习，培养学生的科学素养。

2.通过专业研学活动的策划，培养学生的创新思维。

3.通过专业研学活动的组织实施，培养学生精益求精的工匠精神。

任务一　认知其他类型户外运动研学项目

任务描述

全面了解、认知其他类型户外运动项目,以露营、定向越野、滑翔伞为例,深入学习这些户外运动的起源、发展、技术特点、所需装备、安全注意事项等,提升对户外运动领域的广泛认知。

任务目标

知识目标

1.明确其他类型户外运动项目的基本定义,掌握它们的分类方法、所蕴含的文化内涵等。

2.深入了解各类户外运动项目的基本知识、技术要点、安全规范及环保理念等内容。

能力目标

能够熟练掌握其他类型户外运动项目的基本技术、技巧和动作要领。

素质目标

1.提升学生的实践能力与身体素质。

2.增强学生的决策能力。

3.提升学生的团队协作能力。

户外运动项目丰富多样,除常见的陆地和水上的户外运动项目,还有许多其他类型的户外运动。这些活动通常在自然环境中进行,融合探险、挑战和享受元素,让参与者尽享自然美景。下面介绍一些代表性项目。

一、露营

露营就是在野外,通过帐篷、房车、简易木屋等方式开展的集娱乐、住宿、休闲于一体的游憩活动。它是一种离开城市前往郊外的活动形式,不依托固定房屋设施,参与者需携带野外生存的必备工具,并开展各类娱乐与休闲活动。

(一)露营的历史起源

露营(Camping)最早可追溯到早期人类在游牧、狩猎、迁徙、军事等活动中临时搭建的野外住宿场所和设施,这些野外住宿场所和设施是人们在野外开展各种活动时必不可少的组成部分。随着人类社会的发展,国家和城邦出现,人类集中居住,开始搭建更为稳定的住所。这时候,帐篷所代表的"营"逐渐成为军事及政治权力的象征。其中扎"营"是排阵中最为基础的一项,现在的户外露营也经常称之为"扎营"。《墨子》载"幔幕帷盖,三军之用"。随着时间的推移,露营的形式逐渐多样化,从军事营地发展为游牧民族的临时住所,进而演变成现代的休闲方式。现在所说的露营,一般是指近代的休闲露营。1908年,英国裁缝托马斯·海勒姆·霍尔德编写的《露营者手册》被认为是现代露营史的开端。他被看作英国现代露营的创始人,其手册的出版引起了人们对露营的兴趣,并促进了露营活动的普及。20世纪初,随着汽车的普及和陆路系统的建成,以家庭为单位的露营活动开始流行。露营逐渐成为普通人度假住宿的一种替代性需求,尤其是在经济大萧条时期,许多美国人发现露营是既有趣又经济的度假方式。到了20世纪50年代,露营车辆开始大规模生产,露营装备的生产也越来越专业化。

在中国,露营旅游的概念最早出现在1997年。2013年国务院出台的《国民旅游休闲纲要》(2013—2020年)中明确提出"支持汽车旅馆、自驾车房车营地、邮轮游艇码头等旅游休闲基础设施建设",这标志着露营旅游等相关旅游休闲形式在国家政策层面得到正式提出和关注。2015年,《休闲露营地建设与服务规范 第3部分:帐篷露营地》(GB/T 31710.3—2015)国家标准出台,推动了露营旅游的快速发展。近年来,随着国内消费者休闲偏好的变化,露营旅游呈现井喷式发展,成为新的旅游消费增长点。

露营的参与群体不再局限于传统背包客或野外探险者,其形式也涵盖了丰富的户外住宿体验,如豪华露营、房车旅行等,满足不同人群的多样化户外需求。露营活动的广泛普及还带动了户外装备制造业、汽车行业等相关产业的发展,甚至与二次元产业形成了跨界融合。

(二)露营的类型

1.根据露营装备分类

(1)传统露营:只带背包进行的露营活动,追求的是苦行僧式的旅行体验。

(2)便携式露营:所有的露营设备均由营地提供,旅行者不用带任何设备。

(3)精致露营:融合户外美学,配有房车、卡式炉、咖啡机、星星灯等装备,更加符合现代人的休闲娱乐需求,是目前比较流行的露营选择。

2.根据露营方式分类

(1)常规露营:露营者徒步或驾驶车辆到达露营地点,通常是山谷、湖畔、海边,露营者可以烧烤、野炊、唱歌等。

(2)汽车露营:这里指狭义上的汽车露营,露营者驾驶小轿车、卡车等常规车辆,携带帐篷、睡袋、防潮垫、户外炊具等露营设备,在合适地点进行露营。

(3)房车露营:属于广义上的汽车露营,指驾驶房车进行的露营活动。

(4)特殊露营:为满足特殊活动需求而开展的露营,比如长距离攀岩,露营者将帐篷挂在悬崖边进行的露营活动。

3. 根据露营驱动力分类

（1）景区驱动型：在我国营地发展中，此类营地依托景区，在景区内部或附近划定特定区域设立营地，为景区提供更加丰富的旅游产品。

（2）资源驱动型：建设在尚未开发的自然生态环境或自然景观特色鲜明的环境中的营地。此类营地主要提供补给、露营等基本服务。

（3）市场驱动：以大中城市为核心，在城郊接合部的旅游特色村镇或特色旅游资源聚集区开发建设的营地。这是目前我国营地发展中最为常见的类型。

（4）设施驱动型：以移动木屋、房车、帐篷等不同类型的住宿设施为载体，配套开发各类型休闲娱乐旅游产品形成的综合性旅游休闲度假地。它兼具体育运动、休闲度假、养生康体、商务会议、亲子游乐等多重功能，更加符合未来的旅游需求。

（三）露营前的准备工作

1. 选择合适的营地和时间

选择露营地点时，要综合考虑交通便利性、环境优美程度及安全性等因素。可以提前查询相关资料，了解露营地点的气候、地形、植被分布等情况。同时，确定露营时间，避免在极端天气下露营。

2. 确定露营人数和分组

根据露营人数提前分组，明确各组的职责，如搭建帐篷、生火、烹饪等具体任务。合理分组有助于保障露营活动的有序开展，提升团队协作能力。

3. 准备露营装备

露营装备包括帐篷、睡袋、防潮垫、登山包等基础用品，以及烹饪用具、照明设备、急救包（含常用药品）、防蚊虫用品、防晒用品、通信设备等物资。

4. 准备合适的衣物

需穿着防潮透气性能良好的衣物与鞋子，以适应户外环境的变化。同时，应根据天气预报准备相应厚度的衣物，以防天气突变。

5. 准备充足的食物和水

（1）准备足量的食物，并考虑携带一些便于携带且易于保存的高能量食品，如坚果、巧克力等。

（2）确保有充足的水源，并携带足够的水。可以携带便携式水过滤器或净水器，以便在需要时净化水源。

6. 规划行程路线

提前规划好行程路线，了解沿途的路况和天气情况。选择安全的路线前往营地，并尽量避开交通繁忙或存在安全隐患的路段。

7.了解露营地点的法律法规和环保要求

在露营前,了解露营地点的法律法规和环保要求,遵守相关规定,保护自然环境。

(四)露营安全注意事项

1.防范火灾

(1)野炊安全:选择远离山林和可燃物的空旷地作为野炊场地,并确保野炊结束后彻底灭火。不要在烤炉附近嬉戏、打闹或玩火。

(2)火源管理:严格遵守火源管理规定,不要在禁止明火的区域生火。生火时,要选择安全地点,确保火源远离易燃物。离开露营地点时,要确保火源熄灭。不要在帐篷内使用明火,篝火也应远离帐篷。

2.防范自然灾害

(1)天气情况监测:随时关注天气预报和当地气象部门发布的预警信息,做好防范自然灾害的准备。

(2)避险措施:在遭遇暴雨、洪水、泥石流等自然灾害时,要迅速转移到安全地带,避免在危险区域停留。

(3)应急准备:携带必要的应急物资和药品,了解并掌握基本的自救及互救技能。

3.保护环境

(1)垃圾处理:离开营地前,确保将所有垃圾带走并妥善处理,避免对环境造成污染。

(2)节约用水:露营过程中要节约用水,避免浪费。

(3)爱护自然:尊重自然、爱护环境,保护野生动植物。不随意丢弃垃圾,不破坏植被,不采摘野花野果或捕捉野生动物。

4.防范意外伤害

(1)安全行走:在户外行走时要注意安全,避免走陡峭、湿滑或布满碎石的山路。注意地形变化,防止摔伤和扭伤。穿着合适的鞋子,保持稳定的步伐。遇到险峻地形时,可以借助登山杖等辅助工具,防止意外发生。

(2)防护措施:穿着合适的鞋子和衣物,以防滑倒或受伤。携带必要的防护用品,如手套、护目镜等。随时关注自己的身体状况,避免过度劳累。遇到突发情况时,要保持冷静,及时采取应对措施。

5.保持联系

(1)通信设备:携带手机或其他通信设备,并确保其电量充足、信号良好。在紧急情况下可以及时向外界求助。

(2)告知行程:在出发前将行程告知家人或朋友,并约定好联系方式和紧急联系人。

总之,做好露营的各项准备工作,严格注意相应的安全事项,可以在享受露营的同时确保人身安全。

二、定向越野

定向越野也称徒步定向,是参与者借助地图和指北针到访地图上所标注的各个点标,以最短时间到达所有检查点为胜的运动,这是一项集体力和智力于一体的运动。除指北针和定向地图外,参与者不需要携带其他特殊的设备。另外,参与者在运动中可以欣赏大自然秀美的风景。

(一)定向越野的历史起源

定向越野起源于瑞典,最初只是一项军事体育活动。"定向"一词在 1886 年首次使用,意思是在地图和指北针的帮助下,越过不为人所知的地带。真正的定向运动比赛于 1895 年在瑞典首都斯德哥尔摩的军营区、挪威首都奥斯陆的军营区举行。定向运动作为一种体育竞赛项目,是从 20 世纪初在北欧地区开始的。1918 年,瑞典一位名叫吉兰特的童子军领袖组织了一次叫作"寻宝游戏"的活动,引起参加者的极大兴趣,这便是定向运动的雏形。1919 年,第一次正式的定向运动比赛在斯堪的纳维亚半岛举行。

(二)定向越野的技术装备

定向越野是一项结合了体能、导航和策略性的户外活动,参赛者需要依靠指北针和定向地图,在野外环境中寻找并访问一系列预设的检查点,最短时间完成比赛者为优胜。为了成功参与并享受定向越野运动,完备的技术装备是必不可少的。

1. 指北针

指北针是定向越野中的基本导航工具,用于指示方向和标定地图。使用指北针时,需先将地图保持水平,再将指北针平放到地图上,使指北针的红色末端(N 代表实际北方)指向地图上的向上直线(地图北方),然后按照指北针的箭头方向前进。使用指北针测量地图上的距离时,要确保指针与地图上的方向线平行,并且要避免将指针靠近铁器、电子设备等可能产生干扰的物品。指北针的种类繁多,根据使用场景和参与者水平,可以选择入门款或竞技款。入门款指北针价格实惠、耐用性强,适合新手;竞技款指北针则更适合有一定基础的选手,即便在高速奔跑时也能保持准确。

2. 定向地图

定向地图是定向越野中不可或缺的装备,它详细标记了比赛区域的地形、地貌、植被、水系以及检查点的位置。参与者需要结合地图与指北针,找到并到达每一个检查点。定向地图的基本要素包括磁北线、等高线、比例尺、地图符号、检查点说明表及比赛路线等。在选择定向地图时,需要注意其比例尺和精度,以确保能够准确反映比赛区域的实际情况。参与者需要仔细阅读地图,理解地形特征,规划行进路线。在比赛中,选择合适的地图至关重要。

3. 检查点标志（点标）

检查点标志简称点标，是定向越野中必备的场地器材。它通常为设置在各检查点的小标志旗，由三面红白两色旗组成，每面旗高、宽均为30厘米，沿旗面对角线将旗分为白、红（一般为橙红色）两色。点标的醒目程度和尺寸会直接影响参与者的寻找效率和比赛成绩。在教学情境下，可以使用小点标或纸质小点标进行训练。

4. 打卡系统

目前定向越野比赛中普遍使用电子打卡系统，该系统由指卡（CH卡）、检查点卡座、起终点卡座和打印机等设备组成。参与者通过佩戴指卡，在抵达每个检查点时打卡记录时间，最终由系统自动计算成绩。电子打卡系统具有使用便捷、验卡快速准确、能及时呈现结果且不易损坏等特点，在定向越野训练和比赛中发挥着重要作用。

除了传统的电子打卡系统外，还有基于北斗高精度定位技术以及短报文通信技术的位置服务平台。这些平台可以提供轨迹回放、自动打卡等功能，进一步提升了训练和比赛的效率和准确性。

（三）定向越野的其他装备

1. 打卡纸与打卡器

在一些传统或小型比赛中，可能仍使用打卡纸和打卡器作为记录成绩的工具。运动员在到达检查点后，将打卡纸插入打卡器打卡，以记录到达时间。这种方式虽然相对原始，但在某些情境下仍有实用价值。

2. 头灯与反光装备

在夜间或光线不足的环境下进行定向越野时，头灯和反光装备是必不可少的。头灯可以提供照明，帮助运动员在黑暗中看清路况和地图；反光装备则可以提高运动员的可见性，避免发生意外。

3. 计时器与扩音器

在定向越野比赛和训练中，计时器和扩音器也是常用的辅助装备。计时器用于记录比赛时间或训练时间；扩音器则用于在比赛过程中传达指令或信息。这些装备的使用可以提高比赛的效率和安全性。

4. 公网定位终端与急救药品

为了保障参与者的安全，定向越野比赛和训练中还应配备公网定位终端和急救药品。公网定位终端可以实时追踪参与者的位置信息，以便在发生紧急情况时及时救援；急救药品则可以在参与者受伤或身体不适时提供初步的医疗救助。

5. 哨子

哨子是参与者在紧急情况下求救的工具。在山地、密林等复杂环境中，如果参与者迷路或遇到危险，可以通过吹哨子发出求救信号，引起救援人员的注意。

6. 越野鞋

越野鞋是定向越野运动的关键装备,需要具备良好的抓地力、支撑性和舒适性,以应对各种复杂地形。同时,为适应不同路况和天气条件,越野鞋还应具有良好的透气性与防水性。

7. 服装

定向越野运动的服装通常选用轻量且富有弹性的材质,以保证参与者在运动过程中能够自由舒展地活动,遵循轻便、舒适、易于活动的原则。参与者需要穿着透气、吸汗的衣物,以保持身体干爽,同时服装还应具备一定的防护能力,防止参与者被灌木、荆棘等划伤。同时,根据天气情况选择合适的衣物,如冲锋衣、保暖衣等,以应对突发情况。

8. 水壶与水袋

在长时间的运动过程中,保持水分补给至关重要。越野包通常在胸前设有两个放置水袋的位置,可搭配两个500毫升的水壶使用。

此外,保温毯、运动手表等也是定向越野中的重要装备。保温毯可以在寒冷环境下为参与者保暖,运动手表则可以帮助参与者掌控时间、监测心率等。

(四)定向越野的安全注意事项

定向越野是一项集探险、导航、体能与智力挑战于一体的户外运动。该运动通常在野外或复杂地形中开展,参与者需借助地图、指北针等工具找到隐藏的检查点并完成比赛,因此安全问题至关重要。采取适当的预防措施并做好充分准备,可以最大限度地降低风险,享受这项运动带来的乐趣和挑战。

1. 前期准备

(1)全面的健康评估。

在参与定向越野之前,首要任务是进行全面的健康评估。评估内容包括但不限于检查心肺功能、血压、血糖等关键指标,确保参与者没有心脏病、哮喘、高血压等不适宜剧烈运动的疾病。特别是有慢性病史或特殊体质的人群,更应在医生的指导下进行决策。此外,考虑到定向越野对体力有较大的消耗,参与者应提前进行体能锻炼,提升心肺耐力和肌肉力量,为比赛做好充分准备。

(2)专业的装备配置。

定向越野的装备选择至关重要,它直接关系到参与者的安全与舒适。鞋子方面,应选用具有良好支撑性、防滑耐磨的越野跑鞋或徒步鞋,避免穿新鞋或不合脚的鞋子。衣服方面,应选择透气性好、快干排汗的运动装,并根据天气情况适时增减衣物。此外,防晒帽、太阳镜、防晒霜等防晒用品也是必不可少的。在夜间或光线不足的环境下进行定向越野时,还需准备头灯或手电筒等照明设备。同时,还应携带水壶、食物、急救包等应急物资。

(3)必要的技能培训。

掌握定向地图与指北针的使用方法是定向越野的基本技能。参与者应提前学习如何识别地图上的各种符号、比例尺、等高线等信息,以及如何利用指北针确定方向。此外,学习一些基本的户外生存技能,如寻找水源、搭建简易庇护所等,也能在紧急情况下发挥重要作用。同时,急救知识的培训同样重要,包括止血、包扎、心肺复苏等基本技能,以便在受伤时能够自救或互救。

2. 活动过程中的安全注意事项

(1)严格遵守规则与纪律。

在进行定向越野比赛或训练时,应严格遵守活动规则与纪律,具体包括按时集合、不迟到早退、不擅自离开指定区域等。同时,队伍成员之间应保持紧密联系,相互协作,共同完成任务。在比赛过程中,应避免与其他队伍发生冲突或争执,保持良好的体育道德风尚。

(2)密切关注地形与天气变化。

定向越野在野外进行,地形复杂多变,天气也常常难以预测。因此,参与者应时刻关注地形变化,避免进入危险区域,如陡峭的山坡、深潭、悬壁等。同时,还应根据天气情况及时调整行进路线和速度。遇到雷雨、大风等恶劣天气时,应立即寻找安全地带躲避,切勿冒险前行。

(3)合理分配体力与节奏。

定向越野对体力的要求很高,因此参与者应合理分配体力,避免过度消耗。在行进过程中,应保持稳定的行进速度,避免时快时慢导致体力透支。同时,注意呼吸节奏和步伐的配合,以提高行进效率。感到疲劳或不适时,应及时休息并补充能量和水分。

(4)注意个人安全与防护。

在定向越野过程中,参与者应注意个人安全与防护,防止摔倒、划伤等意外伤害。在湿滑或崎岖的路面上行走时,要特别小心谨慎。在穿行灌木丛、树林等地方时,要注意避免被外物划伤。此外,还应携带必要的防护用品,如手套、护膝等,以降低受伤的风险。

3. 紧急情况下的应对措施

(1)迷路时的应对。

在定向越野过程中,迷路较为常见。一旦发现自己迷路,首先要保持冷静并立即停止前进,然后回忆自己走过的路线,根据地图上的信息,尝试找到正确的方向。如果无法确定方向或无法自行解决迷路问题,应及时向队友或活动组织者求助。在等待救援的过程中要保持耐心和信心,尽量留在原地等待救援人员到来。

(2)受伤时的处理。

在定向越野中,受伤是难以完全避免的。一旦受伤,要立即停止活动并检查伤势的严重程度。如果是轻微的皮外伤,可以清洗伤口,消毒后涂抹药膏进行包扎;如果是肌肉拉伤或扭伤等软组织损伤,可以使用冷敷或热敷等方法进行缓解;如果是骨折等严重伤势,则需要立即寻求医疗救助,注意避免移动受伤部位,以免加重伤势。

三、滑翔伞运动

滑翔伞运动是参与者从山坡上跑下,借助风力撑开滑翔伞,利用空气动力实现飞行并安全降落的运动,属于航空体育的一种。滑翔伞运动根据举办形式主要分为两种:一种是指航空运动协会悬挂滑翔或者滑翔伞委员会举办的滑翔伞比赛、挑战赛等赛事;另一种是滑翔伞运动爱好者自行组织的滑翔伞飞行活动。

(一)历史起源

最初的滑翔伞运动起源于20世纪70年代初的欧洲。当时,一名登山爱好者利用降落伞从阿尔卑斯山上成功地飞降到山下,许多登山爱好者纷纷效仿,于是一项新兴的航空户外运动项目就此诞生。后来,这些登山爱好者将降落伞与滑翔翼相结合,对原始的降落伞进行了改造,并充分利用山坡地形起飞,制造出了现代意义上的能够自由在空中翱翔的滑翔伞。1984年,法国登山家菲隆从阿尔卑斯山的勃朗峰上使用滑翔伞成功飞下,使滑翔伞名声大噪。经过不断发展和演变,滑翔伞运动成为一种流行的极限运动。它既能让人们从高空俯瞰美景,又能让人们亲身感受飞行的乐趣。

(二)滑翔伞运动的特点

1.滑翔伞运动的易学性

它是一种简单易学的航空运动。通常情况下,一个从没接触过这项运动的人,在专业教练的悉心指导下,仅需一个星期左右的时间,便能掌握基本飞行技巧,从而迅速体验在高空翱翔的感觉。相较于其他运动项目,其学习难度明显更低。这种特点对追求效率的现代人来说无疑具有很大的吸引力。

2.滑翔伞运动的户外性

它属于户外运动范畴,无法在室内开展。一般而言,滑翔伞运动的爱好者会驾车前往远离城市的区域进行这项运动。滑翔伞运动对场地的要求并不十分严苛,只要场地能够满足起飞和飞行条件即可。

3.滑翔伞运动的刺激性

当滑翔伞升入高空时,参与者能体验到一种前所未有的脱离地球束缚的感觉。俯瞰大地,世间万物在视线中变得极为渺小,有一种腾云驾雾般的奇妙体验。另外,在空中还会产生一种强烈的不安全感,双脚离地、身体悬空,平日里脚踏实地的感觉瞬间消失,取而代之的是从未有过的恐惧。然而,正是在这种兴奋与危险交织的奇妙感受中,参与者的勇气得以考验,心灵得到升华,充分领略到航空运动带来的新鲜与刺激。

4.滑翔伞运动的挑战性

滑翔伞运动具有挑战性,这一点显而易见。当人离开习以为常的地面,置身空中,眼前的一切都变得新奇陌生,必须鼓起勇气克服内心的恐惧,去应对在空中遭遇的各种状况。这对一个长期生活在地球上的人来说,需要很大的勇气和毅力。

5.滑翔伞运动的普遍适用性

滑翔伞运动是一项老少皆宜的运动,只要身体健康,符合飞行条件的人都可以参与。

(三)滑翔伞运动的装备

滑翔伞运动是一项兼具刺激与自由感的极限运动,其装备对于保障参与者的安全、提升舒适度以及优化运动体验至关重要。

1.核心装备

(1)伞衣:也称作翼型伞衣,是滑翔伞产生升力和承受载荷的主要部件。它由特种尼龙纺织制成,表面加有抗撕裂和抗老化涂层,以增强耐用性。伞衣前缘按翼肋横向排列形成进气口,后缘封闭,形成气室以储存空气,保持伞衣的刚性和形状。

(2)伞绳:用于连接伞衣与背带系统,是滑翔伞的传力部件。通常采用Kevlar(防弹衣材料)等高强度材料制成,在减轻重量的同时增强耐用性。伞绳分为多组(如A、B、C及D组),在伞衣中心线两侧对称分布。

(3)背带系统:背带系统(也称座带或吊带)是将参与者身体固定并与整个伞翼系统连接的承力部件。它通常由主套带、肩带、胸带、腰带、腿带、斜拉带等组成,形成一个整体,确保参与者在飞行过程中的稳定与安全。

(4)副伞(紧急伞):副伞是滑翔伞的救生装备,平时折叠放在座包背部。出现意外情况时,参与者可手动将其弹出,从而确保安全降落。一般而言,使用副伞的最低高度应为50米。

2.保护装备

(1)头盔:头盔是对参与者头部进行保护的重要装备,其设计需兼顾坚固性与轻便性,内部设有缓冲点以有效减少冲击力。此外,头盔应具备流线型外形,从而减少阻力,同时确保视野开阔,尺寸需与参与者头型吻合。

(2)飞行服:飞行服是滑翔伞运动的专用服装,可以保护参与者的身体。它通常耐磨且色彩鲜艳,以便于在空中辨识。此外,飞行服上还设有多个口袋,可放置仪表、对讲机等物品。

(3)手套:手套用于保护参与者的手部,避免受到伤害。夏季可选择薄且耐用的手套;冬季则可使用滑雪手套等较为厚实的手套。无论选择哪种手套,都应确保手指能灵活运动,且手套表面不应有挂钩等可能造成危险的附件。

(4)鞋子:滑翔伞运动对鞋子有特定要求,需质轻、坚固且防滑,并能有效吸收着陆时的冲击力。通常推荐穿着结实坚固、轻便透气的鞋子。

3.辅助装备

(1)护目镜:护目镜用于保护参与者的眼睛,防止其受到风吹、阳光照射等外界因素的影响。在飞行过程中,护目镜能够为参与者提供清晰的视野并减轻眼部疲劳。

(2)对讲机:对讲机是滑翔伞运动中的通信工具,便于教练的指挥或队友之间的沟通。如在飞行过程中遇到特殊情况,对讲机可以发挥重要作用。

(3)仪表:滑翔伞运动所需的仪表包括风速仪、高度计、升降仪等。这些仪表可以帮助参与者了解飞行状态,并据此做出正确的决策。在初学阶段,参与者可能只需配备风速仪等基本仪表;而在进行高速飞行或特殊飞行时,则需要配备更全面的仪表以提供支持。

(四)滑翔伞运动的安全注意事项

滑翔伞运动是一项刺激且具有一定风险的户外运动。为了确保参与者的安全,要注意以下安全事项。

1. 健康状况与体能准备

(1)确保身体健康:参与滑翔伞运动前,参与者务必确保自身身体状况良好,不存在心脏病、呼吸系统疾病等健康问题。如有疑虑,应在医生的指导下判断是否参与。

(2)体能与心理准备:滑翔伞运动对体能和心理承受能力都有一定要求,需要一定的体力和耐力,参与者应提前进行体能训练,并做好心理准备,以适应高空飞行的需要。

2. 装备选择与检查

(1)选择合适的装备:滑翔伞、救生降落伞、安全带、头盔等装备是保障安全的关键。参与者应选择质量可靠、适合个人体型和飞行需求的装备。

(2)定期检查装备:每次飞行前,都应仔细检查装备是否完好无损,特别要关注线缆、布料、绑带等易损部件,确保装备处于最佳状态。

3. 专业培训与指导

(1)接受专业培训:滑翔伞运动需要专业的技能和知识,参与者应找到经验丰富、合格的教练,接受系统的培训,学习正确的操作技巧和安全知识。

(2)遵循教练指导:在飞行过程中,应始终遵循教练的指导,不要擅自尝试未经指导的动作或进入危险区域。

4. 天气与飞行环境的选择

(1)了解天气情况:飞行前应仔细查看天气预报和实时天气状况,避免在暴雨、大雾、强风等恶劣天气下进行滑翔活动。

(2)选择合适的飞行场地:飞行场地应宽阔、平坦、无障碍物,避免在人口密集区、交通繁忙区域或危险地带进行滑翔活动。

5. 飞行过程中的注意事项

(1)保持专注与警惕:飞行过程中应时刻保持警惕,注意观察周围环境的变化,特别是风向、风速等自然因素的变化。

(2)正确应对突发情况:遇到突发情况时,应保持冷静,按照教练的指导或自己的应急预案进行应对,确保自身安全。

6.其他安全建议

(1)结伴而行:滑翔时,最好与他人同行,并安排人员进行监护,以便在发生意外时能够及时得到救援。

(2)制定应急预案:提前规划紧急情况下的行动方案,包括熟悉周围地理环境、标记紧急避难点位置,以及根据活动需求准备应急工具包,确保预案具有可操作性。

(3)告知他人行程:飞行前,参与者应告知家人或朋友飞行计划和预计返回时间,以便在紧急情况下他们能够及时取得联系。

(4)携带紧急联络工具:随身携带手机或其他紧急联络设备,以便在需要时能够迅速与外界取得联系。

综上所述,参与滑翔伞运动时,务必严格遵守这些安全注意事项。通过接受专业培训、做好充分准备,并持续关注安全问题,参与者可以更加安心地享受这项刺激而充满乐趣的户外运动。

任务二 其他类型户外运动研学项目的策划与组织

任务描述

以露营、定向越野、滑翔伞为例,学习其他类型户外运动研学项目的策划与组织的详细知识,能够结合教育目标明确其他类型户外运动研学项目的主题与内容,制定详细的活动方案,做好各项组织与协调工作,活动结束后认真反思与总结,以此提升学生的策划和实践能力。

任务目标

知识目标

1.了解其他类型户外运动主题类研学活动的特征。

2.掌握其他类型户外运动主题类研学活动的策划与组织要点。

能力目标

1.掌握策划和组织其他类型户外运动主题类研学活动的具体流程。

2.掌握策划和组织其他类型户外运动主题类研学活动的核心课程内容。

素质目标

1.培养学生的团队协作和沟通能力。

2.培养学生的社会责任感和环保意识。

一、露营研学活动

（一）露营研学活动的特征

露营研学活动是一种结合了自然体验、教育学习与个人成长的体验式学习方式。自然环境中的露营活动，为学生提供了一个学习和成长的平台，具有独特的教育价值和体验价值。

1. 自然性

露营研学活动给学生提供了深度沉浸的自然体验机会。在自然环境中生活，学生能够近距离接触大自然，直接感受自然界的美丽和力量，学习自然界的运作规律，增强对环境的感知和认识。同时，露营研学活动也强调对环境的尊重和保护，学生能学习如何在户外活动中践行可持续发展原则，这有助于他们建立与自然的情感联系，这种深度沉浸式体验方式让学生能够更加深刻地理解环境保护的重要性，培养对自然的敬畏之心和保护意识。

2. 实践性

与传统的课堂教育不同，露营研学活动更注重体验式学习。学生在研学旅游指导师的带领下，深入自然环境中进行实地观察、测量、记录和分析，直观地感受自然界的美丽与神奇，了解自然现象的成因和演变过程。同时，学生还可以根据自己的兴趣和关注点进行探究性学习，提出假设、设计实验、收集数据、分析结果并得出结论。此外，露营研学活动也会教授一系列实用的户外生存技能，如搭建帐篷、生火、野外定向、急救技能等。这些技能不仅在露营研学活动过程中发挥作用，而且在日常生活中也很有用，学生通过亲身参与和实践，能够更深刻地理解和掌握这些知识，这种学习方式更加有效和持久。

3. 科学探究性

露营研学活动将学生置于大自然之中，让他们通过直接观察、亲身体验来探寻自然界的奥秘。无论是山川湖海、森林草原，还是动植物生态、天文气象，都是学生探索学习的宝库，为他们提供了开展科学探究的机会。在自然环境中，经研学旅游指导师引导，学生可以观察和研究生态系统、气候、地质等自然现象，深入了解自然规律，培养科学探究的兴趣和能力，激发对科学的兴趣和好奇心。

4. 团队协作性

露营研学活动通常采用分组合作的形式进行，学生需要与同伴共同完成任务、解决问题，在团队合作中相互信任、相互支持、共同面对挑战和困难。在这个过程中，他们将学会如何与他人协作、沟通、分享和妥协，体验到集体的力量和智慧，增强团队意识和协作精神。同时，学生还能学会倾听他人意见、表达自己的观点、处理人际关系等社交技能，这种团队协作的经历有助于培养学生的团队精神和协作能力，提高他们解决冲突的能力及沟通能力。这一经历也将有助于学生在平时的学习和生活中更好地适应团队合作和集体生活。

(二)露营研学活动的策划与组织要点

1.注重安全性

露营研学活动在策划与组织过程中需要做好充分的安全准备。首先,在筹备阶段要进行严格的安全风险评估。这包括对活动地点、活动内容、参与人员等方面的全面考察和分析,以识别潜在的安全隐患和风险点,并制定相应的应对措施和预案。其次,要建立完善的安全管理制度和流程,包括制定详细的安全操作规程、建立紧急救援体系、明确责任分工和人员配置等。再次,在活动开始前,要对学生进行全面的安全教育和培训,包括讲解安全知识、演示安全技能、模拟应急演练等环节。通过安全教育和培训,学生可以了解活动中的安全风险和应对措施,掌握必要的安全技能和自救互救技能,这有助于提高他们的安全意识和自我保护能力。最后,在活动开展过程中,研学旅游指导师和工作人员要严格遵守安全管理制度和流程,确保各项安全措施得到有效执行。同时,他们还要密切关注学生的身体状况和心理变化,及时发现并处理潜在的安全问题。

2.注重跨学科知识储备

露营研学活动不同于传统的单一学科教学,它强调跨学科知识的融合与应用。露营研学活动往往在自然环境中开展,学生不仅需要运用生物学、地理学等自然科学知识来观察和理解自然现象,还需要借助历史学、文化学等人文学科的知识来解读自然背后的文化意义和社会价值。例如,在观察植物分布和生长状况时,学生需要运用生物学的知识;在了解地形地貌和气候特征时,则需要运用地理学和气象学的知识。这种跨学科的学习过程不仅有助于学生更好地理解自然现象和规律,还能够培养他们的跨学科思维和综合能力,进而有助于学生形成更加全面、系统的认知体系,提升综合素养。因此,研学旅游指导师需要积累多种知识与技能,才能更好地以恰当的方式引导学生完成课程目标。

3.注重形式的多样性与灵活性

与传统课堂教学相比,露营研学活动更加注重学生的全面发展,旨在通过户外实践的方式,培养学生的综合能力和素养。因此,研学旅游指导师可以根据学生的兴趣爱好、能力水平和性格特点等因素,开展多样化和个性化的露营研学活动,如实地考察与探究学习。实地考察是露营研学项目的核心环节之一。学生在研学旅游指导师的带领下,深入自然环境中进行实地观察、测量、记录和分析。通过实地考察,学生可以直观地感受自然界的美丽与神奇,了解自然现象的成因和演变过程。同时,学生还可以根据自己的兴趣和关注点进行探究性学习,提出假设、设计实验、收集数据、分析结果并得出结论。这种探究式学习方式有助于培养他们的科学素养和探究精神。除此之外,还可以邀请专家学者,通过讲座和工作坊的形式,让学生系统学习相关领域的理论知识和实践技能,还可以通过与专家的互动和交流,激发他们的学习兴趣和动力。

二、定向越野研学活动

(一)定向越野研学活动的特征

定向越野研学活动集智力、体力、技能与团队合作精神于一体,它不仅让学生走出课堂,亲近自然,更是在实践中培养了多方面的能力和素质,将学习、探索、体验融为一体,让学生在自然环境中通过完成任务、解决问题来增长知识、提升能力、塑造品格。

1. 兼具智力与体力的双重挑战性

定向越野研学活动对学生的体力提出了严峻的考验。长时间徒步、奔跑等体力活动不仅要求学生具备良好的身体素质,更需要他们具备顽强的毅力和坚韧不拔的精神。在研学活动中,学生可能会遇到各种困难和挑战,如陡峭的山路、泥泞的草地等,这种体力挑战不仅锻炼了他们的身体素质,更培养了他们的意志品质和心理素质。与此同时,定向越野研学活动不仅是一场体力的较量,更是一场智力的比拼。学生需要根据地图信息、地形特征、方向判断等制定出最优的行进路线,并在有限的时间内完成所有点标的到访,这需要运用数学、地理、物理等多学科的知识,进行策略规划和问题解决。这一过程不仅锻炼了学生的逻辑思维能力和空间认知能力,还培养了他们的创新思维和解决问题的能力。

2. 挑战性

在定向越野研学活动中,学生需要面对各种未知的挑战和困难,如复杂的地形、恶劣的天气等。面对这些挑战和困难,他们需要克服疲劳、恐惧、挫败感等负面情绪,保持坚定的信念和顽强的毅力,不断向前。这种不断自我挑战的过程让学生学会如何面对失败、如何调整心态、如何从失败中汲取经验教训,更让他们体验了成功的喜悦和成就感。培养了学生挑战自我、超越极限的耐力以及坚韧不拔的精神。

(二)定向越野研学活动的策划与组织要点

1. 注重安全性

定向越野研学活动的核心特点之一就是在多样的环境中开展,通常在山林、湖泊、草原等自然环境中进行。这些环境复杂多变,可能存在陡峭的地形、不稳定的地质结构、野兽出没、气候变化大等危险因素。稍有不慎,就可能出现迷路、跌落、受伤甚至遭遇野生动物攻击等意外情况。除此之外,定向越野研学活动对学生的体能有一定要求,需要长时间徒步、奔跑,甚至攀爬。如果体能不足或准备不充分,就容易出现体力透支、中暑、脱水等健康问题。基于以上这些情况,在策划与组织定向越野研学活动的时候要格外注意安全。活动开始前,研学旅游指导师要对学生进行充分的安全教育,内容包括定向越野的基本规则、可能遇到的风险及应对措施。同时,要了解他们的体能状况,确保他们具备完成活动所需的基本体能,并提醒有特殊健康状况的学生注意自身安全。在活动过程中,研学旅游指导师要求学生严格按照活动规则和路线进行,不得擅自改变路线或标记,以免迷路或误入危险区域;要时刻保持警惕,关注周围环境的变化,特别是地形和天气状况。如遇到迷路、受伤或天气突变等紧急情况,学生应保持冷静,根据所学知识和实际情况采取相应措施,并及时寻求帮助。通过以上这些措施,可以有效降低定向越野研学活动中的安全风险,确保学生的人身安全。

2. 注重相关技能培训

定向越野研学活动是一项高度综合的运动项目。根据其特点,学生需要快速进行越野跑,并快速对地形、地图进行辨别与竞技,需要掌握读图技术、指北针技术、距离判断技术、辨别方向技术、越野跑技术、路线选择技术、打卡技术等。因此,在策划组织定向越野研学活动时,需要加强对学生相关技能的培训。例如,培训学生准确识别地图上的各种符号、颜色和等高线,以判断地形特征和高程变化,训练他们快速读取地图信息的技能;训练他们熟练掌握指北针的使用方法,使其能与地图结合使用进行导航等。同时,要充分了解学生的体能状况,并根据个人身体素质对他们进行力量、速度及耐力的训练。

3. 注重趣味性

通过深度发掘定向越野研学项目的趣味性,丰富开展形式和玩法,设计多样的活动形式,可以给学生带来较好的参与体验。在活动主题与目标的趣味性设计上,可以通过选择富有创意和吸引力的活动主题,激发学生的好奇心和探索欲。在活动内容的趣味性设计上,可以通过设置多样化的任务点,每个任务点都有独特的趣味任务或挑战,增加活动中的互动元素;结合活动地点的历史文化背景,设计与之相关的任务和挑战等。在活动流程的趣味性设计上,可以围绕某个知识资源或身体练习资源补充一些相关材料,拓展学习内容的广度。例如,在指北针的学习过程中,拓展出自制指北针的内容。可以让学生根据太阳直射点的移动规律,运用石子、木棍等简易材料制作出指北针,以此提升活动的趣味性和吸引力。

三、滑翔伞研学活动

(一)滑翔伞研学活动的特征

滑翔伞研学活动是一项融合体育、教育、探险与自然观赏的综合性活动,兼具教育意义、挑战性与趣味性。它既能让学生体验到飞行的乐趣,又能促使学生在实践中学习知识、培养技能、增强团队协作能力和环保意识,具有独特的魅力和价值。

1. 独特的体验感

滑翔伞研学活动可以让学生亲身体验飞行的乐趣。滑翔伞运动源自飞机跳伞技术,通过特殊设计的伞翼,利用风力和重力之间的平衡,使人能够在空中自由飞翔。这种飞行体验,是对身心的一次极致挑战与放松,在飞行的过程中,人与大自然融为一体,俯瞰世界的壮丽,领略大自然的鬼斧神工,在高空突破重力的束缚,感受到极致的愉悦和畅快。

2. 高挑战性

滑翔伞研学活动具有强烈的探索精神和自我挑战意味。对于大多数学生来说,滑翔伞运动是一项全新的、充满未知的挑战。他们需要克服内心的恐惧和不安,勇敢地迈出第一步;在飞行过程中,还需要不断调整自己的心态和状态,以适应复杂多变的环境和气流条件。这种不断探索和自我挑战的过程,不仅让他们收获了飞行的乐趣和成就感,也激发了他们内心深处的探索精神和创造力。通过参与滑翔伞研学活动,学生能够更加自信地面对生活中的各种挑战和困难,勇于追求自己的梦想和目标。

3. 高危险性

滑翔伞研学活动具有较高的危险性,这主要表现在一旦发生意外,后果将不堪设想。因此,即使是专业滑翔伞运动员也应该时刻保持高度谨慎和认真的态度。在滑翔过程中,起飞、空中滑翔以及着陆这三个环节都存在一定的危险性。在起飞阶段,如果速度不够、风向不准确,很容易导致事故发生;在空中滑翔时,若滑翔伞操作者技术不到位,或遭遇大气乱流等意外情况,都可能使危险系数持续增加。天气对滑翔伞运动的影响十分明显,滑翔伞起飞过程需要一定的风向和风力作为支撑,否则翼型伞衣将无法正常打开,导致滑翔伞产生的升力不足,直接后果就是起飞失败。如果在空中滑翔过程中遭遇突如其来的恶劣天气,事故发生的概率将大幅上升。

(二)滑翔伞研学活动的策划与组织要点

1. 注重安全性

滑翔伞研学活动具有高危险性。因此,必须提出严格的安全保障要求。要选择持有国家认可的滑翔伞教练证书的专业教练,同时,教练也要具备丰富的教学经验和良好的安全意识。滑翔伞研学活动场地应选择风景优美、气候适宜、空域开阔且安全的地方。起飞场和降落场应平整无障碍物,并配备必要的急救站和通信设备。在活动开始前,研学旅游指导师要对学生进行系统的安全教育,内容包括滑翔伞运动的基本原理、安全规范、应急处理等,并强调安全意识的重要性。此外,要对学生进行健康检查,确保他们身体健康状况适合参与滑翔伞运动。有恐高症、心脏病等疾病的参与者应避免参与此类活动。以此确保滑翔伞研学活动的顺利进行和学生的生命安全。

2. 注重专业性

滑翔伞研学活动是一项专业性极强的项目,因此,需要加强对学生专业理论知识的教学,如航空动力学、气象学、地理学等相关学科知识。让学生了解滑翔伞的结构与基本原理、飞行条件、气象影响等关键因素,为后续的实践操作打下坚实的理论基础。在实践操作环节,要注重逐步进阶的专业训练内容,如地面模拟训练、低空飞行体验、高空飞行挑战等,让学生全面掌握基本技能和操作方法,并具备应对突发情况的能力,从而更好地开展滑翔伞研学活动。

任务三 其他类型户外运动研学项目的实施

🔵 任务描述

以露营、定向越野、滑翔伞为例,通过具体组织实施,帮助学生了解自然环境、人文历史以及社会生活等相关知识内容,提升他们在项目开展过程中的观察能力、思考能力与团队协作能力,拓展其创新思维与实践能力。

🔵 任务目标

知识目标

1.了解其他类型户外运动主题类研学活动的实施要点。

2.掌握其他类型户外运动主题类研学活动的实施步骤。

能力目标

1.掌握其他类型户外运动主题类研学活动的热身活动开展要点。

2.掌握其他类型户外运动主题类研学活动的课程内容安排。

素质目标

1.培养学生的责任感、适应能力和抗压能力。

2.提升学生的问题解决能力和创新能力。

一、露营研学活动

(一)实施要点

1.提前准备合适的物料

准备合适的物料是确保露营研学活动顺利开展并达成活动效果的关键,物料准备包括以下几类。

(1)基础装备:帐篷、睡袋、睡垫、背包、防水袋、徒步鞋等,以适应露营研学活动所在的户外环境。

(2)使用工具:指北针、地图、刀具、哨子、急救包等,用于满足和应对活动过程中的基本生存需求和紧急情况。

(3)食品与水源:携带高能量、易于储存的食物,如方便面、罐头等,同时准备足够的饮用水和水净化设备。

(4)导航和通信设备:GPS、卫星电话、对讲机等,确保学生、研学旅游指导师在户外的环境下能随时保持联系。

（5）照明设备：手电筒、营灯等。

（6）其他防护物品：防晒用品、驱虫用品等。

以上物料是开展露营研学活动的必备条件，在活动过程中，让学生共同使用这些物料，能够促使他们相互配合、分工协作，进而有效培养团结协作能力。与此同时，充分做好露营研学活动的物料准备工作，并引导学生合理利用这些物料，有助于增强学生的环保意识，同时锻炼他们独立决策以及解决问题的能力。

2. 做好活动的引导与指导工作

研学旅游指导师带领学生通过实地考察、实践操作等方式，让他们亲身参与，探索和发现一定领域的知识，并引导他们进行深入思考和学习，通过提问、讨论、引导等方式，鼓励学生主动思考，积极参与，让学生学会如何提出问题、分析问题和解决问题，并构建起自己的知识框架和思维方式，确保整个研学活动既具有教育意义又充满趣味性。

3. 做好活动的组织与管理工作

研学旅游指导师在研学活动中还承担着组织与管理的重要职责。在研学活动过程中，他们要密切关注学生的行为和安全情况，及时应对突发事件。研学旅游指导师要制定详细的应急预案，密切留意学生的身体状况和行进速度，确保他们不会迷路或受伤。遇到恶劣天气、突发事件、人员受伤等情况，要及时采取有效措施积极处理，保障研学活动顺利进行。

（二）任务实施

步骤一：破冰与导入

露营研学活动的破冰活动是整个研学旅程的起点，其成功与否直接关系到后续活动的氛围与效果。破冰活动能够迅速打破学生之间的陌生感，增强团队协作能力，为后续的研学活动奠定良好的基础。

案例共享

露营研学课程的破冰活动设计可以考虑以下方案。

破冰活动名称：露营之旅。

目标：

（1）通过破冰活动，让学生快速熟悉起来。

（2）促进学生之间的相互了解和信任。

（3）为露营研学活动建立安全和信任的基础。

所需材料：

帐篷、帐篷桩、帐篷杆、绳索、锤子或铲子、计时器等。

活动实施：

（1）集合与欢迎：研学旅游指导师简短介绍露营研学活动课程的目的并对参与学生表示欢迎。

（2）学生分组：将学生分成若干小组，每组5～6人。

（3）自我介绍：小组成员轮流介绍自己，内容包括姓名、兴趣，以及对露营研学课程的期望。

（4）角色分配：在小组内部分配角色，如组长、安全员等，确保每位成员明确责任分工，增强他们的责任感。

（5）搭建支架结构：研学旅游指导师教授几种基本的搭建支架结构的方法，然后给每个小组一段时间练习。

（6）支架结构挑战赛：小组进行支架结构挑战赛，用时最短且经研学旅游指导师检查过关者获胜。

（7）反馈与讨论：活动结束后，每个小组分享他们的体会，讨论团队合作中的挑战和成功之处。

通过以上活动设计，可以有效地促进学生之间的交流和合作，消除陌生感，增强团队凝聚力，营造温馨和谐的氛围。

步骤二：实施研学课程

露营研学活动课程实施包括破冰与导入、主要课程活动的组织与实施、课程的分享与回顾三个主要环节，即活动组织与实施的前、中、后三个环节。破冰与导入环节步骤一中已进行详细学习，此步骤介绍主要课程活动的组织与实施、课程的分享与回顾两个环节。

1. 主要课程活动的组织与实施

露营研学活动主要是由研学旅游指导师指导、学生动手实践的过程。为了保障课程开展的质量，研学旅游指导师要按照活动计划逐步开展各项活动。在活动开展期间，要着重关注学生的参与度和体验感，以此确保活动达到预期效果。同时，研学旅游指导师要对课程内容进行清晰说明，开展知识讲解或操作指导，从而提升学生的专业素养和实践能力。此外，还应鼓励学生积极提问和互动，营造良好的学习氛围。

2. 课程的分享与回顾

课程的分享与回顾主要可以起到知识巩固、思维拓展、经验交流以及情感交流的作用。通过分享与回顾，学生可以再次梳理课程内容，加深对知识点的记忆，巩固所学内容。同时，还能拓展他们的思维能力，提高表达能力，促进学生之间的经验交流，让他们相互学习。此外，该环节还能增强学生的归属感和团队精神，促进彼此之间的情感交流。

二、定向越野研学活动

（一）实施要点

1. 提前准备合适的物料

准备合适的物料是确保定向越野研学活动顺利开展并达成活动效果的关键,合适的物料准备包括以下几类。

（1）基础装备:定向地图、指北针、检查点标志(点标旗)、打卡系统、背包、防水袋、徒步鞋等。

（2）使用工具:多功能刀具、计时器、哨子、急救包等,用于应对活动过程中出现的紧急情况。

（3）食品与水源:携带高能量、易于储存的食物,如方便面、罐头等,同时准备足够的饮用水和水净化设备。

（4）导航和通信设备:GPS、卫星电话、对讲机等,确保学生、研学旅游指导师在户外的环境下能随时保持联系。

（5）照明设备:手电筒、头灯等。

（6）其他防护物品:防护装备、防晒用品、驱虫用品等。

以上物料都是开展定向越野营研学活动的必备条件,在活动过程中,学生共同使用这些物料,能够促使他们相互配合、协同合作,从而有效提升其团结协作能力。与此同时,充分做好定向越野研学活动的物料准备工作,并引导学生合理利用这些物料,有助于提升学生的身体素质、心理素质,增强他们的空间认知和方向感,同时进一步强化团队协作能力。

2. 做好活动的引导与指导工作

研学旅游指导师带领学生通过实地考察、实践操作等方式,让他们亲身参与,探索和发现一定领域的知识,并引导他们进行深入思考和学习,通过提问、讨论、引导等方式,鼓励学生主动思考,积极参与,让学生学会如何提出问题、分析问题和解决问题,并构建起自己的知识框架和思维方式,确保整个研学活动既具有教育意义又充满趣味性。

3. 做好活动的组织与管理工作

研学旅游指导师在研学活动中还承担着组织与管理的重要职责。在研学活动过程中,他们要密切关注学生的行为和安全情况,及时应对突发事件和紧急情况。研学旅游指导师要制定详细的应急预案,密切留意学生的身体状况和行进速度,确保他们不会迷路或受伤。遇到恶劣天气、突发事件、人员受伤等情况,要及时采取有效措施积极处理,保障研学活动顺利进行。

（二）任务实施

步骤一:破冰与导入

定向越野研学活动的破冰活动是整个研学旅程的起点,其成功与否直接关系到后续活动的氛围与效果。破冰活动能够迅速打破学生之间的陌生感,增强团队协作能力,为后续的研学活动奠定良好的基础。

案例共享

定向越野研学课程的破冰活动设计可以考虑以下方案。

破冰活动名称:探物夺宝。

目标:

（1）通过破冰活动,让学生快速熟悉起来。

（2）促进学生之间的相互了解和信任。

（3）为定向越野研学活动建立安全和信任的基础。

所需材料:

地图、指北针、计时器等。

活动实施:

（1）集合与欢迎:研学旅游指导师简短介绍定向越野研学活动课程的目的并对参与学生表示欢迎。

（2）学生分组:将学生分成若干小组,每组6~8人。

（3）自我介绍:小组成员轮流介绍自己,内容包括姓名、兴趣,以及对定向越野研学课程的期望。

（4）角色分配:在小组内部分配角色,如组长、安全员等,确保每位成员明确责任分工,增强他们的责任感。

（5）活动导入:研学旅游指导师介绍定向越野研学活动的比赛规则、所需技能和装备等,教授学生辨认方向、正确定向、识别比例尺、选择最佳路线、识别图例、捕捉检查点等,然后给每个小组一段时间练习。

（6）探寻宝藏挑战赛:学生以小组为单位进行定向越野初体验,进行寻宝游戏,用时最短的小组即可获胜。

（7）反馈与讨论:活动结束后,每个小组分享他们的体验,讨论团队合作中的挑战和成功之处。

通过以上活动设计,可以有效地促进学生之间的交流和合作,打破陌生感,增强团队凝聚力,营造温馨和谐的氛围。

步骤二:实施研学课程

定向越野研学活动课程实施包括破冰与导入、主要课程活动的组织与实施、课程的分享与回顾三个主要环节,即活动组织与实施的前、中、后三环节。破冰与导入环节步骤一中已进行详细学习,此步骤主要介绍主要课程活动的组织与实施、课程的分享与回顾两个环节。

1. 主要课程活动的组织与实施

在定向越野研学活动课程当中,主要是由研学旅游指导师指导、学生动手实践的过程。为了保障课程开展的质量,研学旅游指导师要按照活动计划逐步开展各项活动。在活动开展期间,要着重关注学生的参与度和体验感,以此确保活动达到预期效果。同时,研学旅游指导师要对课程内容进行清晰说明,开展知识讲解或操作指导,从而提升学生的专业素养和实践能力。此外,还应鼓励学生积极提问和互动,营造良好的学习氛围。

2. 课程的分享与回顾

课程的分享与回顾主要可以起到知识巩固、思维拓展、经验交流以及情感交流的作用。通过分享与回顾,学生可以再次梳理课程内容,加深对知识点的记忆,巩固所学内容。同时,还能拓展他们的思维能力和表达能力,促进学生之间的经验交流,让他们相互学习。此外,该环节还能增强学生的归属感和团队精神,促进彼此之间的情感联结。

三、滑翔伞研学活动

(一)实施要点

1. 提前准备合适的物料

准备合适的物料是确保滑翔伞研学活动顺利开展并达成活动效果的关键,合适的物料准备包括以下几类。

(1)基础装备:主伞(滑翔伞)、备用伞(救生伞)、座带、头盔、背包、飞行服、高度表、手套、飞行电脑等。

(2)使用工具:指北针、地图、望远镜、急救包等,用于满足和应对活动进行过程中的基本生存需求和紧急情况。

(3)导航和通信设备:GPS、卫星电话、对讲机等,用于确保学生、研学旅游指导师在户外的环境下随时保持联系。

(4)其他防护物品:防晒用品、太阳镜等。

以上物料都是开展滑翔伞研学活动的必备条件,在活动过程中,让学生共同使用这些物料,能够促使他们相互配合、分工协作,进而有效培养团结协作能力。与此同时,充分做好滑翔伞研学活动的物料准备工作,并引导学生合理利用这些物料,有助于增强学生的环保意识,同时锻炼他们独立决策以及解决问题的能力。

2. 做好活动的引导与指导工作

研学旅游指导师带领学生通过实地考察、实践操作等方式,让他们亲身参与,探索和发现一定领域的知识,并引导他们进行深入思考和学习,通过提问、讨论、引导等方式,鼓励学生主动思考,积极参与,让学生学会如何提出问题、分析问题和解决问题,并构建起自己的知识框架和思维方式,确保整个研学活动既具有教育意义又充满趣味性。

3. 做好活动的组织与管理工作

研学旅游指导师在研学活动中还承担着组织与管理的重要职责。在研学活动过程中,他们要密切关注学生的行为和安全情况,及时应对突发事件和紧急情况。研学旅游指导师要制定详细的应急预案,密切留意学生的身体状况和行进速度,确保他们不会迷路或受伤。遇到恶劣天气、突发事件、人员受伤等情况,要及时采取有效措施积极处理,保障研学活动顺利进行。

（二）任务实施

步骤一：破冰与导入

滑翔伞研学活动的破冰活动是整个研学旅程的起点,其成功与否直接关系到后续活动的氛围与效果。破冰活动能够迅速消除学生之间的陌生感,增强团队协作能力,为后续的研学活动奠定良好的基础。

案例共享

滑翔伞研学课程的破冰活动设计可以考虑以下方案。

破冰活动名称:遨游天际

目标:

（1）通过破冰活动,让学生快速熟悉起来。

（2）促进学生之间的相互了解和信任。

（3）为滑翔伞研学活动建立安全和信任的基础。

所需材料:

救生伞、飞行服、高度表、飞行电脑、计时器等。

活动实施:

（1）集合与欢迎:研学旅游指导师简短介绍滑翔伞研学课程的目的并对参与学生表示欢迎。

（2）学生分组:将学生分成若干小组,每组6~8人。

（3）自我介绍:小组成员轮流介绍自己,内容包括姓名、兴趣,以及对滑翔伞研学课程的期望。

（4）角色分配：在小组内部分配角色，如组长、安全员等，确保每位成员明确责任分工，增强他们的责任感。

（5）滑翔伞相关知识小竞赛：研学旅游指导师设计一些关于滑翔伞的基础知识、安全规则、飞行技巧等方面的问题，组织学生进行小组抢答，准确率最高的小组获胜。让学生在轻松愉快的氛围中了解滑翔伞的相关知识，为后续研学活动打下基础。

（6）反馈与讨论：活动结束后，每个小组分享他们的体验，讨论团队合作中的挑战和成功之处。

通过以上活动设计，可以有效地促进学生之间的交流和合作，消除陌生感，增强团队凝聚力，营造温馨和谐的氛围。

步骤二：实施研学课程

滑翔伞研学活动课程实施包括破冰与导入、主要课程活动的组织与实施、课程的分享与回顾三个主要环节，即活动组织与实施的前、中、后三个环节。破冰与导入环节在步骤一中已进行详细学习，此步骤介绍主要课程活动的组织与实施、课程的分享与回顾两个环节。

1. 主要课程活动的组织与实施

滑翔伞研学活动课程，主要是研学旅游指导师指导、学生动手实践的过程。为了保障课程开展的质量，研学旅游指导师要按照活动计划逐步开展各项活动。在活动开展期间，研学旅游指导师要着重关注学生的参与度和体验感，以此确保活动达到预期效果。同时，研学旅游指导师要对课程内容进行清晰说明，开展知识讲解或操作指导，从而提升学生的专业素养和实践能力。此外，还应鼓励学生积极提问和互动，营造良好的学习氛围。

2. 课程的分享与回顾

课程的分享与回顾主要可以起到知识巩固、思维拓展、经验交流以及情感交流的作用。通过分享与回顾，学生可以再次梳理课程内容，加深对知识点的记忆，巩固所学内容。同时，还能拓展他们的思维能力和表达能力，促进学生之间的经验交流，让他们相互学习。此外，该环节还能增强学生的归属感和团队精神，促进彼此之间的情感联结。

模块小结

本模块主要学习以户外运动为载体策划和组织的研学项目。户外运动的意义和价值在于它能全面促进人的身心发展。从个人角度看，它不仅能增强体质，还能缓解压力，促进心理健康。在社会层面，户外运动有利于促进不同地区和文化的交流，凝聚社会共识。近年来，户外运动作为旅游新业态的重要组成部分，被越来越多的社会群体所关注。因此，策划和组织专业的户外运动研学项目是非常有必要的。

Note

知识训练

1.以下不属于户外运动项目的是( )。

A.攀岩 　　　　　B.溯溪 　　　　　C.登山 　　　　　D.足球

2.以下不属于水上户外运动项目的是( )。

A.溯溪 　　　　　B.滑雪 　　　　　C.桨板 　　　　　D.皮划艇

3.以下不属于陆地户外运动项目的是( )。

A.徒步 　　　　　B.自行车 　　　　　C.登山 　　　　　D.漂流

4.以下不适合低年级学生开展的户外运动项目是( )。

A.徒步 　　　　　B.自行车 　　　　　C.跳伞 　　　　　D.攀岩

5.以下户外运动项目中,与其他研学活动搭配适配性最强的是( )。

A.徒步 　　　　　B.自行车 　　　　　C.登山 　　　　　D.漂流

能力训练

找寻一项在本模块中未介绍的户外运动项目,搜寻其资料,并尝试将其策划成户外研学活动。

主要参考文献

[1] 邓德智,景朝霞,刘乃忠.研学旅行课程设计与实施[M].北京:高等教育出版社, 2022.

[2] 朱传世.研学旅行设计[M].北京:中国发展出版社,2019.

[3] 李岑虎.研学旅行课程设计[M].2版.北京:旅游教育出版社,2021.

[4] 房娟,林强.研学旅行课程的开发与实践[M].北京:科学出版社,2021.

[5] 魏巴德,邓青.研学旅行实操手册[M].北京:教育科学出版社,2020.

[6] 邓青.研学活动课程设计与实施[M].北京:高等教育出版社,2022.

[7] 祝胜华,何永生.研学旅行课程体系探索与践行[M].武汉:华中科技大学出版社, 2019.

[8] 大鹏.青少年营地教育户外生存标准手册[M].北京:化学工业出版社,2019.

[9] 厉丽玉,陈柔.户外运动与拓展训练[M].2版.杭州:浙江大学出版社,2023.

[10] 管萍,马素萍,朱志慧.户外运动与旅游[M].北京:中国旅游出版社,2023.

[11] 杨汉,罗先斌.户外运动理论与实践[M].武汉:中国地质大学出版社,2023.

[12] 李正芸.初中生物研学旅行课程实施现状及对策研究——以汉中地区为例[D]. 陕西:陕西理工大学,2022.

[13] 孙彬嘉.初中生物学研学旅行实践与研学方案优化研究[D].成都:四川师范大 学,2021.

[14] 生物课程教材研究开发中心,课程教材研究所.生物学[M].北京:人民教育出版 社,2012.

[15] 傅伯杰.地理学:从知识、科学到决策[J].地理学报,2017,72(11):1923-1932.

[16] 丁运超.地理核心素养与研学旅行[J].中学地理教学参考,2017(3):18-20.

[17] 王根厚,王训练,余心起.综合地质学[M].北京:地质出版社,2017.

[18] 杨娜,魏玲娜,张叶晖.水文气象学[M].北京:中国水利水电出版社,2023.

[19] 国家体育总局青少年体育司,中国登山协会.营地指导员基础教程[M].北京:高 等教育出版社,2018.

[20] 国家体育总局青少年体育司,中国登山协会.营地山地户外运动教程[M].北京: 高等教育出版社,2020.

[21]　国家体育总局青少年体育司,中国登山协会.营地水上运动教程[M].北京:高等教育出版社,2020.

[22]　国家体育总局青少年体育司,中国登山协会.自然教育操作手册[M].北京:高等教育出版社,2018.

[23]　冯道光.攀岩运动研究[J].体育文化导刊,2015(1):51-54.

[24]　刘韫,宋俊和.徒步旅游定义初探[J].河北旅游职业学院学报,2012,33(4):22-24.

[25]　陈江西,白音孟克,倪维广.自行车设定对非创伤性运动损伤和骑行表现的影响[J].新疆师范大学学报(自然科学版),2024,43(1):83-96.

[26]　[美]安妮·布鲁斯,斯蒂芬妮·M·蒙坦内兹.领导力从起步到卓越[M].郭然,殷海江译.北京:台海出版社,2018.

[27]　蔡礼强等.领导力八讲[M].北京:中国社会科学出版社,2018.

[28]　李海峰.领导力 领导者性格与知人善任[M].北京:中央党校出版集团大有书局,2020.

[29]　任陈龙.针对团队决策能力展开户外拓展培训的探索与思考[J].山西青年,2021(9):107-108.

[30]　杨彬.基于"五位一体"人才培养理念的首都体育学院户外运动课程体系优化研究[D].北京:首都体育学院,2024.

[31]　苑丽丽,孙增娟.大学生管理工作中户外拓展训练的促进作用[J].山西青年,2021(22):105-106.

[32]　芮国兰.初中地理跨学科主题学习活动设计探索——以"定向越野"为例 [J].课堂内外(高中版),2024(15):48-49.

[33]　王娜娜,李培勇,陈克梦.定向越野的起源与发展趋势的研究 [J].体育科技文献通报,2012,20(2):89-90,110.

[34]　周倩竹.定向越野趣味化的设计与应用[D].南京:东南大学,2022.

[35]　胡庆莲.定向越野运动伤害事故的风险管理研究[D].武汉:华中师范大学,2019.

[36]　白萍.对我国滑翔伞运动现状的调查研究[D].北京:北京体育大学,2006.

[37]　胡盟盟,李世英.高校定向越野运动风险类型及其控制研究[J].冰雪体育创新研究,2024,5(5):163-165.

[38]　韩小田,张玉超.我国高校定向越野运动风险类型及其控制研究[J].运动,2015(1):104-106.

[39]　朱会芳.河南省滑翔伞运动发展策略研究[D].新乡:河南师范大学,2019.

[40]　裴城城,魏瑾琴.滑翔伞项目助力乡村振兴的内涵、价值及启示研究[J].文体用品与科技,2023(17):114-117.

[41]　张先耆,衡砺寒.滑翔伞运动的现实困境及发展规制研究[J].赤峰学院学报(自然科学版),2020,36(11):67-70.

[42] 方智磊.滑翔伞运动消费者休闲参与行为研究[D].杭州:浙江工商大学,2012.

[43] 韩晶.兰州市普通高校定向越野开展现状及对策研究[D].兰州:西北民族大学,2020.

[44] 袁凯.露营经济,文旅消费新风口[J].小康,2024(10):54-56.

[45] 魏瑾琴,赵佳琪.双人滑翔伞运动对我国旅游业的影响研究[J].文体用品与科技,2024(1):58-60.

教学支持说明

为了改善教学效果，提高教材的使用效率，满足高校授课教师的教学需求，本套教材备有与纸质教材配套的教学课件和拓展资源（案例库、习题库等）。

为保证本教学课件及相关教学资料仅为教材使用者所得，我们将向使用本套教材的高校授课教师赠送教学课件或者相关教学资料，烦请授课教师通过加入旅游专家俱乐部QQ群或公众号等方式与我们联系，获取"电子资源申请表"文档并认真准确填写后发给我们，我们的联系方式如下：

地址：湖北省武汉市东湖新技术开发区华工科技园华工园六路

邮编：430223

研学旅行专家俱乐部QQ群号：487307447

研学旅行专家俱乐部　　　　　　扫码关注
群号：487307447　　　　　　　柚书公众号

华中科技大学出版社
http://press.hust.edu.cn

电子资源申请表

填表时间：_____年___月___日

1.以下内容请教师按实际情况写，★为必填项。
2.根据个人情况如实填写，相关内容可以酌情调整提交。

★姓名		★性别	□男 □女	出生年月		★职务	
						★职称	□教授 □副教授 □讲师 □助教
★学校				★院/系			
★教研室				★专业			
★办公电话		家庭电话			★移动电话		
★E-mail （请填写清晰）					★QQ 号/微信号		
★联系地址					★邮编		

★现在主授课程情况	学生人数	教材所属出版社	教材满意度
课程一			□满意　□一般　□不满意
课程二			□满意　□一般　□不满意
课程三			□满意　□一般　□不满意
其　他			□满意　□一般　□不满意

教 材 出 版 信 息		
方向一		□准备写　□写作中　□已成稿　□已出版待修订　□有讲义
方向二		□准备写　□写作中　□已成稿　□已出版待修订　□有讲义
方向三		□准备写　□写作中　□已成稿　□已出版待修订　□有讲义

　　请教师认真填写表格下列内容，提供索取课件配套教材的相关信息，我社根据每位教师填表信息的完整性、授课情况与索取课件的相关性，以及教材使用的情况赠送教材的配套课件及相关教学资源。

ISBN（书号）	书名	作者	索取课件简要说明	学生人数 （如选作教材）
			□教学　□参考	
			□教学　□参考	

★您对与课件配套的纸质教材的意见和建议，希望提供哪些配套教学资源：